Joe Bauer
Einstein am Stuttgartstrand

Joe Bauer hat lange Zeit als Redakteur und Kolumnist für die *Stuttgarter Nachrichten* gearbeitet. Er hat mehrere Bücher über das Flanieren veröffentlicht. Für *Kontext-Wochenzeitung* schreibt er die Kolumne »Auf der Straße«. Er organisiert eine Live-Show namens »Flaneursalon« und ist aktiv im Kampf gegen Rechtsextreme und die AfD.
In der Edition Tiamat erschienen sechs Bücher. Zuletzt: »Im Staub von Stuttgart. Geschichten«.

Edition
TIAMAT
Deutsche Erstveröffentlichung
Herausgeber der Reihe Critica Diabolis:
Klaus Bittermann
1. Auflage: Berlin 2024

www.edition-tiamat.de
Buchcovergestaltung: Felder Kölnberlin Grafikdesign
ISBN: 978-3-89320-320-8

Joe Bauer

Einstein am Stuttgartstrand

Beobachtungen eines Spaziergängers

Critica
Diabolis
333

Edition
TIAMAT

Inhalt

Grüß Gottle, Herr Flaneur!

Oliver Maria Schmitt

Einer geht noch. Auch wenn in Deutschland sonst gar nichts mehr läuft – einer geht immer weiter. Kreuz und quer durch Stuttgart, immer mitten rein und voll durch den Kessel, bergauf, bergab und drumherum, »zwischen Wald und Reben, zwischen Hängen und Würgen«. Im lokalen Stuttgarter Idiom, so lernen wir bei Joe Bauer, nennt man das auch »schwanzen«: das wie absichtslose Herumlatschen im Croquis der Schwabenmetropole. Und das betreibt Bauer nicht erst seit gestern.

Tatsächlich ist der Mann mit Rucksack und Hut schon »ein Vierteljahrhundert lang für die Zeitung in der Absicht herumgestiefelt, den Leuten schmackhaft zu machen, dass ihnen ihre Stadt mehr Auslauf erlaubt, als sie denken«. Nachdem Joe Bauer für die *Stuttgarter Nachrichten* jahrzehntelang als flanierender Kolumnist auf krummen oder pfeilgeraden, auf- und abschüssigen Straßen der Schwabenmetropole unterwegs war, unternimmt der rastlose Rentner heute seine Exkursionen zumeist für die Wochenzeitung *Kontext* oder andere Gazetten, die die Ehre haben, diesen lakonisch eleganten Stilisten drucken zu dürfen. »Heute geht es mir vor allem darum, Lust aufs Gehen zu machen«, sagt er. »Beim Umher- und Abschweifen sieht man Zusammenhänge. Wege finden sich von allein.«

Und so wie der Erzähler in Adalbert Stifters Miniatur »Begegnung im Wald« seinen Bericht eröffnet: »Ich ging täglich eine Zeit herum« – so steigt auch Joe Bauer beinah täglich in seine Stiefel und geht einfach los: »Ziellos durch die Stadt zu strolchen in der Hoffnung, etwas zu erfahren oder zu erleben, bekommt erst einen Sinn, wenn man sich darin übt, neben den Beinen auch den Gedanken freien Lauf zu gewähren.«

Mit jedem einzelnen seiner literarischen Fußexkursionen im Weichbild Stuttgarts beweist Bauer, dass Geschichte aus Geschichten entsteht, die Weltpolitik ihre Ursprünge im Lokalen hat – und nicht selten genug in Lokalen selbst.

Er nimmt uns mit durch Raum und Zeit, von den Rotlichtspelunken der Achtzigerjahre über die Bahnhofsbars der Fünfziger bis in die neue, gesichtslose Investorenwüstenei hinter der kaputtgebauten Hauptbahnhofruine. Durch den nimmermüden Stadtstreicher Joe Bauer habe ich Stuttgart überhaupt erst kennengelernt und bin, ihm zuliebe, sogar etliche Male dorthin gereist. Mehr kann man von einem Heilbronner aus Frankfurt nun wirklich nicht verlangen. Bereut habe ich es übrigens nie.

Dabei stellt sich die Frage, wann genau Bauer eigentlich Zeit für seine Spaziergänge hat – zwischen all den Aktionen und Aktivismen, die er rastlos auf die Beine stellt: Demos gegen rechts, Mahnwachen vor Mahnmalen für die Opfer der Nazibarbarei, Solidaritätskonzerte für Geflüchtete aus der Ukraine, eine Künstler:innensoforthilfe für Geschädigte der Covid-Pandemie, die Weihnachtsspendenkonzerte »Nacht der Lieder« im Theaterhaus – und nicht zuletzt, vier-, fünf-, ja sechsmal im Jahr sein legendärer Flaneursalon. Seit mittlerweile auch schon wieder 26 Jahren fegt diese immer unterhaltsame und stets einmalige Mixed-Show-Wundertüte mit Wort und Text und viel Musik über sämtliche Bühnen, die die Stuttgarter entweder schon kennen oder die Bauer auf seinen urbanen Streifzügen aufgetan und entdeckt hat: zwischen Schrott- und

Obsthügeln im Neckarhafen, in Weingütern und verwitterten Biergarten-Pavillons hoch überm Weichbild Stadt.

Wer indes mal sehen will, wie der ansonsten gemächliche Stadtspaziergänger Bauer plötzlich und wie aus dem Nichts eine Extraportion Hackengas gibt, rücksichtslos durchbeschleunigt und einen wilden Sprint hinlegt, der rufe ihm aus der Ferne oder auch nur von der anderen Straßenseite zu: »Grüß Gottle, Herr Flaneur!« Dann nämlich rast Bauer wie von Furien getrieben auf einen zu und greift in seinen Tornister, aus dem er neben ein paar Büchern auch stets einen ordentlichen Knüppel aus dem Sack zu zaubern weiß. Und dann gnade Ihnen Gottle!

Denn mit geschürzten Lippen ein Liedchen pfeifend, mit Nelke im Knopfloch den Spazierstock schwingend, so wie der Dandy des 19. Jahrhunderts, so ist der Extrem-Promenadologe Bauer mitnichten unterwegs. Für ihn ist die Kultur des Gehens, die avancierte zweibeinige Lokomotion, stets auch die kritische Alternative zur mechanisierten Mobilität; und das in Deutschlands Autostadt schlechthin.

Dem ehemaligen Stuttgarter Oberbürgermeister Arnulf Klett ist es nicht erspart geblieben, für seinen asphaltgewordenen Albtraum von der autogerechten Kesselstadt mit seinem guten Namen bezahlen zu müssen: Platz und Passage vor dem Bahnhof mahnen heute in seinem Namen.

Joe Bauer wird hoffentlich eines Tages mit einer dieser schönen Treppen, Stiegen oder Stäffele bedacht werden, die das schwäbische San Francisco so reizvoll machen – und die dort so einmalig sind wie Joe Bauer selbst.

Die Titel-Story

Für dieses Buch habe ich hauptsächlich Texte ausgewählt, die ich für meine Kolumne *Auf der Straße* in der *Kontext: Wochenzeitung* schreibe. Begonnen habe ich damit im April 2020, als die Corona-Pandemie ausgebrochen und alles durcheinandergeraten war.

Dass ein Buch heißt, wie es heißt, heißt gar nichts. Vielleicht heißt es so, weil jemand dachte, der Titel könne wen hinterm Ofen hervorlocken, selbst wenn niemand hinterm Ofen sitzt.

Wie der Titel »Einstein am Stuttgartstrand« zustande kam, kann ich nicht mehr genau sagen. Ursprünglich hatte ich »Geh Weg« vorgeschlagen. Aber Klaus, der »Verlecher«, wie er sich in seinen Mails nennt, schoss sofort hinter seinem kalten Kreuzberger Ofen hervor: »Geh mir weg mit diesem Schwachsinn.« Nein, so hat er es nicht gesagt, sondern so: »Sieht auf den ersten Blick nicht optimal aus.«

Zeit meines Lebens ohnehin nicht optimal optimiert, ging ich angesichts der verlegerischen Übermacht den Weg des geringsten Widerstands – und dann war der suboptimale Titel »Geh Weg« eben weg. Eigentlich hatte ich mir vorgestellt, in dem grandiosen Wortspiel mein ganzes grandioses Leben zu spiegeln. Erstens sollte es auf den in meiner schwäbischen Dorfkindheit nur »Trottoir« genannten Bürgersteig hinweisen. Zweitens wollte ich dem Rest der Welt empfehlen, mir für den Rest meines Lebens den Buckel runterzurutschen. Und drittens begann ich beim Blick auf den unschlagbaren Buchtitel »Geh Weg« sofort mit Eric Burdon zu singen: *We gotta get out of this place ...*

Okay, too late. Ich bin siebzig.

Dann tauchte Einstein auf. Ein Name wie ein Magnet. Er kam aus einem schwarzen Loch im Gehweg. Albert Einstein stammt nicht aus Stuttgart, er hat sich in dieser Stadt lediglich mal um einen Job beworben, erfolglos. Aber seine Mutter, Pauline Koch, wurde in Cannstatt geboren. Cannstatt ist heute Stuttgarts größter Bezirk mit mehr als 70.000 Einwohnern. In der restlichen Gemeinde wird diese Stadtlandschaft nur wahrgenommen, weil dort der VfB spielt und das Volksfest auf dem Wasen stattfindet.

Als Pauline am 8. Februar 1858 zur Welt kam, gab es noch kein »Bad Cannstatt«; so nannten es erst 1933 die Nazis. Da war Pauline schon 13 Jahre tot. Albert wurde am 14. März 1879 in Ulm geboren, und seine Wurzeln mütterlicherseits kann ich nicht für Stuttgart reklamieren, weil Cannstatt erst 1905 mit der größeren Nachbarstadt verbandelt wurde. Als sicher gilt, dass Albert stark von Pauline geprägt wurde, aber familiäre Geschichten sollte man diskret behandeln. Ich bin nur ein Herumgeher, und wenn ich in Stuttgart unterwegs bin, vergesse ich oft genug die Anwesenheit dieses Orts, weil mich das Gefühl überkommt, in etwas Geheimnisvolles oder Abgründiges hineingeraten zu sein. Etwas, das mit dieser Stadt nichts zu tun haben kann.

In Cannstatt bin ich gern. Ein internationales Labyrinth. Und hier fließt der Fluss, der Neckar, den die Leuchtmatrosen auf der politischen Kommandobrücke der Stadt seit je ignorieren. So wie all die Dinge und Menschen, die die Stadt ein wenig städtischer machen könnten.

Oft sitze ich am Neckarufer, das nur schwer zugänglich ist, und sage mir: Mach dir nichts draus, du kommst hier nicht mehr weg. Du hast das Boot verpasst. Aber du kannst ihn deutlich sehen, seine Mähne flattert im Wind, du hörst seine Geige. Er ist da. *Einstein on the Beach.*

Das Ganze mag etwas theatralisch klingen, doch mein Film läuft nicht ohne Grund: In den Achtzigerjahren wurde Philip Glass' Oper »Einstein on the Beach« an der Stuttgarter Staatsoper von Achim Freyer inszeniert, wie auch andere Werke des großen amerikanischen Komponisten. Seine Oper »Echnaton« wurde in Stuttgart uraufgeführt, und es war Ehrensache, all diese Sensationsereignisse zu besuchen. Phil Glass war damals für mich nicht nur das Minimal-Music-Genie. Er war auch ein Rock'n' Roller, hatte in New York als Taxifahrer und Möbelpacker malocht, bevor er ein Star der Musikwelt werden konnte.

Anlässlich der Aufführung von »Einstein on the Beach« hatte ich das Glück, Glass' Musikalischen Direktor und Pianisten Michael Riesman für ein Interview zu treffen, im Café Königx im Bohnenviertel. Ein freundlicher, bescheidener Mann. Er sprach – mit dem Hinweis auf eine Großmutter – fließend Deutsch und beherrschte wohl mehr als ein Dutzend anderer Sprachen. Er habe das Talent, Wörter und Sätze gewissermaßen im Vorbeigehen zu speichern, sagte er. Und erklärte mir, warum es kein Problem sei, mit der linken Hand in einem anderen Rhythmus Keyboard zu spielen, als mit der rechten zu dirigieren. Das war mir so unerklärlich wie die Relativitätstheorie. Wie aber hätte ich nach diesem Erlebnis »Einstein on the Beach« vergessen können. Bin doch schon froh, als deutsche Kartoffel bei einem Song nicht auf die Eins, sondern auf die Zwei zu klatschen. Geh mir weg mit Taktgefühl.

Einstein schwirrt vor meinen Augen wie ein Gespenst herum, ein symbolischer Geist für alles, was der Spaziergänger in einer Stadt entdecken kann. Was vergessen, missachtet, vertuscht wird. Schau dich um. Vergiss diese Rathaus-Funzeln, die den eigenen Fluss nicht sehen, aber fortwährend Wellen machen und nach neuen »Leuchttürmen« schreien, in der Hoffnung, sich selbst ein Denkmal zu setzen.

Bevor ich diese Zeilen getippt habe, fuhr ich mit dem Regionalexpress nach Ulm und besuchte das Einstein-Museum. Erst im Juli 2024 war es eröffnet worden. Unsere sog. Erinnerungskultur braucht bekanntlich Zeit. Offiziell heißt das Haus »Die Einsteins. Museum einer Ulmer Familie«. Es erzählt uns vom jüdischen Leben in der Stadt und ihrer Umgebung, von unvorstellbaren Fluchtgeschichten während des Nazi-Terrors.

Das Museum steht in der Nachbarschaft der neuen Ulmer Synagoge, die 2012 eröffnet wurde. Die alte, nur wenige Meter entfernt, war in der Reichspogromnacht am 9. November 1938 auf Befehl der SA in Brand gesetzt und wenig später auf Anweisung der Stadtverwaltung abgerissen worden.

Für den Spaziergänger ist eine Stadt ein offenes Buch, und der Zufall schreibt Fortsetzungen. Im September 2010 fuhr ich in Urlaub nach Caputh, eine an der Havel gelegene Ortschaft der Gemeinde Schwielowsee in Brandenburg, nicht weit von Berlin. Ich bin nun mal gern am Wasser. Das Ferienziel hatte meine Begleiterin ausgesucht, zuvor hatte ich nie von Caputh gehört. Zufällig wohnten wir in der Nähe eines schönen alten Gebäudes, das sich bei näherem Hinsehen als Albert Einsteins herausstellte. Mit den Worten »Komm nach Caputh, pfeif auf die Welt« soll er seinen Sohn Eduard dorthin eingeladen haben. 1932 war das Kapitel Caputh für ihn beendet. Einstein kehrte von einer USA-Reise nicht mehr nach Deutschland zurück. Und heute ist Brandenburg wieder ein brauner Brennpunkt.

Ich würde mich kaum mehr an meinen Ausflug nach Caputh erinnern, hätte nicht am Morgen nach meiner Rückkehr eine Polizeiarmee im Schlossgarten Menschen niedergeprügelt, die gegen Stuttgart 21 protestierten. Da war Schluss mit Einstein. Der Ungeist regierte, und im Polizeibericht wurde die Kastanie zum Pflasterstein.

Es ging viel kaputt in der Stadt – und ich immer noch nicht weg. Dafür öfter auf die Straße. Nicht nur zum Herumspazieren, sondern vor allem gegen die, die ohne Scheu den Weg ihrer faschistischen Vorfahren einschlagen.

Wer lange herumgeht, kann nicht mehr wegschauen. Und dann siehst du ihn: Einstein am Stuttgartstrand.

Geh mir weg mit der Wirklichkeit, mit Raum und Zeit. Alles relativ. Alles im Fluss.

Von Nesseln und Eseln

Ein Juli-Abend, so schwül, dass ich trotz meines lächerlichen Restheimwegs auf einer Bank vor der Lukaskirche im Osten der Stadt eine Rast einlege. Der Sinn des Herumgehens ist nicht das Rasten, aber außer mir ist niemand zu sehen, der meine Verfehlung der Spaziergängerpolizei melden könnte. Vom Cannstatter Rummelplatz zieht das Soundgewitter der AC/DC-Show zu mir rüber, und ich hoffe, dass gleich die Lukaskirchenglocken bimmeln, bis mich eine »Hells-Bells«-Dröhnung ins Delirium befördert.

Wie immer, wenn ich auf etwas warte, geschieht nichts, und so hole ich Lauren Elkins Buch »Flâneuse« aus meinem Rucksack. Dieses Meisterwerk, kurz zuvor am Ostendplatz erworben, erzählt, warum auch das Flanieren immer ein Privileg von Männern war. Warum sich Frauen bis heute viel weniger frei bewegen können. Ich bin ein Mann, das gebe ich zu, war aber nie ein astreiner Flaneur, keiner, der sich vorzugsweise müßiggängerisch und ziellos durch die Stadt treiben lässt.

Lauren Elkin schreibt: »Man muss sich die Welt aus dem Rascheln von Papier erschaffen. Oder man zieht sich Schuhe an und geht aus dem Haus.« Nun ist es sicher so, dass mich trotz vorhandener Schuhe erst das Rascheln von Papier dazu gebracht hat, aus dem Haus zu gehen und mir die Welt zu erschaffen. In meinem Fall eine Welt von der Bedeutung eines Minigolfballs, wie ihn die Ameise sieht.

Tatsächlich bin ich ein Vierteljahrhundert lang für die Zeitung in der Absicht herumgestiefelt, den Leuten schmackhaft zu machen, dass ihnen ihre Stadt mehr Auslauf erlaubt, als sie denken. Dass ihre Gemeinde über den

Schlossplatz hinausreicht. Nicht alles habe ich zu Fuß gemacht, stattdessen das Bild vom sogenannten Flaneur um eine Berufsgattung erweitert: den Strampeur. Dieses Unwort habe ich abgeleitet von der Strampe; so nennen Stuttgarter Eingeborene ihre Straßenbahn.

Nach und nach bin ich in die abgelegensten Winkel der Stadt gefahren und herumgewandert – ohne inhaltliche Vorbereitung, ohne Ziel. Dennoch war ich eher Kundschafter als Flaneur, angetrieben von der Neugierde. Unterwegs in Weilimdorf beispielsweise fiel mir der Otto-Mörike-Weg auf. Mithilfe meines Taschentelefons konnte ich schnell ermitteln, dass Otto Mörike ein schwäbischer Pfarrer war, der während des Nazi-Terrors als Widerständler Redeverbot erhielt und schwer misshandelt wurde. Dennoch versteckten er und seine Frau Gertrud Juden im Pfarrhaus. Nach dem Krieg kam das Ehepaar aus dem Kreis Leonberg nach Weilimdorf. 1975 wurden beide vom Staat Israel als »Gerechte unter den Völkern« geehrt.

Überall gibt es etwas zu entdecken, nicht nur Stadtgeschichte, die uns vor der Gegenwart warnt. Auch lustige Dinge, wie in Weilimdorf das Straßenschild »Beim Esel«. Dieser Sache auf den Grund zu gehen, erforderte die Hilfe eines Heimatkundlers. So erfuhr ich von zwei Esel-Deutungen: Zum einen könnte es sich um einen Hinweis auf die volkstümliche Beschimpfung eines dort ansässigen Zeitgenossen handeln, zum anderen aber um eine sprachliche Abwandlung. Durchaus möglich, dass im heutigen Esel-Gebiet früher Nesseln wuchsen – die schwäbische Maulfaulheit machte sie zu Eseln.

Mit meinen Beutezügen habe ich Kolumnen gefüllt, und ins Zentrum des Gehens rückte immer öfter die Übung, Gedanken freien Lauf zu lassen. Es geht, wie Erling Kaage in seinem Buch »Gehen. Weitergehen« schreibt, um den

Einfluss der Füße auf das Gehirn: »Wenn man geht, vermischen sich unwichtige Gedanken und Erlebnisse möglicherweise mit anderen, wichtigen Gedanken.« Ernstes und Komisches begegnen und ergänzen sich. Zurück aus Weilimdorf, fällt dir auf, warum in Stuttgart aus einem Esel kein Rennpferd wird, egal, wie viel Heu sie investieren. Und immer mehr leuchtet mir ein, was Kaage notiert: »Es ist für Regierungen und Firmen leichter, uns zu kontrollieren, solange wir sitzen.« Keine Frage: Wer sitzt, ist im Knast.

Längst bin ich davon abgekommen, wie früher Tipps zu liefern, welche Wege die geneigten Geherinnen und Geher in ihrer Stadt einschlagen können, um sich etwas Luft zu gönnen. Heute geht es mir vor allem darum, Lust aufs Gehen zu machen. Beim Umher- und Abschweifen sieht man Zusammenhänge. Wege finden sich von allein.

Ein Freund sagte mir neulich, er lese meine Sachen mit gewissem Vergnügen, auch wenn er immer öfter meinen Koautor erkenne: Gevatter Tod. Na ja, sagte ich, je länger du gehst, desto kürzer wird deine Strecke, das ist nun mal Realität. Man kann dem Tod nicht davonlaufen, man muss ihn irgendwann als seinen Schatten akzeptieren und mit ihm umgehen. Das heißt nicht, sich von ihm herumschubsen zu lassen. Bei guter Gesundheit belle ich ihm ins Gesicht: Mach dich vom Acker, Freund Hein, ich gehe weiter die Straßen entlang.

Anscheinend gibt es Internet-Schnüffler, die meinen Gang verfolgen – und Beute riechen. So bekomme ich zurzeit per Mail öfter mal die »Erinnerung«, nur noch »heute bis Mitternacht« liege mein »Anti-Demenz-Paket« bereit. Dieses sensationelle Angebot garantiere mir, einem Auserwählten, »fit im Kopf« zu bleiben. Halten die mich für dement, weil mir am Freitag einfällt, dass ich am Mittwoch vergessen habe, den gelben Sack vors Haus zu stellen? Warum sie gerade auf mich gekommen sind, wo ich fast täglich versuche, mit meinen Füßen gegen meine Altsack-Symptome und all den anderen Scheiß dieser Welt anzugehen, lässt sich nur mit einer Verwechslung erklären: Ich habe die Initialen JB. Wie Joe Biden.

Als ich mich neulich mal wieder als Strampeur in die Prärie wagte und in den Feldern an der Grenze zu Echterdingen auf die Umrisse der Stadt schaute, konnte ich Möhringen sehen. Prompt dachte ich bei guter Sicht auf die Ortschaft mit ihrem US-Militärstützpunkt an den armen Joe Biden. Ob es nicht hilfreich wäre, ihm mein Fit-im-Kopf-Paket zu leihen, jedenfalls so lange, bis mir das Gehen vergeht. Und das ist ganz typisch, wenn du allein bist, da draußen auf unbekannten Trampelpfaden, da geht dir aus kleinstem Anlass alles Mögliche durch die Birne, auch die Schüsse auf Trump, von denen einer sein rechtes Ohr streifte.

Ich dachte da draußen an Soldaten in Stuttgarter Kasernen, an Amerika, an die vielen Dinge, die zu uns herüberschwappen und auch in meinem Fall den Gang der Dinge geprägt haben. O my God, murmelte ich in die Weite des Nichts, jetzt werden drüben über dem Teich noch mehr Leute Donald Trump ihr Ohr leihen. Und bald wird er einen Lärm machen, wogegen AC/DC auf dem Wasen mit ihren 90.000 Heißluft-Fans ein australischer Furz im Wind ist.

Wie sich die Dinge beim Herumgehen fügen, meist zufällig, wie sie einem buchstäblich zu denken geben, zeigt dieses Beispiel: Auf der Suche nach einer spanischen Kneipe im mir unbekannten Echterdingen sah ich an einer Hauswand in der Hauptstraße ein Schild, das ich las, wie ich auch sonst fast alle Botschaften lese, auch die der

PETA mit einem abgebildeten Gockelkopf an der Litfaßsäule: »Iss doch deine eigenen Eier!« Zu Befehl.

Die Gedenktafel in Echterdingen erinnert an das ehemalige Postamt: Hier wohnte einst Elisabeth Schneider, die Ehefrau des Dichters und Pfarrers Albrecht Goes. Auf Bitte eines befreundeten Pfarrers nahm sie 1944, als ihr Mann als Militärpfarrer im Einsatz war, ein jüdisches Ehepaar aus Berlin im Pfarrhaus auf – und gab weiteren Juden Zuflucht. Der Pfarrer, der sie um Hilfe gebeten hatte, war Otto Mörike. 1991 wurde auch sie als »Gerechte unter den Völkern« geehrt.

Zwischen den kleinen Ausflügen nach Weilimdorf und Echterdingen liegen einige Jahre. Beim Gehen kommt viel zusammen. Heute ist gestern. Und gestern heute. Also zieht euch Schuhe an und geht aus dem Haus. Setzt euch nicht in die Nesseln, haltet die Ohren steif und esst eure eigenen Eier.

Kreuz und quer

Bevor ich mich an diesen Text gesetzt habe, lief ich eine Stunde durch den Wald. Mit Spazierengehen hat das wenig zu tun, ist aber notwendig, um im Hirn Stadt und Restnatur zu verbinden. Ähnlich wichtig ist für mich als Herumstiefelknecht im Dienste meiner selbst das Zusammenspiel von Birne und Beinen. Nicht geklärt ist, wer wem sagt, was zu tun ist.

Seit der Seuche bin ich immer öfter in einer mir fremden Welt unterwegs. Ein Berliner Freund weist mich am Telefon etwas euphorisch darauf hin, was in einem heruntergefahrenen, entschleunigten Leben auf einmal alles möglich sei. Er erzählt mir, wie in der Ölkrise der Siebziger die Jungs sonntags auf dem Ku'damm Fußball spielten. In der heutigen Krise kennen wir Fußball als Konfliktstoff. Die Stars leiden nicht nur an verwaisten Stadien. Vollends an den Rand des Zusammenbruchs brachten sie die geschlossenen Autosalons und Tattoo-Studios.

Ich gehe in Breuningers Konsumquarantäne am Louis-Vuitton-Laden vorbei und zähle vor der Tür zwölf Wartende, die laut verordneter Distanzpflicht eine Schlange von 18 Metern bilden müssen. In Zeiten der Kurzarbeit ein beachtlicher Kundenandrang im Kampf um existenzrelevante Taschen und Koffer. Das Ganze wäre mir vielleicht gar nicht aufgefallen, hätten nicht zuvor auf dem benachbarten Karlsplatz ein paar Dutzend Menschen »Wir sind Urlaub« skandiert. In diesem Slogan fehlte nicht etwa, wie im Straßenslang üblich, eine Präposition (»Ich geh Lidl«). Vielmehr signalisierten Schilder mit der Louis-Vuitton-relevanten Aufschrift »Leere Koffer – leere Kassen« den drohenden Untergang der Reisebüros. In solchen Momenten wünsche ich mir als systemirrelevanter Fußreisender einen Trip, wie ihn der Schriftsteller W. G. Sebald erlebte: »Nicht ein einziger Gedanke war in meinem Kopf«, schreibt er in seinem Buch »Die Ringe des Saturn« über einen Spaziergang durch die karge Landschaft der britischen Ostküste. »Mit jedem Schritt wurde die Leere in mir und die Leere um mich herum größer und die Stille tiefer ... Ich wähnte mich unter den Überresten unserer eigenen, in einer zukünftigen Katastrophe zugrunde gegangenen Zivilisation.«

Womöglich hat diese Zukunft schon begonnen, denke ich, als ein paar hundert Meter weiter einige Gewerkschafter:innen höhere Löhne im Einzelhandel fordern. Sie erinnern daran, dass Frauen und Männer an den Ladenkassen täglich dem Virus ins Auge sehen, ohne in unserer Zivilisation auch nur eine Handvoll Euro für ihre Tapferkeit zu bekommen. Ersatzweise klatschen abends ein paar aus meiner Nachbarschaft bei offenem Fenster in ihre frisch in Unschuld gewaschenen Hände.

Mitten in dieser keineswegs neuen menschlichen Katastrophe unserer neoliberalen Zivilisation machen sich Tage später Tausende auf, um auf dem größten Rummelplatz der Stadt für »Grundrechte« zu demonstrieren. Ihre Aktion nennt sich »Querdenken«. Ein lustiges Motto für einen wie mich, der verzweifelt hofft, irgendwo an den Corona-Abgründen auf die Spuren eines Geradeausdenkens zu stoßen – bevor er zwischen lauter Kreuz- und Quergedanken mit dem Kopf gegen die Wand rennt, um vielleicht auf diese Weise Ruhe in einer Sebald'schen Leere zu finden.

Ich fahre hinaus zum Cannstatter Wasen, auf dem in diesem Jahr kein Volksfest stattfinden wird. Der Fraktionsvorsitzende der Grünen im Rathaus hat mitgeteilt, die Absage der Dirndl- und Lederhosen-Operette treffe »das Lebensgefühl unserer Stadt«. Schlimmer kann es nicht kommen.

In der Stadt herumzugehen, bringt Gedanken in Fluss, besonders auf dem Wasen, der am Neckar liegt. An jenem Fluss, der für das Lebensgefühl der Stuttgarter Stadtpolitiker eine geringere Rolle spielt als jede Wasserrutsche auf dem Rummel. Ich lande auf dem Jahrmarkt der »Querdenker«, einem Auftrieb von Demo-Touris aus nah und fern, die gegen die Schranken ihres Corona-Lebens aufbegehren.

Was ich alles sehe. Schildchen mit Grüßen an Jesus, Gandhi und Heinrich Himmler. Meditierende Jünglinge in Om-Trance. Männer mit Grundgesetzheftchen (nicht unterm Arm, sondern am Bändel um den Hals). Einschlägig bekannte Nazis, die sich von der wichtigsten heimischen Security-Faust ihres parlamentarischen Arms schützen lassen. Frauen, die mich rügen, weil ich einen Mund- und Nasenschutz trage: das Symbol des Diktaturknechts.

Was ich höre. Aufbrausender Beifall einer großen Menge von Überzeugungs-Junkies aus der fanatischen Impfgegnerszene, die in unseren Breitengraden schon lange von rechts infiziert, aber auch grün beflügelt ist. Buhs und Pfiffe gegen eingespielte O-Töne der Kanzlerin: Pegida für Anfänger. Applaus für jede Durchsage der Polizei, die dem Treiben zusieht, obwohl sich auch ohne Zoll- und Schlagstock leicht feststellen lässt, dass die bei der Demo vorgeschriebenen Mindestabstände von asozialen Querschlägern ständig ignoriert werden.

Weil Privateindrücke auf Distanz nicht viel wert sind, verzichte ich auf eine Interpretation meiner Erlebnisse und fasse nur zusammen, was mir mein Lebensgefühl an diesem Ort sagt: Selten war ich beim Anblick einer Menschenmenge so ratlos. Vor allem, wenn es um die Frage geht, was man gegen die Gefahr der Instrumentalisierung eines massenhaften, von allerlei Ängsten und wirren Mutmaßungen befeuerten Aufbegehrens tun kann. Die bisherigen Methoden von links taugen nur noch bedingt. Es müssen neue Wege der Aufklärung und des Gegendrucks gefunden werden: eine emotionale Antwort auf das verquere Wir-sind-das-Volktheater.

Die Birne sagt jetzt den Beinen: Vorwärts, raus aus diesem Gespensterwald. Bei staubigen Gegenwindböen verlasse ich den Wasen. Auf diesem ehemaligen Exerzierplatz haben sich einst, wie die sozialdemokratische Tageszeitung *Vorwärts* berichtete, 60.000 Menschen in »musterhafter Ordnung« versammelt. Das war im August 1907, beim legendären Internationalen Sozialistenkongress in Stuttgart. Zu den Gästen gehörten auch Clara Zetkin und Rosa Luxemburg, die bei diesem Massenereignis in aufrüttelnden Reden um ein Grundrecht kämpften: das Wahlrecht für Frauen.

Die Bilder des traditionellen Rummelplatzes vor Augen, erinnere ich mich auf dem Heimweg an ein paar Zeilen des großen Künstlers und politischen Aktionisten Christoph Schlingensief, die ich in mein Notizbuch gekritzelt habe: »Ein guter Gedanke ist wie ein Zelt. Er ist zerstörbar, aber er gibt mir Geborgenheit. Ein schlechter Gedanke ist nicht zerstörbar, der steht nur herum, und das nennt man heute Meinungen.«

Mir scheint, es steht gerade verdammt viel Unzerstörbares herum.

Die Story vom Pferd

Als ich im März des Pandemiejahres 2021 meine Lebenszelle im südlichen Teil der Stadt verlassen musste, führte mich das Schicksal Richtung Osten. Genaugenommen liegt meine neue Anlegestelle noch in der amtlichen Mitte unserer Gemeinde. Kaum angekommen, wurde ich von einem Blackout geschockt, wie wir ihn in unserer Stadt sonst eher im politischen und intellektuellen Bereich erleben.

Am späten Abend gingen die Lichter aus, ich schaute gerade eine Folge der TV-Serie »Die Toten von Murnau«. Die schlagartige Finsternis in meiner noch ungewohnten Umgebung redete ich mir rasch damit schön, es sei ja noch immer der Osten, wo die Sonne aufgehe. Bei näherem Hinsehen, soweit dies bei Kerzenlicht möglich war, stellte sich der Vorfall als Stromausfall in meinem ganzen Viertel heraus. Bis heute weiß ich nicht, wie viele Tote von Murnau mir deshalb entgangen sind.

Meine Straße, im Grunde der Pfad in mein dunkles Restleben, ist mit Leichen gepflastert. Die Urbanstraße ist berüchtigt für ihr Gerichtsviertel und seine furchtbaren Juristen. Der bayerische Scharfrichter Johann Reichhart hat in Stuttgart von 1933 bis 1944 im sogenannten Lichthof der Gerichtsgebäude 402 Männer und 21 Frauen mit dem Fallbeil umgebracht. Morgens zwischen fünf und sieben tötete er im Schnitt 20 Menschen. Einmal, am 1. Juni 1943, waren es 34. Viele der Hingerichteten waren im politischen Widerstand oder Deserteure.

Es verging ein halbes Jahrhundert, bis Stuttgarts deutscher Erinnerungskulturgeist widerwillig bereit war, einen kaum sichtbaren Schriftzug in eine Mauer meißeln zu lassen: »Den Opfern der Justiz im Nationalsozialismus zum Gedenken. Den Lebenden zur Mahnung«. Während die Lebenden längst neue Nazis in ihre Parlamente wählten, raffte sich mehr als 70 Jahre nach dem Ende des Nazi-Terrors das Stuttgarter Haus der Geschichte auf, die »Unrechtsurteile der nationalsozialistischen Strafjustiz« im Justizrevier zu dokumentieren. Heute wird der Kampf gegen Faschismus und Rassismus ungleich härter geführt: Die Stadt lässt Plakate mit niedlichen Regenbogen-Motiven hängen.

Nahezu täglich gehe ich an der Stätte des Grauens vorbei, übersehe unterwegs aber glücklicherweise auch kaum mal das Schild am Haus Nummer 46: Hier hat von Oktober 1902 bis April 1903 Robert Musil gewohnt, als junger Ingenieur zur Untermiete. »Stuttgart«, notierte er einmal, »war mir fremd und unfreundlich, ich wollte meinen Beruf aufgeben und Philosophie studieren (was ich bald auch tat), drückte mich vor meiner Arbeit, trieb philosophische Studien in meiner Arbeitszeit, und am späten Nachmittag, wenn ich mich nicht mehr aufnahmefähig fühlte, langweilte ich mich. So geschah es, dass ich etwas zu schreiben begann, und der Stoff, der gleichsam fertig dalag, war eben der der »Verwirrungen des Zöglings Törleß«. Die Stuttgarter Zeit, heißt es in dem Buch »Dichter sehen eine Stadt«, habe auch in Musils Roman »Der Mann ohne Eigenschaften« Spuren hinterlassen. Daran erkennst du, wozu eine fremde, unfreundliche Stadt taugt, wenn du dich langweilst, bis der Strom ausfällt.

Als Mann mit fragwürdigen Eigenschaften stand ich kurz nach meinem Einzug vor meiner neuen Bleibe aus altem Backstein, als mich die kleine Tochter einer zufällig vorbeikommenden Bekannten ansprach: »Sag mal, warum hast du Stöckelschuhe von Frauen an?« Verdammt, dachte ich, womöglich hat die neue Umgebung meine sexuelle Orientierung durcheinandergebracht. Beim Blick nach unten sah ich aber nur meine üblichen Cowboystiefel mit zu hohen Absätzen. Schlagartig durchfuhr es mich: Aus, mein Freund, deine Zeit ist vorbei. Niemand hält es heute noch für nötig, kleine Mädchen über die Existenz von Cowboys aufzuklären. Wir sind, trotz reichlich Bullen und Pferden in unseren Geisterstädten, nicht mehr systemrelevant.

Ich ging nach Hause, verstört wie bei einem Stromausfall, und erzählte die Geschichte Sitting Bull, der seit Jahren mit verschränkten Armen auf meinem Schreibtisch steht. »Häuptling«, sagte ich, »wir sind am Arsch. Wenn du mich morgen aus meinen Stiefeln schießt, denken die Kinder, du erledigst eine Frau.« »Yeah«, sagte Sitting Bulls, »the times they are a changin'.«

Ich wechselte meine Stiefel gegen ein Paar Nikes, zog mir eine Strampelhose an, trabte die Treppen zu den Stuttgart-21-Löchern im Schlossgarten hinab, vorbei an einer Werbefigur mit Johnnie Walker vor einer Bar des Hotels Le Méridien. Johnnie trägt eine Fessel wie ein geparktes Fahrrad. Ich lief durch den Park Richtung Osten, hinaus zum Schloss Rosenstein, von wo aus du hinter Baustellen ein wenig vom Neckar sehen kannst. Ich bog ab nach Norden, dicht an den Freigehegen des Wilhelma-Zoos entlang. Ich grüßte die Tiere betont herzlich, da ich mit Menschen zuletzt sehr schlechte Erfahrungen gemachte hatte, und konnte sogar einige identifizieren. Da war der Strauß, dieser komische Vogel, der nicht fliegen kann. »Bro«, sagte ich, »Straußenleder ist eine feine Sache, aber du musst keine Angst mehr vor mir haben. Früher, yeah, früher, hätte ich Stiefel aus dir gemacht, du Lauch. Aber meine Zeit ist vorbei.« »Ach so«, sagte der Strauß, »du Pfeife bist jetzt Veganer.«

Scheiß drauf, dachte ich, und grüßte die benachbarten Exemplare einer Gattung, die ich als Esel erkannte. Da Esel eher selten zu Stiefeln verwurstet werden, weil sie oft als Salami to go herhalten müssen, genießen sie kein so hohes Ansehen. Der Dichter Lord Byron hat einmal gesagt: »Ein Esel wird auch in Paris kein Pferd.« Kann ich bestätigen, ich war mal in Paris. Für unsere Stadt, in der sich Robert Musil so sehr langweilte, dass ihm der Mann ohne Eigenschaften einfiel, gilt hingegen: »Auch ein Pferd wird in Stuttgart zum Esel.« Fragen Sie Sitting Bull.

Ich joggte weiter an den Weiden entlang und sah einige Viecher, die ich nicht zuordnen konnte. Eine Tierhüterin war gerade am Füttern, und so brüllte ich, schnaufend wie Emil Zátopek, über den Zaun: »Hallo, liebe Frau, was sind das denn für Tiere?« Sie antwortete mir, und es klang wie »Jack«. Nicht wie Tschäck, sondern wie Jack' wie Hose. Damit konnte ich nichts anfangen, weshalb ich nach meiner Rückkehr zügig die Ermittlungen aufnahm. Über Jackie Kennedy, den Jugendarbeitskreis des Deutschen Brieftaubenverbands (JAK) und die japanische Gangsterorganisation Yakuza drang ich im Internet schließlich zu Yak vor: eine Rinderart, in der die Männer am Penis eine behaarte Vorhaut tragen. Wow. Da waren sie, meine Brüder. Kreaturen von unschätzbarer Bedeutung. Ihr Wikipedia-Eintrag umfasst kaum weniger Wörter als Robert Musils Jahrhundertroman »Der Mann ohne Eigenschaften«. Was mich erst recht für sie begeistert, ist ihr Spitzname: Wegen der Laute, die sie ausstoßen, nennt man sie »Grunzochsen«. Das klingt doch gleich ganz anders als Muhkuh.

Inzwischen bin ich mir sicher, selbst solche Laute von mir zu geben, sobald ich in meiner langweiligen Stadt am Gericht vorbeikomme. Stöckelschuhe trage ich gelegentlich immer noch, um meine Mitmenschen von meinem Gesichtsausdruck abzulenken. So können nur Eingeweihte ahnen, dass ich auf meinem Weg durch die Stadt dem Grunzochsen-Gehege mehr Respekt zolle als den Gerichtsgebäuden. Es lebe die Gerechtigkeit, sagt Sitting Bull.

Der Swing-Boy

Als ich die Schauspielerin Maria Munkert in Mannheim besuche, habe ich ein Diogenes-Notizbuch mit der Aufschrift »Small« bei mir, kleiner als mein Taschentelefon. Eine größere Kladde würde nichts nützen. Was ich zu erzählen habe, sprengt den Rahmen eines Zeitungsartikels. Es müsste dringend ein Buchautor oder ein Dokumentarfilmer an die Arbeit für diese Geschichte über Courage und Kunst, über Liebe und Verhängnis.

Maria Munkert, 39, Ensemblemitglied des Nationaltheaters Mannheim, ist die Tochter des Malers K. R. H. Sonderborg, der am 5. April 1923 im dänischen Sønderborg geboren wurde. Eigentlich hieß er Kurt Rudolf Hoffmann. Er kam ohne rechte Hand zur Welt, mit seiner linken schuf er später große Werke, war international erfolgreich. Ein Mann, der das Leben als fortwährende Bewegung betrachtete. Logische Folge: Action-Painting. Gelegentlich habe ich ihn mit seinen Studierenden in Aktion auf den Straßen von Stuttgart erlebt. Von 1965 bis 1990 war er Professor für Malerei an der Akademie der Bildenden Künste auf dem Weißenhof, wo er zeitweise mit seiner Familie auch wohnte. Im Le-Corbusier-Haus der Weißenhofsiedlung, später im Bohnenviertel.

In zwei Jahren wird Sonderborgs 100. Geburtstag neue Aufmerksamkeit auf diesen Künstler lenken. Einst hat er in Rom, Paris, Cornwall, New York und Chicago gearbeitet. Chicago? »Ja, er liebte diese Stadt, er wäre gern ein kleiner schwarzer Gangster gewesen. Diese Vorstellung gefiel ihm. Am liebsten hielt er sich in Chicago in den Vierteln der Schwarzen auf. Wenn ein Schwarzer und ein

Weißer gleichzeitig auf der Straße nach einem Taxi winkten, freute sich mein Vater jedes Mal diebisch, dass es quasi Gesetz war, dass der Schwarze zuerst einsteigen durfte«, erzählt Maria.

Mir war Sonderborg in der Vergangenheit hin und wieder in Stuttgarter Kneipen begegnet. Man nannte ihn, als politische Korrektheit noch niemanden interessierte, »einarmiger Bandit«. Rein zufällig geriet ich Ende 2018 wieder auf seine Spur. Am neu eröffneten Lern- und Gedenk-Ort Hotel Silber, der ehemaligen Stuttgarter Folter- und Mordzentrale der Gestapo am Charlottenplatz, gab es einen Swing-Abend mit einer Gipsy-Jazz-Band und einem DJ unter dem Motto »Let's have a Ball«. Prompt witterten pietätvolle Zeitgenossen eine Freveltat, sie verstanden die politisch-historischen Signale nicht. Die Propaganda der Nazis hatten den Jazz verdammt, auch wenn einige von ihnen heimlich Swing hörten. Der SS-Chef Himmler hetzte, man müsse die amerikanische Kultur »radikal ausrotten«.

Dem faschistischen Terror zum Trotz treffen sich damals in den Städten mutige junge Menschen in subversiven Swing-Clubs. Mit schrägen Klamotten und Frisuren nach amerikanischem Vorbild rebellieren sie als Swing-Kids und werden von den Nazis verfolgt. 1943 spüren deren Schergen in Cannstatt (die Nazis haben den Stuttgarter Stadtteil 1933 in Bad umgetauft) 17 junge Männer und vier junge Frauen auf. Sie werden verhört und bestraft: Einige von ihnen müssen an die Front und kommen um.

Nach der kleinen Provinz-Affäre um die Aufklärungsaktion des Hotels Silber schrieb ich eine Kolumne über die Hintergründe des Swing-Abends und wies darin auf einen berühmten Swing-Boy hin, der oft in Stuttgart unterwegs war, ein Rastloser im Rhythmus des Jazz. Als junger Kerl in Hamburg trägt er US-Outfit und liest in der Öffentlichkeit die *Washington Post*, die er sich bei amerikanischen Diplomaten besorgt. 1943 sperren ihn die Nazis fünf Monate ins KZ Fuhlsbüttel. Offizielle Haftgründe: »Anglophilie«, »staatsabträgliches Verhalten«. Der zwanzigjährige Unruhestifter ist der spätere Künstler K. R. H. Sonderborg, ein Vertreter des Informel, wegen seiner ungemein kraftvoll-dynamischen Schwarz-Weiß-Werke auch »Meister der Schwarzmalerei« genannt. Ein politischer Mensch, ein Zweifler, der sich unter anderem mit der RAF und Stammheim beschäftigt und auch künstlerisch darauf eingeht.

In meiner Kolumne erwähnte ich seinerzeit eher beiläufig, dass ich mich etwas wundere, warum Sonderborg, dieser charismatische Mensch und großartige Maler, bei uns in der Stadt nicht präsenter ist. Wenig später erhielt ich Post von der Direktorin des Kunstmuseums am Schlossplatz, Ulrike Groos. Ohne jede Absicht war ich in eine Geschichte gestolpert, die so schnell noch nicht beendet sein wird. Ulrike Groos arbeitete schon 2018, gemeinsam mit Maria Munkert, an einem Konzept für eine große Sonderborg-Ausstellung, stieß aber auf ungeahnte Probleme: Zwar verfügt sie in ihrem Museum über einige maßgebliche Sonderborg-Werke, viele Arbeiten seines Schaffens allerdings sind nicht mehr auffindbar.

Rund um dieses schwarze Loch haben wir es mit Ereignissen zu tun, die ein halbwegs vernünftiger Spielfilmregisseur seinem Drehbuchautor aus dem Skript streichen würde. Sie erscheinen allzu trivial, realitätsfremd und unglaubwürdig-abgründig.

In den 1980er-Jahren wird in Deutschland ein Kunstfälschungsfall aufgedeckt, von dem auch Sonderborg-Werke betroffen sind. Die Fälscherin, nennen wir sie, mit Rücksicht auf ihre Resozialisierung, Alice, wird gefasst. Und Sonderborg, wie immer in Bewegung, besucht sie im Knast. Die Annäherung an die Geheimnisvolle hinter Gittern bleibt nicht ohne Folgen: Der Künstler verliebt sich in seine Kopistin. Nach ihrer Entlassung lebt er mit ihr in Hamburg zusammen, die meiste Zeit so abgeschottet, dass auch Maria Munkert nicht weiß, was damals geschah. Wurde Sonderborg, der zu Depressionen neigte, mit Medikamenten ruhiggestellt? Sicher ist: Nach Sonderborgs Tod am 18. Februar 2008 war nicht nur seine inzwischen mit ihm verheiratete Lebensgefährtin verschwunden, sondern auch sein Nachlass.

Seitdem fahndet Maria Munkert nach den Bildern und der Wahrheit. Unterstützt wird sie von einem ehemaligen Kriminalbeamten, der lange in der bundesweit bekannten Stuttgarter Spezialabteilung für Kunstfälschungen des Landeskriminalamtes gearbeitet hat. Kontakt mit der bis heute mysteriösen Alice gibt es inzwischen. Aber keine Bilder.

Dass ich ein weiteres Mal mit dem Fall Sonderborg konfrontiert wurde, hat wieder mal mein treuester Begleiter zu verantworten. Der Zufall. Im Sommer 2020 storniere ich aufgrund der Pandemie eine geplante Japan-Reise und fahre stattdessen zum Luftschnappen in den Schwarzwald. Meine Begleiterin hatte uns in dem Fachwerkstädtchen Gengenbach aufs Geratewohl ein kleines Ferienhaus gebucht. Als ich wenig später den Namen der Vermieterin lese, traue ich meinen Augen nicht: Es ist Christa Munkert, eine keineswegs unbekannte Malerin aus Stuttgart, Sonderborgs frühere Lebenspartnerin und Marias Mutter.

Maria kann sich an ihren Vater gut erinnern. Sie erzählt mir, wie sie nach zehnjähriger strikter Trennung von ihrem Vater 2003 eine Ausstellung seiner Werke in Emden besucht und ihn um ein Autogramm für ihren Katalog bittet. Wie er sie erst erkennt und in den Arm nimmt, als er ihre Stimme und ihren Namen gehört hat. »Ich spürte, dass er mich immer geliebt hat.«

Maria Munkert plant jetzt zusammen mit einem Regisseur eine Bühnenperformance, die sich, mit viel Bewegung, zum 100. Geburtstag 2023 mit K. R. H. Sonderborgs Leben auseinandersetzen wird. Ulrike Groos hält an ihrem Vorhaben fest, eine große Sonderborg-Ausstellung in Stuttgart zu realisieren. Aufgrund der Pandemie und den Termin-Blockaden an allen Orten der Kunst und Kultur rechnet sie mit der Eröffnung frühestens 2025.

Bis dahin gibt es noch viele Dinge zu klären, die nicht in mein kleines Notizbuch passen. Oder vielleicht auch darin verwahrt bleiben, weil sie niemanden etwas angehen.

Beton im Blut

Das Gehirn ist unberechenbar, jedenfalls meins. Ein durchtriebenes Organ. Ein Käfig voller Sparren, beispielhaft für die Tücke des Objekts. Als dieses Jahr die ARD-Serie zum 100. Todestag Franz Kafkas startete, fiel mir Fanny Müller ein. Die Hamburger Schriftstellerin hat sehr schöne Geschichten geschrieben, viele davon über ihre Nachbarin Frau K.

In einem kurzen Text mit dem Titel »Knöterich« hat sie ein englisches Sprichwort mit deutscher Übersetzung: Mann soll »Den Weg zur Erleuchtung nicht mit durchgebrannter Birne antreten.«

Dieser Satz wird mich auf allen Spaziergängen begleiten, bis meine Batterien versagen. Ich kann nichts dafür: In meiner Birne ist es nur ein kurzer Schwenk von Franz K. zu Frau K. Gedankensprünge sind mein gutes Recht – und ein schieres Übel. Knöterich ist übrigens kein Schimpfwort, auch wenn ich es als solches prima fände. Knöterich ist der Name einer Pflanzengattung mit Lust auf geradezu imperialen Wildwuchs.

In Wahrheit bin ich kein richtig guter Spaziergänger, kein Lustwandler, der sich voll und ganz auf seine Straße einlässt. Der seine Umgebung mit all ihren Gerüchen, Lichtern und Schatten aufsaugt und in seinem sprunghaften Hirn zu einem Bild verarbeitet. Wäre auch zu gefährlich in Stuttgarts orgiastischem Verkehr.

Ich bin ein mit Stift, Block und Taschentelefon bewaffneter Schnipseljäger, der herumzieht, um Beute für Kolumnen zu machen. Der eine Zeile aus Rio Reisers Lied »Der Turm stürzt ein« zusammenhanglos in seiner durchgebrannten Birne gespeichert hat: »Siehst du die Schrift an der Wand?«

Überall verbreiten Häuserwände Nachrichten: dass Hans Christian Andersen in der Rotebühlstraße übernachtet hat, dass Eduard Mörike in der Moserstraße gestorben ist und der VfB Stuttgart in einem Wirtshaus an der früheren Urbanstraße (heute Kernerstraße) gegründet wurde. Ich bin in der Urbanstraße zu Hause und Stehplatz-Dauergast der Kickers. Die hatten als britisch infizierte »Cickers« ihren Sportplatz bis Anfang des 20. Jahrhunderts am Stöckach, in der Nähe meines heutigen Heimathafens.

Die Stuttgarter Urbanstraße hat nichts mit dem Adjektiv »urban« zu tun, ihr Name geht auf den Heiligen Urban zurück, auf Papst Urban den Ersten, der anno 230 gen Himmel fuhr – und bis heute Schutzpatron der Weingärtner, also auch der schwäbischen Wengerter ist.

Der Kern unserer Autostadt ist bestenfalls in Zipfeln urban, nur bedingt städtisch, wenn man der Definition des Geografen Richard Walker folgt, die ich in Rebecca Solnits großartigem Buch »Wanderlust« gelesen habe. Urbanität ist demnach »jene schwer zu fassende Verbindung von Dichte, öffentlichem Leben, kosmopolitischer Verbindung und freier Meinungsäußerung«. Rebecca Solnit schreibt: »Urbanität und Automobile stehen in vielerlei Hinsicht im Gegensatz zueinander, denn eine Autofahrer-Stadt ist nicht mehr als eine dysfunktionale Vorstadt mit Bewohnerinnen und Bewohnern«, die zwischen privatisierten Innenräumen hin- und herpendeln. Autos hätten die Zerstreuung und Privatisierung von Raum befördert. Die Gestaltung der Stadt reduziere sich heute auf reine Verkehrsplanung – »und Bewohner vermischen sich viel weniger frei und häufig«. Die Folge: Isolation.

Mir scheint, mein Weg zur Erleuchtung ist zu Ende, bevor er begonnen hat. Wozu soll ich mich noch mit Fußgänger-Freiräumen beschäftigen in einer Stadt wie Stuttgart, die mit ihren militärischen US-Stützpunkten im Kriegsfall ein Wunschziel abgibt. Zwar halte ich es mit dem großen Feldherrn und Militär-Lehrmeister Carl von Clausewitz, der in seinem Standardwerk »Vom Kriege« schreibt: »Solange man selbst den Krieg nicht kennt, begreift man nicht, wo die Schwierigkeiten der Sache liegen, von denen immer die Rede ist, und was eigentlich das Genie und die außerordentlichen Geisteskräfte zu tun haben, die vom Feldherrn gefordert werden.« Angesichts des Genies und der außerordentlichen Geisteskräfte von Feldherren und -damen wie Hofreiter und Strack-Zimmermann, die den Krieg selbst nicht kennen, habe ich da ein mulmiges Gefühl.

Kriegstüchtige Knöteriche, wo du hinguckst.

Überhaupt macht mich die deutsche Aufrüstung bis in die Schulen der Kinder hinein nervös, vor allem, wenn ich den Argumenten der Mobilmachung folge. Ununterbrochen werden Vergleiche zwischen dem russischen Angriffskrieg in der Ukraine und dem nationalsozialistischen Deutschland gezogen. Und immer gilt unseren Parteigenerälen in den Talkshows Putin als neuer Hitler, dem alles zuzutrauen ist. Wenn dem aber so ist, warum behaupten dann dieselben Knall-auf-Fall-Chargen, dass Putin nie und nimmer Atomwaffen einsetzen wird? Hitler hätte die Bombe gezündet, wäre seine Wunderwaffenschmiede nicht an gewissen Terminproblemen gescheitert.

Siehst du die Schrift an der Wand?

Ja, verdammt, ich sehe sie.

An der Baustelle auf einem Areal namens Vier Giebel, neben dem maroden Kaufhof, hängt ein Firmentransparent mit feinster Lyrik: »Beton im Blut? Fragezeichen. Wir auch«. Nach Jahrzehnten als Streuner auf der Monsterbaustelle namens Stuttgart 21 habe ich womöglich mehr Beton in den Adern als Blut, das meines Wissens auch das Gehirn versorgt. Das schadet aber nicht in unserem Kessel, wo angesichts der Fußball-EM 2024 Plakate den blanken Horror verheißen: »Die ganze Stadt ein Stadion«. Beton im Blut. Und die Kugel im Hirn.

Fußball gilt der Wegseh-Fraktion immer noch als politikfreie Zone, in der nationalistisches Arschlochverhalten ebenso undenkbar ist wie die A-Bombe. Ein sommerlicher Titelkampf im freiheitlichen Europa kann nur geprägt sein von großer Heiterkeit angesichts vollgestopfter Geldkoffer in der EU und der UEFA. Ein Wahlplakat der Satire-Partei *Die Partei* fordert zu Recht: »Korruption muss bezahlbar bleiben«.

Auf meinem gewohnten Gang zum B-Block der großen Stuttgarter Kickers drücken mir Fans ein Flugblatt in die Hand. Darin wird beschrieben, wie bereits bei der WM 2006 in Deutschland die »Freiheit von Fußballfans« eingeschränkt und dann die »Repressionsschrauben« mit politisch und polizeilicher Law-and-Order-Taktik immer weiter angezogen wurden. »Fußballfans wurden in den vergangenen Monaten vielfach wie Schwerkriminelle behandelt – oftmals ohne jede Begründung und Rechtsbelehrung festgehalten sowie kontrolliert.« Das Ganze grenze an »Sippenhaft« und sei »absolut gegenläufig zur Gewaltentwicklung beim Fußball«.

Ich selber bin kein harter Fußballfan, ich habe nur einen Sparren. Seit Jahrzehnten atme ich die gute Luft auf der Waldau und spüre inzwischen, wie die alten Batterien meiner flackernden Birne aussetzen, wenn unsere Hymne erklingt: »Wenn wir auch nicht immer siegen / Unsre Fans sind unsre Kraft / Denn die Kickers kleinzukriegen / Das hat noch keiner geschafft.« Die Melodie schrieb der Jazzmusiker Erwin Lehn, den Text der Schauspieler Joachim »Blacky« Fuchsberger.

Franz Kafka notiert um 1915 in seinem Tagebuch: »Tönend erklang in der Ferne der Berg / langsame Rede. Wir horchten.« Und Rio Reiser singt: »Ruße in Beton und Stahl, / müde alles Material. / Hörst du das Flüstern im Land?«

Ja, verdammt, ich höre es. Ruße ist übrigens der Plural von Ruß, der vor meiner Tür steht und durch die Fenster kommt. Das Flüstern da draußen geht mir durch Mark und Bein und Birne. Und überall rieche ich Knöterich.

Drum hau ihn auf den Hut

Es ist keine Marotte, wenn ich diese Zeilen mit einem Stetson auf dem Kopf schreibe, und schon gar keine Attitüde, weil mich in meiner Bude ja niemand sieht. Der weiche Wollhut, den ich für diese Kolumne gewählt habe, hilft beim Denken. Das Gedächtnis vieler Nationen, habe ich mal gelesen, beruhe auf Vergessen. Das persönliche Gedächtnis dagegen befinde sich in einem einzigen Kampf gegen das Vergessen. Ich behaupte: Ein Hut auf dem Kopf hält die Hirnspeicher intakt und konserviert die Dinge im Gedächtnis. Ein Hut hält Erinnerungen warm und schärft den Blick auf die Gegenwart. Das hat mit der besseren Durchblutung zu tun. Fragen Sie Ihren Arzt oder Apotheker: Der Kopf an sich ist ein äußerst empfindliches, sehr schlecht isoliertes Körperteil, weshalb viele sorgsam darauf achten, auf keinen Fall ihr Hirn zu strapazieren.

Ich will mich in diesem Text nicht der Kulturgeschichte des Herrenhuts widmen. Da hätte ich viel zu tun angesichts der Tatsache, dass seine größte Zeit ein Jahrhundert zurückliegt und er beim Einsteigen ins Auto stört. Ich sage auch nicht: My home is where I hang my hat. Es gibt ja kaum noch Hutständer. Ich erzähle von meinen eher zufälligen Begegnungen mit dem Hut, der bis heute recht häufig erwähnt, aber sträflich ignoriert wird. Dauernd kommen welche daher, denen, blabla, der Hut hochgeht, die einen alten Hut beklagen oder ihren Hut in den Ring werfen, obwohl sie nie einen getragen und erst recht keinen Ringstaub geschluckt haben.

Fällt mir Gustav Knuth ein. Am 2. Juli 1939, falls es wahr ist, besucht der Schauspieler in der Adolf-Hitler-

Kampfbahn (heute MHP-Arena) zu Stuttgart-Bad Cannstatt das Duell um den Europameistertitel im Schwergewicht zwischen Max Schmeling und Adolf Heuser. Zu Beginn bückt sich Knuth nach seinem Hut, der ihm im Trubel vom Kopf geflogen ist. Als er wieder hochkommt, brüllen die 80.000 Zuschauer bereits wie verrückt: Schmeling hat seinen Gegner nach 72 Sekunden k. o. geschlagen.

Nach meinen Erfahrungen fliegt ein guter Hut, sofern korrekt aufgesetzt, auch in stürmischen Situationen nicht davon. Deshalb war auch der Dichter Wilhelm Müller selbst schuld an seinem Missgeschick, das er in seinem Gedicht mit den Anfangsworten »Am Brunnen vor dem Tore« reimte: »Die kalten Winde bliesen mir grad ins Angesicht, / der Hut flog mir vom Kopfe, ich wendete mich nicht ...«

Die tollsten Hut-Zeilen aller Zeiten aber hat Hitlers Propagandachef Joseph Goebbels in seinen völkischen Kopfgeburten gedichtet: »Die Sonne lacht in voller Pracht / In meinem Kämmerlein mitten hinein. / Ich greife Stock und Hut / nehm meinen tollen Hut / Und stürme hinaus aus dem Haus« (aus einem Werk namens »Morgen im Mai«).

Wem bei solch schwachsinnigem Schwulst der Hut hochgeht, der tröste sich mit Bertolt Brechts »Ballade von der Unzulänglichkeit menschlichen Planens«: »Der Mensch ist gar nicht gut / Drum hau ihn auf den Hut. / Hast du ihm auf den Hut gehaun / Dann wird er vielleicht gut. / Denn für dieses Leben / ist der Mensch nicht gut genug / Darum haut ihm eben / Ruhig auf den Hut!«

Trotz der Verlockung, Hutträger als Hau den Lukas zu malträtieren, wähne ich mich mit Krempe unter engelhaftem Schutz. Ich besitze ein halbes Dutzend Hüte für die kühlen und kalten und noch mehr für die warmen und heißen Tage. Ohne eines dieser Exemplare auf die Straße zu gehen fühlt sich an, wie nackt auf dem Balkon zu stehen. Der Hut verschafft mir nicht nur eine den ganzen Körper durchströmende Wärme. Auf Spaziergängen verleiht er mir auch Flügel, und es kratzt mich nicht, wenn ich unter all den hutlosen Losern von heute wirken muss, als hätte ich einen Propeller auf der Rübe. Weit schmerzhafter ist doch, auf Schritt und Tritt coolen Selbstoptimierten zu begegnen, die sich ein Vogelnest in die Frisur gewurstelt haben, als erwarteten sie Geiers Sturzflug. Kommando Dutt statt Hut.

Unsereiner ist ohne Vorsatz unter den Hut gekommen. Weil sich meine Halbglatze bei sommerlicher Sonne binnen Minuten rot färbt und mich aussehen lässt wie ein Streichholz, setzte ich mir zunächst wie viele Pfeifen eine Baseballkappe auf. Irgendwann aber hatte ich keine Lust mehr, für die New York Yankees Reklame zu laufen. Also suchte ich das sehr alte Stuttgarter Hutgeschäft Louis Lenz in der Alten Poststraße auf, um mir eine würdige Sommermütze zu besorgen. Als ich mich an sie gewöhnt hatte, kaufte ich mir Mützen für die anderen Jahreszeiten – bis mich eines Tages in diesem Laden die Gier überkam, auch einen der Hüte um mich herum zu greifen. In diesem Moment war ich so fiebrig wie seinerzeit, als ich mir im Plattenladen ständig CDs kaufte, bevor ich mir, angefixt von der Umgebung, Vinyl grapschte. Es brauchte also für den Hut kein Vorbild wie Udo Lindenberg oder Joseph Beuys, dessen politische Fragwürdigkeit mit dem Etikett »Der Mann mit dem Hut« gedeckelt wird, als gebäre schon ein Kopffilz einen Mythos.

Dass der Hut weniger Symbol- als Gebrauchswert besitzt, begriff ich bei den Eingangszeilen von Ross Thomas' Kriminalroman »Der Fall in Singapur« (1969): »Er war wahrscheinlich der einzige Mann, der an diesem Tag Gamaschen trug. Perlgraue, die unten aus der aufgeschlagenen Hose seines Anzugs herausragten, der so dunkel war, dass er fast schwarz schien. Er trug ein weißes Hemd und eine sauber geknüpfte, blassgraue Krawatte, die sich etwas aufblähte, bevor sie unter einer Weste verschwand. Und da war ein Hut, aber das war nur ein Hut.«

Verstehst du: *nur ein Hut*. Über Frank Sinatras Lebensstil gibt es ein Buch von Bill Zehme mit dem Titel »My Way oder die Kunst, einen Hut zu tragen«. Da antwortet Sinatra auf die Frage, woran ein Mann erkennt, dass er den passenden Hut trägt: »Wenn niemand lacht.«

Und jetzt wird es ernst. In einer Novelle von Christoph Hein, 1982 in der DDR unter dem Titel »Der fremde Freund« und 1983 in der BRD als »Drachenblut« veröffentlicht, erzählt einer diese Geschichte:

»Sie waren in einer Kneipe gewesen, um ein Bier zu trinken. Ein paar Jugendliche spotteten über Henrys Hut. Die beiden ließen sich nicht stören. Dann griff einer der Jungen nach dem Hut, was ihm Henry verwehrte. Es entstand eine Rangelei. Henry bot dem Jungen Prügel an, und sie gingen hinaus. Zuvor gab Henry seinen Hut dem Kollegen. (…)

Henry tänzelte professionell, und die Jungen lachten über ihn. Er machte ein paar Schläge in die Luft, als ob er sich warm machen wollte. Dann schlug der Junge zu. Henry fiel um. Er fiel steif wie ein Stock nach hinten. Der Junge musste etwas wie einen Schlagring benutzt haben.«

Henry mit dem Hut war tot.

Noch trauriger ist Erich Kästners Gedicht »Sachliche Romanze«, Auszug: »Als sie einander acht Jahre kannten / (und man darf sagen: sie kannten sich gut), / kam ihre Liebe plötzlich abhanden. / Wie andern Leuten ein Stock oder Hut.«

Da ich den Hut aber nicht als Totenkopfzierde zurücklassen will, verabschiede ich mich, meinen Stetson lüftend, mit einem Lied von Helge Schneider: »Du bist sehr schön / Ich liebe Dich und Du liebst mich. / Du streichelst meinen Hut ich finde es gut / Mit dem blauen Hut der blaue Hut / Deine blauen Augen wie ein blauer Hut / Hey Leute mir geht es gut / Hey mir geht es gut / … Ohne Hut geht es nicht mehr / Ohne Hut …«

Und damit ist der Deckel drauf.

Mit Stöcken und Steinen

Es gibt Tage, da startest du am Morgen mit dicker Jacke in die Winterkälte und landest am Mittag ohne Hemd in der Sommerhitze. Solche Klimakapriolen führen mich immer an den Neckar, wo ich mir einbilde, es sei noch was im Fluss.

Spazierengehen ist nicht nur eine Möglichkeit, seinen Arsch zu bewegen. Die Beinarbeit gibt einem das erhebend-trügerische Gefühl zu leben. »Leben«, habe ich bei dem russischen Schriftsteller Viktor Jerofejew gelesen, »besteht aus Ablenkungen vom Tod.«

Diese These leuchtet mir ein, nicht nur mit Blick auf mein Alter. Es herrscht Krieg in der Ukraine, und vom Dritten Weltkrieg ist die Rede, was in einer Stadt wie unserer die Ablenkungen vom Tod mitunter erschwert. Im westlichen Bezirk Vaihingen, nahe der Universität, stehen die Patch Barracks, das Hauptquartier der US-Streitkräfte in Europa (Eucom). Im Süden der Stadt, in Möhringen, haben wir die Kelley Barracks, das US-Hauptquartier des Afrika-Kommandos (Africom). Und im nördlichen Zuffenhausen sind die Robinson Barracks mit dem US-Wohnquartier Raiser, der US-Standortverwaltung und den AFN-Studios.

In Fachkreisen gilt Stuttgart als *First Target.*

Ich schlage den mir vergleichsweise unschuldig erscheinenden Weg zum Neckar nach Cannstatt ein und schlendre durch den historischen Kern dieses weithin unterschätzten Stadtquartiers mit seiner internationalen Energie. Auf einer Tafel über dem Fluss neben einem skulpturhaften Mauerrest lese ich: Hier stand das Brückentor, bis 1812 eines der Cannstatter Stadttore, 1706 bei der »Schlacht zu Kannstatt auf der Brucken« hart umkämpft …

Krieg ist immer, überall. Vom Brückentor gehe ich hinein in die Brückenstraße, ein heimeliger Pfad mit alten Kneipen und der St.-Martins-Kirche. An der Nummer 44, über einem Glaskasten im Erdgeschoss, ist noch die Neo-Barock-Fassade des sogenannten Einstein-Hauses erhalten. Die Eltern von Pauline Einstein haben hier gewohnt, ihr Vater war der Getreidehändler und Hoflieferant Julius Koch, gelernter Bäcker aus Jebenhausen; ihre Mutter Jette Bernheimer stammte aus Cannstatt.

Ich ziehe meinen neuen Sommerhut und gehe weiter zur Badstraße. Eine Gedenktafel erinnert daran: In der Nummer 20, wo heute das Motel One steht, wurde nach dem Umzug der Familie 1858 Pauline geboren: Albert Einsteins Mutter, die 1876 in der Israelitischen Betstätte zu Cannstatt Hermann Einstein heiratet; ihr Mann ist Teilhaber der Ulmer Bettenfabrik Israel & Levi.

Am 14. März 1879 kommt in Ulm Albert Einstein zur Welt. Pauline, die als Unternehmergattin keinen Beruf ausüben darf, fördert ihren Sohn Albert in allen Belangen. Sie ist künstlerisch begabt und bringt ihn dazu, Geige zu lernen und sie am Klavier zu begleiten. Diese Hinwendung zur Musik und sein vermutlich sinfonisches Denken waren wichtig für seine Entwicklung, nicht nur als Ablenkung von der Tödlichkeit des Lebens.

Nicht zufällig spaziere ich auf den Spuren der Einsteins herum. In sozialen Medien und auf Mauern der Stadt liest man immer öfter Albert Einsteins legendären Satz: »Ich bin mir nicht sicher, mit welchen Waffen der Dritte Weltkrieg geführt wird, aber im Vierten Weltkrieg werden sie mit Stöcken und Steinen kämpfen.«

Dieser Mann, dessen Mutter aus Cannstatt ihm den Weg

zum Genie, zum Nobelpreisträger, zum Superstar geöffnet hat, sagte auch: »Ich bin Pazifist – aber nicht Pazifist um jeden Preis. Meine Anschauungen decken sich nahezu mit denen Gandhis. Aber gegen einen Mordversuch an mir oder gegen den Versuch, mir oder meinem Volke die Existenzmittel zu entziehen, würde ich mich, allein oder mit anderen zusammen, zur Wehr setzen. Darum war ich überzeugt, dass der Kampf gegen Hitler berechtigt und notwendig war. Denn hier handelte es sich um einen beispiellosen Versuch der Ausrottung ganzer Völker.«

Im Sinne Einsteins differenziert mit dem Begriff »Pazifismus« umzugehen oder ihn, realistisch, als Haltung einer inzwischen eher bedeutungslosen Minderheit zu sehen, ist in diesen Tagen nur noch schwer möglich. Bei der herrschenden Politik und den Rufen von Millionen Facebook-Feldwebeln nach »schweren Waffen« für die Ukraine steht bei uns schon jeder als durchgeknallter Pazifist am Pranger, der mal, wie Einstein, Zweifel am Militarismus äußerte. Ach, diese Träumer, Hippies, Idioten. So dumm und naiv, dass sie Leopard und Marder der Arche Noah und dem Tierschutz zuordnen.

Rationale Betrachtungen sind angesichts einer neuen Version der Dolchstoßlegende unerwünscht wie zurzeit der SPD-Bundespräsident in der Ukraine. Die Gut-und-Böse-Geschichte ist zementiert, unantastbar wie eine Mine, von der Würde des Menschen ganz zu schweigen. Gebrandmarkt werden Sündenböcke für ihr falsches Leben, in dem es kein richtiges gibt. Sie sind dem Russen auf den Leim gegangen. Auf einmal ist auch jeder ein Putin-Versteher, der ihn ums Verrecken nicht versteht. Da wünscht man sich schlauerweise gern mal Putin zum Teufel, auch wenn man den selber für den Leibhaftigen hält.

In dieses Klima der Ratlosigkeit und der unerwünschten

Zweifel passt, dass der tapfere Schwabe Kretschmann mit aufrechter Mainstream-Haltung bedauert, nicht schon im vergangenen Jahr Waffenlieferungen an die Ukraine unterstützt zu haben – und ohne jede Not ergänzt: »... obwohl ich nie Pazifist war«. Ein lustiges Bekenntnis. Wer schon würde Pazifismus-Sünden bei einem Politiker vermuten, der einst im Kommunistischen Bund Westdeutschland die Weltrevolution vorbereitete – und heute Mitglied im Schützenverein Laiz in Sigmaringen ist. Dieser Klub empfiehlt auf seiner Homepage Schießanlagen für Großkaliber, womit sich politisch schon was machen ließe, wenn man weiß, dass Attentäter sich ihre schweren Waffen nicht selten als Mitglieder von Schützenvereinen legal besorgen.

Allerdings nimmt Kretschmanns Schützenverein eine womöglich doch irgendwo unauffindbar versteckte pazifistische Strömung in der Partei seines großen Promis ins Visier: »Leider gehört er der Fraktion Bündnis 90/Die Grünen an, die die Sportschützen im Ländle eng kontrollieren.« Kanonenmäßig fühle ich mich da moralisch im Vorteil, weil ich als Landei mit eindeutig positionierten Lehrfilmen wie »Winnetou«, »Für eine Handvoll Dollar« und »Leichen pflastern seinen Weg« sozialisiert wurde.

Appeasement-bewusst möchte ich mit Blick auf die Grünen noch klarstellen, dass der brandaktuell klingende Schlachtruf »Green has gone to war« nicht vom Geschwader Kretschmann, Baerbock & Co. stammt. Er kommt aus der Propagandaabteilung von Lucky Strike und hat mit unserer militanten Nichtraucher-Partei nichts zu tun. 1942 wurden die grün-gold-roten Lucky-Schachteln in Rot-Weiß umgestaltet, weil in den vorherigen Farben Chrom und Kupfer enthalten waren. Beide Metalle brauchten die US-Streitkräfte im Zweiten Weltkrieg so dringend wie Zigaretten. So entstand, umhüllt von patriotischen Rauchwolken, der berühmte Slogan »Green has gone to war«. Heute wäre er hierzulande ein Wahlkampfknaller und eine fantastische Hookline für Habeck, Hofreiter & Friends.

Wenn das Leben wirklich aus Ablenkungen vom Tod besteht, sollte ich im Angesicht des Krieges aufhören herumzustiefeln. Fast immer führen meine Spaziergänge vom Jetzt ins Damals und umgekehrt. Das geht aufs Gemüt. An einer Gedenkstätte für die ermordeten Juden habe ich mal gelesen: »Die Zukunft hat eine lange Vergangenheit«. Ich rechne damit, dass die Zukunft kürzer ist als die Vergangenheit. Nicht nur für mich.

Der Zwei-Finger-Mann

Schon immer hatte ich den kindsköpfigen Spleen, mit einem Laptop am Neckarufer zu sitzen und zu tippen. Nicht meine Einkaufsliste schreiben, die zum Horror-Genre zählt, seit Butter und Kaffee bei uns teurer geworden sind als Heroin. Ich wollte am Fluss eine kleine Geschichte tippen, irgendwas, das mir beim Blick auf die Wellen einfällt und in ihnen untergeht. Etwas anderes als das Zeugs, das ich zu Hause mache, während ich den Bildschirm meines Rechners, den aufrechten, tönernen Sitting Bull auf meinem Schreibtisch und die Wand anstarre.

Es ist Sommer geworden, die ersten tödlichen heißen Tage des späten Frühjahrs sind vorbei, und in den Straßen der Stadt stinkt es noch immer nach Weltuntergang. Weit vom Schuss sitze ich auf einem Steinblock im Schatten eines Baums am Fluss. *With my banjo on my knee.*

Das Banjo ist in Wahrheit ein brandneuer Laptop, der am Wasser getauft werden muss. Wenn ich mit den Fingerspitzen seine Tasten berühre, fühle ich mich wie ein Musikant, spezialisiert auf minimalistischen Sound. In jahrzehntelanger Zeitungsarbeit habe ich es nicht geschafft, beim Tippen über die Technik des Sägewerkarbeiters hinauszukommen. Ich bin der Zwei-Finger-Mann. Eine Keyboard-Krücke.

Auf diese Weise habe ich einst auf einer geliehenen Reiseschreibmaschine angefangen. Dieses Gehacke war anstrengender als später das Computergeklimper, auch weil statt der Löschtaste nur Tipp-Ex-Streifen zur Verfügung standen. Tipp-Ex gab einem die Illusion, der Text ließe sich verbessern. Meist aber wäre es sinnvoller gewesen, ihn zu vernichten. Mithilfe eines Feuerzeugs, das sowieso immer neben der Schreibmaschine lag, weil ich fest daran glaubte, eine Zigarette pro Zeile würde mein Geschreibsel ins Gedächtnis der Weltliteratur einbrennen. Dies galt selbstverständlich auch für poetische Stoffe wie die Jahreshauptversammlung der Freiwilligen Feuerwehr oder einen Verkehrsunfall mit der Überschrift »Fahrrad rammt Sattelschlepper«.

Vor meinen Augen tuckert gerade der Lastkahn »Ascona« vorbei. Seine Wellen erinnern mich daran, dass in der Jahrhunderthitze vor ein paar Tagen ein Mann in den Neckar gesprungen und nicht mehr aufgetaucht ist. Auch Froschmänner konnten ihn nicht retten.

Der Neckar verfügt über ungeahnte Kräfte. Von seiner Quelle bis zur Mündung in den Rhein überwindet er einen Höhenunterschied von 161 Metern. So hoch ist der Turm des Ulmer Münsters. Würde man eine Kugel flussabwärts über die Wasserdecke des Neckars rollen, käme sie zurück wie der Stein des Sisyphus. Wenn die Schleusen mitspielen.

Ich wäre gern ein Schiffer. Dann hieße meine Kolumne »Auf der Wasserstraße«. Als ich neulich ein Plakat mit der Ankündigung las, in Stuttgart finde im Sommer »Europas größte Dampfermesse« statt, war ich bereit, anzuheuern und mit meinem Banjo zu verschwinden. Bei näherem Hinsehen jedoch stellte sich die Dampferschau als Show für E-Shishas heraus. Noch die größte Pfeife raucht heute elektrisch.

Vor mir ist inzwischen die MS »Experimenta« aufgetaucht, frisch gestrichen. Ein Schriftzug mit dem Versprechen »Ein ganzes Schiff voller DU« versaut die Bordwand, Werbung für die Ausstellung »Experimenta – Das Science Center«. Was für eine Drohung: ein ganzes Schiff voller

DUS. Auch der beste Lastkahn würde absaufen unter dieser Last.

Im Fall der Experimenta geht es übrigens um »Erleben und Wissen«. Ich weiß das, mein Banjo hat Internet. »Du entdeckst Neues bei dieser Veranstaltung«, lese ich – »egal, ob du drei oder 103 Jahre alt bist«. Wenigstens bei diesem Event zähle ich noch zur Zielgruppe. Wie lange noch, kann ich nicht sagen. Giftige Insekten wandern über meinen Bildschirm. Als guter Mensch darf ich sie nicht zerquetschen. Und ich habe Angst vor der Zecken-Guerilla, jederzeit kann sie über mich herfallen und mich töten.

Glücklicherweise lenkt mich jetzt ein weiteres Schiff ab, voll beladen nicht mit DIR, sondern mit Metallschrott. Sein Name ist New York City. Diesen Kahn habe ich schon öfter auf dem Neckar gesehen und mir vorgenommen, ihn irgendwann auf einer Brücke abzupassen und zu entern. Zwar schwimmt er nicht direkt nach New York City, aber immerhin nach Brügge, und das wäre ein Anfang. Ich muss raus aus meiner gottverdammten Gegend. Nichts los hier, die trägen Wellen des Neckars schimmern grünbräunlich in der Junisonne. Keine Spur von der »bläulichen Silberwelle«, die Hölderlin in seiner Ode an den Fluss besingt.

Ein Hilfsmotorradler parkt vor meiner Nase und legt sich der Länge nach auf eine Bank, ohne seinen Helm abzunehmen. Irgendwas muss den Kopf ja zusammenhalten, während der Neckar sein kostbares Wasser in die Kraftwerke pumpt. Old River, alter Loser. Vergessen, missachtet, missbraucht.

Ich schaue ins Nichts des Sommers, als ein weiterer Kahn zur Begrüßung Wellen ans Ufer schwappen lässt. Ahoi, die MS »Morgenstern«. Wenn ein Schiff namens »Morgenstern« meinen Kurs kreuzt, dann hat das etwas zu bedeuten. Dann muss etwas passieren. Das Telefon klingelt. Leck mich. Ich muss tippen. Es klingelt wieder. Ein freundlicher Kollege von der Zeitung ist dran. Er hat Neuigkeiten. Eine Sternschnuppe ist in die Stadt geplumpst: Das Metropol, ein kulturhistorisches Kinogebäude ersten Ranges, in dem einst Kinos waren, soll nun doch nicht als Kletterkäfig eines Boulderhallen-Unternehmens enden. Die Bau- und die Denkmalschutzbehörden haben ein entsprechendes Gesuch abgelehnt. Inzwischen, erzählt der Kollege, wird bereits mit einem leibhaftigen Kino-Mann über die Zukunft des Hauses verhandelt. Auf, Matrosen, ohé.

Aber was geht mich das an? Ich sitze am Fluss, with my banjo on my knee. Die Klimperei auf dem Computer, das ist mein Plan, soll mich aus dem Leben entführen wie die Rattenfängermelodie eines Shantys. Raus und weg. Hey du, wirf dein blödes Ich zum Fraß den Fischen vor. Alles muss untergehen. Die Pandemie. Der Krieg. Die Gedanken. Es ist ein guter Tag, um in den Fluss zu springen. *Oh! Susanna ... the sun so hot I froze to death.*

Was hat mir das Telefon im Angesicht des Morgensterns erzählt? Ach ja, da war mal was. Mit einer kleinen Initiative haben wir mitten in der Pandemie eine Reihe von Protestaktionen veranstaltet: »Rettet das Metropol«. Gitarren wurden gespielt, Reden gehalten, Tänze aufgeführt. Wir waren auf der Straße gegen die geistige Havarie in der Stadt. Womöglich lässt sich hin und wieder das Ruder doch noch herumreißen, wenn du deinen Arsch aus der Koje hievst und zum Morgenstern greifst. In Wirklichkeit ist der Morgenstern kein Morgenstern – so wenig wie mein Banjo ein Banjo. Na und? Es geht darum, etwas zu tun.

Dieses Metropol, der Traumpalast, könnte eine Insel für die Künste und das Menschliche werden, ein Ort der Begegnung. Alles im Fluss. Die Welt strömt zusammen in einer Pfütze, die Stuttgart sympathischer macht.

Der Akku meines Laptops schwächelt, die Sonne verdrückt sich allmählich, und der Fluss wechselt seine Farbe. Am Horizont blitzt die Silberwelle auf, und »Pauk und Cymbel« aus Hölderlins Neckar-Hymne klingen im Abendwind. Mein Rücken schmerzt. Ich muss gehen, solange ich noch kann. Kein Mensch ist dafür gebaut, mit den Hinterbacken auf einem Steinblock und zwei Fingern auf der Tastatur siebentausend Zeichen abzusondern, sie am Ufer des Neckars im Rhythmus der Wellen zu tippen.

Ich hätte das Banjo auf meinem Knie zertrümmern, den Schrott auf die »New York City« werfen und ihm hinterherspringen sollen. Meiner Kolumne wäre all dieses Strandgut hier erspart geblieben. Und ein toter Fisch hätte mir zum Dank ein Lied gesungen.

Wir wollen tanzen

Wie es das Schicksal oder der Teufel wollte, musste ich Anfang März 2021 in die Nähe der Friedenskirche, der Friedensstraße und des Friedensplatzes ziehen. Von Anfang an war mir dieses Friedensbombardement in meiner Umgebung nicht geheuer. Ein Lockdown in der Pandemie beschränkte in jenen Tagen die Bewegungsfreiheit, während sich auf den Straßen und im Internet eine Bewegung des Unmuts mit Verschwörern und Rechten formierte. Zu diesem Zeitpunkt gab es bereits ein Buch mit dem Titel »Pandemie – Die Welt im Corona-Krieg«.

Ich bin eine Art Berufspessimist. Vielleicht könnte man auch sagen: ein Feigling, der vorsätzlich immer vom schlimmsten Fall ausgeht in der heimlichen Hoffnung, wenn er nur schwarz genug sehe, könne es womöglich nicht gar so schlimm kommen. Dann erreichte mich, keinen Pistolenschuss von Friedenskirche, Friedensstraße und Friedensplatz entfernt, die Nachricht vom Überfall der russischen Armee auf die Ukraine. Putins Krieg, und Corona war kein Thema mehr, auch wenn sich in meinem Bekanntenkreis immer mehr infizierten.

Kriegsbeginn war der 24. Februar, und am Sonntag darauf verbreitete Stuttgarts Oberbürgermeister bei einer Stuttgarter Solidaritätskundgebung für die Ukraine auf dem Schlossplatz sein Bulletin: »Seit Donnerstag stehen wir alle unter Schock, ja geradezu unter Schockstarre.« Dieser an sich alarmierende Zustand konnte ihn freilich nicht daran hindern, unter dem Beifall des Straßenpublikums weitere Sätze aufzusagen, die in der kardiologischen Diagnose mündeten: »Unsere Herzen sind blau-gelb gefärbt.« Keine Woche später verlor er dann bei der nächsten Aktion unter freiem Himmel vollends die Orientierung und skandierte ohne Rücksicht auf Geburtsort, Passport und Geschlecht: »Wir sind alle Ukrainer.«

Tatsächlich war da angesichts der Katastrophe auch schon jede bewusst gewählte und intelligentere Wortlosigkeit gefährlich verdächtig. In den sozialen Medien wurden Leute als Putin-Versteher angemacht, weil sie nicht deutlich Position bezogen, etwa mit der strategisch wirkungsmächtigen Parole: »Fuck Putin«. Der Russe an sich, so scheint es hierzulande, steht nicht länger vor der Tür, er ist weg vom Fenster und wird in Sippenhaftung genommen.

Mitten in dieser Wut- und Sündenbockstimmung kam mir ein Zitat in den Sinn, das ich am Ende von Stefan Gärtners Buch »Terrorsprache – Aus dem Wörterbuch des modernen Unmenschen« gelesen habe: »Die wenigen, die sich auskennen, wissen alles. Die anderen sind blind und taub« (aus einem Brief von Joseph Roth an Stefan Zweig, 9. Oktober 1933). Im erwähnten Schlusskapitel seziert Gärtner die modische Phrase »Am Ende des Tages«. Die passt in die gegenwärtige Phase wie der Arsch auf den Eimer, so wahr wie das Ende aller Tage in greifbare Nähe rückt.

Im finalen Stadium meines Berufspessimismus begegnete mir dann in einem anderen Buch dieser Satz: »Und irgendwo in weiten Fernen der Geschichte senkte sich auf Europa die Wahrheit herab, dass das Morgen die Pläne der Gegenwart zunichtemachen werde.« Er stammt nicht, wie man vermuten könnte, von einem unserer Leitartikler, der sich auskennt, sondern aus einem Roman, den ich auf einmal wieder lesen wollte, als könnte er wie ein Serum meine nicht zwingend kriegsbedingte Schockstarre im Hirn vertreiben. Ich spürte ein seltsames Verlangen, das ich mir nicht genau erklären kann, eine Endzeitlust, als müsste ich nach langer Abstinenz schnell noch eine Zigarre rauchen, nur um zuzusehen, wie der letzte Rauch aufzieht und sich in Luft auflöst.

Auf der Flucht vor der Diagnose: Herz blau-gelb und Schockstarre im Hirn.

Da ich das Buch nirgendwo in meinem Regal finden konnte, bestellte ich mir bei der Händlerin meines Vertrauens eine nagelneue Rowohlt-Taschenbuchausgabe vom Oktober 2021, 42. Auflage, zwölf Euro: Jaroslav Hašeks Roman »Die Abenteuer des braven Soldaten Schwejk«. Die Wahrheit, die sich über Europa herabsenkte und die Pläne der Gegenwart zunichtemachte, fand ich schon auf Seite 44 im Kapitel »Schwejk im Polizeikommissariat in der Salmgasse«, wo der Schelm die Lage sondiert: »Hier ist es nicht so übel, die Pritsche ist aus gehobeltem Holz.«

Dieser trottelige Überlebensvirtuose in Uniform hat eine sagenhafte Karriere hinter sich. Bei den Nazis landete der antimilitaristische Roman auf der Liste der verbrannten Bücher, im Nachkriegsdeutschland wurde die literarische Vorlage in Axel von Ambessers Kinofilm 1960 mit Heinz Rühmann so gewalttätig entschärft, dass von den sarkastischen Bösartigkeiten nur noch staatstragende Ärmelschonerheiterkeit übrigblieb. Seit den Zwanzigerjahren des vorigen Jahrhunderts entstanden auch zahlreiche Bühnenfassungen, an denen Größen wie Erwin Piscator, Max Brod und Bertolt Brecht beteiligt waren. Eine Version von Thaddäus Troll (dessen Nazi-Vergangenheit später ans Licht kam) wurde 1955 in Wien uraufgeführt und danach erfolgreich in vielen Städten gezeigt. Die Stuttgarter Komödie im Marquardt brachte es auf 71 Vorstellungen in einer Zeit, als bereits über die Wiederbewaffnung der Bundesrepublik gestritten wurde.

Heute wird allenthalben eine »Zeitenwende« ausgerufen, weil die Bundesrepublik auf der Skala der weltweiten Wehretats mit zügig mobilisierten 100 Milliarden von Rang sieben auf Rang drei katapultiert werden soll. Ich fürchte, an den Soldaten Schwejk erinnerte ich mich, weil der neue Rüstungswahn heute so ungebremst bejubelt wird, dass jeder, der am Waffensegen zweifelt, nur noch als braver Soldat Schweig überleben kann. Schnauze!

Vielleicht wurde Jaroslav Hašeks schräger Held in meinem Unterbewusstsein auch geweckt, als ich mitbekam, dass im Netz immer wieder die Frage diskutiert wurde, welche Art kultureller Veranstaltungen mitten im Krieg noch angebracht und ausreichend pietätvoll seien. Dürfen wir uns überhaupt noch Humor erlauben? Solche Fragen sind Unsinn. Es ist zuallererst die Kultur, die Identität der Menschen, die in Kriegen angegriffen und zerstört wird. Deshalb müssen wir die Kunstdosierung auch im Krieg nicht auf die Marschmusik der Militarisierung beschränken.

Dieses Thema wiederum führte mich zurück in die frühen Neunzigerjahre: Damals half ich während der Jugoslawienkriege einem Arzt, Medikamente und medizinisches Gerät nach Jugoslawien zu bringen. Wir waren in Städten wie Split, Slavonski Brod, Mostar. Das Ganze war kein besonders vernünftiges Unternehmen, wir hatten keine Ahnung vom Krieg. Mit viel Glück und etwas organisatorischem Geschick erreichten wir dennoch unsere Adressaten, unterwegs sahen wir reichlich Elend.

Da wir auch über Bargeld für Notfälle von einer Hilfsorganisation verfügten, fragte ich eine Gruppe junger Menschen, was sie denn gerade am dringendsten bräuchten. Ich dachte an Lebensmittel, war naiv. Eine Frau kam auf mich zu, sie sagte: Wir brauchen Kosmetik, Schminke, gute

Strumpfhosen und schöne Kleider. Da ich vermutlich ziemlich dumm oder verdutzt aus der Wäsche schaute, erklärte sie es mir: Wir sind im Krieg, wir wollen allen zeigen, dass wir leben wollen, wir müssen allen zeigen, dass wir uns von ihrem Krieg nicht unterkriegen und zerstören lassen. Wir sind Menschen, wir haben eine Würde, wir müssen schön aussehen. Dann sagte sie noch: Wir wollen Musik, wir wollen tanzen, und alle sollen es sehen.

Diese Szene, irgendwo in Jugoslawien, habe ich bis heute vor meinen Augen, die mir damals die junge Frau ein Stück weit geöffnet hat.

Branding für die Feuerwehr

Tag für Tag kämpfe ich mich an den S-21-Gruben durch das Verkehrschaos bis zur Königstraße und zur Bahnhofsruine vor. Auf dem Stolperpfad zwischen Schauspielhaus und Gymnasium Königin-Katharina-Stift höre ich eine Schülerin zu ihrer Begleiterin sagen: »Schon mitgekriegt? Stunde fällt aus, Geschichte wird verschoben.« Scheiß drauf, murmle ich vor mich hin, Geschichte wird bei uns fortwährend verschoben. Als wollte man sie für immer loswerden.

Und weil ich schon mal Schulhofparfüm gerochen habe, lande ich wenig später in der Buchhandlung Wittwer vor dem Regal »Young Adult«, das ich zuvor nie bemerkt hatte. Einige sehr junge Frauen ziehen erstaunlich viele Bücher heraus, ich werde neugierig. Ich bin nicht young, womöglich aber adult, sage ich mir, und sie werden mich schon nicht für einen Pädo halten. Ich sehe reichlich Stoff über Liebe, Mord und Rache und solche Sachen, schnappe mir aber lieber einen schmalen Roman mit dem Titel »Idol in Flammen«: »Der große Bestseller aus Japan«.

Zu Hause las ich das Buch von Rin Usami, geboren 1999, zügig durch: Die Schülerin Akari verbringt ihr Leben mit obsessiven Nachforschungen über den Popstar Masaki und berichtet darüber auf ihrem Blog. Man darf sich das Mädchen nicht als Groupie vorstellen, es geht nicht um sexuelle Sehnsüchte oder Rammstein-Rituale. Sie betrachtet ihr Idol als den Sinn ihrer Existenz, als ihre »Wirbelsäule«. Das führt zu chaotischen Verirrungen, als sich das Gerücht verbreitet, Masaki habe einen weiblichen Fan geschlagen. Gefallen hat mir das Ende des Buchs, als Akari beginnt, die in ihrem Zimmer herumliegenden Wattestäbchen zu sortieren.

Ich sollte eine ähnliche Methode zur Herstellung einer gewissen Hirn-Ordnung finden. Eventuell mit Erdnüssen. Dann würde mich ein Titel wie »Idol in Flammen« beim Herumstiefeln in der Stadt nicht zwingend an die Feuerwehr erinnern. Aber so läuft das im Kopf, wenn du läufst und läufst und einen Satz aus einem Young-Adult-Buch im Kopf hast: »Manchmal ist es anstrengender, nichts zu tun, als irgendwas zu tun.«

Weil der Müßiggang im Nirgendwo ein schwieriges Unterfangen ist, ging ich mit flammendem Hirn gezielt in die Katharinenstraße in der Altstadt. An der Ecke Jakobstraße steht die Feuerwache 1 Süd. Dort warten, durch die Scheiben sichtbar, Feuerwehrfahrzeuge hinter sieben nummerierten Toren auf ihren Einsatz. Gegenüber ist das Non-Profit-Café Natan, wo früher die Weinbar Billy's war. Bei Bill saß ich oft und weil es anstrengender war, nichts zu tun, als etwas zu tun, haben wir in dieser Bar hin und wieder Wetten gemacht. Es galt, darauf zu setzen, wann das nächste Mal die Feuerwehrautos losrasen würden. In 35 Minuten? Oder erst in 57 oder 75 Minuten? Wer am dichtesten dran war, gewann ein paar Durstlöscher. Auf diese Wette war ich gekommen, nachdem ich in einem Roman gelesen hatte, wie kanadische Männer Geld darauf setzen, an welchem Tag zu welcher Uhrzeit das Eis brechen wird. Vom Eis ist es nie weit zu einem Drink.

Die Stuttgarter Feuerwehr ist zurzeit ein großes Thema, ihre Kolleginnen und Kollegen stehen schon länger emotional in Flammen. Die Gewerkschaft Verdi beklagt »Demotivation und großen Frust«. Im Zentrum des Konflikts steht die Farbe der Autos. Demnächst werden für 112 Millionen Euro 34 neue Löschfahrzeuge geliefert – und die alten sind in verschiedenen Tönen lackiert. Manche knallrot, manche dunkelrot. Sie haben auch unterschiedliche Streifen: in Schwarz und Weiß und Gelb. Eine Arbeitsgruppe zur Lösung der Lackfrage hat bereits getagt. Ergebnis: Eine Marketing-Agentur wird beauftragt, ein einheitliches Fuhrpark-Bild zu entwerfen. Die Wehr darf nicht verwässert werden. Es geht um ein brandneues Branding der Brandbekämpfung. Und vermutlich schreibt man Branding in The Deppenstrich-Länd mit ä. Wie The Chänce.

Anzunehmen ist, dass die Stuttgarter Löschautos ohne politische Rücksicht weiterhin in einer Rot-Version rollen werden, in einer betörenden Tönung, die sich in unser Bewusstsein fressen wird wie ein Waldbrand. Die CDU muss das neue Rot respektieren, schon weil die Farbe Schwarz den Leichenwagen vorbehalten ist. Auch am Blaulicht auf den Autos dürfte sich nichts ändern, wenngleich uns das Geschichtsbuch lehrt, dass diese Art Lampen auf Polizeiautos 1933 von den Nazis eingeführt wurden. Blaulicht streut, deshalb konnte es im Luftkrieg nicht von feindlichen Piloten gesichtet werden. Zum Glück gingen die deutschen Lichter trotzdem aus.

International gibt es übrigens nicht nur rote Feuerwehrautos. In Großbritannien und Teilen der Schweiz etwa sind sie limonengelb. Der gelb-grüne Mix ist vom menschlichen Auge besonders gut zu erkennen, was sich bekanntlich die Ampel-Regierung zunutze macht. Rote Löschfahrzeuge hingegen werden von Farbenblinden als grau wahrgenommen, könnten also mit russischen Panzern verwechselt werden.

Abraten bei der Aufwertung der Stuttgarter Feuerwehrmarke würde ich von der Farbe Braun. Wie bundesweit berichtet wurde, haben fünf Leonberger Spritzenmänner im

Juli bei der nächtlichen Heimfahrt von einem Gerlinger Feuerwehrfest Nazi-Parolen durch die Lautsprecher ihres Fahrzeugs gegrölt. Ob dazu die blauen Nazi-Lichter rotierten, weiß ich nicht, da mir die Flugabwehr nichts gemeldet hat. Blau war jedenfalls der Fahrer. Einen ähnlichen Vorfall wie in Leonberg hatte es schon im Mai in Aichtal/Kreis Esslingen gegeben. Da waren drei Feuerwehrmänner zu Fuß unterwegs, als einer von ihnen »rechtsradikale und antisemitische Parolen« (*Stuttgarter Zeitung*) auskotzte. Kann schon mal vorkommen unter harten Männern in Uniform, wie wir von anderen heldenhaften Korpsgeistern unserer wehrhaften Demokratie wissen. Da gerät öfter mal ein Idol in Flammen.

Dass ein Stadtspaziergänger immer auch in dunklen Kapiteln der Geschichte landet, ist sein Los. Gehen bringt neben Gelenken auch Hirnzellen in Bewegung. Und die Gedanken springen beim Blick auf die Gegenwart, in der Rechte, Völkische und Nazis immer ungenierter akzeptiert und hofiert werden. Die Brandmauer wackelt, und viel zu wenige machen den Faschisten Feuer unterm Arsch.

Täglich komme ich am Gericht in der Urbanstraße vorbei, sehe an der Mauer die Phrase zum Gedenken an die im Hinterhof ermordeten Opfer der Nazis: »... den Lebenden zur Mahnung«. Überall nur Mahnungen in den Wind. Vor 85 Jahren, in der Pogromnacht am 9. November 1938, wurden im Stadtbezirk Cannstatt und im Hospitalviertel der Innenstadt die Synagogen niedergebrannt. Für den Anschlag unter dem Gejohle des bürgerlichen Mobs hatten der Chef der Stuttgarter Feuerwehr, Branddirektor August Bender, und der Leiter der Cannstatter Feuerwache, Werner Reutlinger, dem Pyropack das Benzin bereitgestellt.

Es geht hier nicht darum, Dinge zu vergleichen. Ich verschiebe nicht die Geschichte. Vieles, nicht nur Kommentare im Netz zu den geschilderten Ereignissen, zeigt uns, dass im Klima dieser Tage einiges in Flammen steht, entzündet von faschistischen Feuermeldern.

Immer öfter werde ich einen großen Haufen zu Boden gefallener Erdnüsse oder Wattestäbchen sortieren müssen, um hin und wieder einen klaren Kopf zu bekommen. Mit Wattestäbchen allerdings werden wir die braunen Brandstifter nicht besiegen.

Früchte des Zorns

Am Urbansplatz höre ich spätabends Paukenschläge aus den Räumen der Musikhochschule. Trommeln in der Nacht. In der Nachbarschaft sind die Büros des Mietervereins, und in dieser Umgebung kannst du nicht laut genug trommeln. Es ist Juli und heiß. In der Nähe meiner Mietwohnung gehe ich die Moserstraße entlang. In der Ferne kann ich den Fernsehturm sehen. Und wieder einmal spüre ich, dass meine Herumgeherei nur noch wenig mit meinen früheren Spaziergängen zu tun hat. Als ich ziellos den Wegweisern meiner Neugier folgte.

Inzwischen ist mein Spaziergang ein Strapaziergang. Nicht nur wegen der lautlosen Autos, Roller und Räder in mieser Luft. Es ist das Grübeln. Der Hanns Guck-in-die-Luft ist tot, geblieben ein kopflastiger Fußarbeiter, der mental nicht mehr richtig auf die Beine kommt.

Das Wort *spazieren* leitet sich aus dem italienischen *spaziare* und aus dem lateinischen *spatiārī* ab; es hat etwas mit Umherschweifen zu tun, mit Bewegung, die unsereiner als Exemplar der Gattung Gehendes Tier dringend nötig hat. Der Bundespräsident Frank-Walter Steinmeier hat Ende 2021 gesagt, der Spaziergang habe »seine Unschuld verloren«. Mit dieser Phrase meinte er die als »Spaziergänge« getarnten Demonstrationen gegen Corona-Maßnahmen. Politisch motivierte Aufmärsche, die als Spaziergänge deklariert wurden, gab es allerdings auch schon früher, etwa bei der rassistischen Pegida.

Wenn ich heute durch die Straßen gehe, geht mir der Krieg durch den Kopf, die Schwierigkeit, darüber noch irgendwo konträre Meinungen ohne aggressive Attacken zu äußern. Das Klima ist vergiftet. In meiner Not habe ich begonnen, Carl von Clausewitz' Standardwerk »Vom Kriege« zu lesen, Gedanken des großen Kriegstheoretikers über Glück und Geschick in militärischen Auseinandersetzungen. Unter der Überschrift »Nachrichten im Kriege« schreibt er, »die meisten Nachrichten sind falsch, und die Furchtsamkeit der Menschen wird zur neuen Kraft der Lüge und Unwahrheit«. Im Kapitel »Friktionen im Kriege« vergleicht er den Krieg mit einer einfachen Reise, die kurz vor dem Ziel wegen unerwarteter Hindernisse zu scheitern droht. »So stimmt sich im Kriege durch den Einfluss unzähliger kleiner Umstände, die auf dem Papier nie gehörig in Betrachtung kommen können, alles herab, und man bleibt weit hinter dem Ziel.«

Anzunehmen ist, dass sich im Computerzeitalter nichts an dieser Verkettung unberechenbarer Umstände geändert hat. Was Millionen Aufrüstungsexperten hierzulande nicht daran hindert, ihre alleingültige Meinung über Strategie und Sieg im Krieg in der Ukraine in die Welt mit all ihren asozialen Medien zu trommeln. Und jeden Zweifel am Erfolg von Waffen als Verrat eines Lumpenpazifisten zu verhöhnen. Und so werde ich als einer, der beim Spazieren über seine Zweifel strauchelt, wohl für einen Pazifistenlumpen gehalten, wenn ich noch mal den Fachmann CvC zitiere: »Da der Krieg kein Akt blinder Leidenschaft ist, sondern der politische Zweck darin vorwaltet, so muss der Wert, den dieser hat, die Größe der Aufopferung bestimmen, mit welcher wir ihn erkaufen wollen. Dies wird nicht bloß der Fall sein bei ihrem Umfang, sondern auch bei ihrer Dauer. Sobald also der Kraftaufwand so groß wird, dass der Wert des politischen Zwecks ihm nicht mehr das Gleichgewicht halten kann, so muss dieser aufgegeben werden und der Frieden die Folge sein.«

Frieden. Das Unwort. Verpönter als Streumunition, den »Wert des politischen Zwecks« bestimmt eine politische Schreibtischtruppe, der auch ein Clausewitz nicht gewachsen wäre. Und ein weiteres Mal wird man mir sagen, dass Putin wie Hitler sei – und eine differenzierte Sicht auf den Einfluss unvorhersehbarer Umstände im Kriege nur ein naiver Pazifismuslump wagen könne.

So stiefle ich weiter, wankelmütig wankend. Gelegentlich mache ich Rast in einem Tagescafé in der Moserstraße. Es heißt »Silberknie« und spielt, sagt mir eine Mitarbeiterin, auf das »Hüftgold« an. Nicht weit entfernt vom Silberknie gibt es das Café »Hüftengold«. Der korrekte Neologismus lautet »Hüftgold«, er zielt spöttisch-ironisch auf zu viel Fett in einer Körperzone, die beim Training mit dem Hula-Hoop-Reifen eine zentrale Rolle spielt.

Damit sind wir beim Humor, dessen Bewertung mir inzwischen so komplex und absurd erscheint wie die des Kriegs. Wir müssen froh sein, dass neulich nach der Äußerung der Kabarettistin Christine Prayon in *Kontext*, sie habe für die TV-Formate »heute-show«, »Die Anstalt« und Jan Böhmermanns »ZDF Magazin Royale« nichts mehr übrig, kein Bürgerkrieg ausgebrochen ist. Die geballte Wut über öffentlich-rechtliche Medien und ihren Umgang mit »Andersdenkenden« entlud sich blitzartig in den asozialen Medien über etwas, das man anscheinend »Satire« nennt. Dieses mysteriöse Monstrum definiert der Duden so: »Kunstgattung (Literatur, Karikatur, Film), die durch Übertreibung, Ironie und [beißenden] Spott an Personen, Ereignissen Kritik übt, sie der Lächerlichkeit preisgibt, Zustände anprangert, mit scharfem Witz geißelt«.

Mit angemessenem Ernst behaupte ich, dass Satire etwas mit Humor zu tun hat, auch wenn dieses »Element« laut Tucholsky dem »deutschen Menschen abhanden gekommen« ist. Nun will ich unzähligen humorfreien Aufsätzen und Zigtausenden von Kommentaren zum Zustand der deutschen TV-Satire im ZDF keine weitere »Analyse« hinzufügen. Mein Humor ist nicht so fein wie Clausewitz' Kriegsphilosophie, und so überkommt mich bei meiner Café-Rast die Lust, in keineswegs satirischer Übertreibung zu brüllen: »Ja, fickt euch doch ins Silberknie.«

Mein Akt der Poesie beim Blick auf die vielen – im kapitalistischen Überfluss angefressenen – Fetthüften taugt durchaus als radikale Kapitalismuskritik, wie sie dem Vernehmen nach im kapitalistischen Satirebetrieb des kapitalistischen ÖRR nicht möglich ist. Meinen Silberknie-Auswurf werde ich mit Rücksicht auf die Andersdenkenden nicht mit Böhmermanns Stinkefingern bekräftigen. Womöglich nehme ich die ganze Faust, wenn Heuteshow-Welke noch mehr flugtaugliche Unterhosen und frische Hubschrauber für die Bundeswehr einklagt.

Zwecks sofortiger Aufarbeitung des Satireskandals fordere ich eine politische Taskforce zur Überwachung absoluter Ausgewogenheit im medialen Übertreibungs-, Ironie- und Spottgewerbe. Ein Witzkontrolldienst (WKD) für die Aufrechterhaltung des sozialen Friedens ist so notwendig wie die rasche Gründung der Satire-Prüfungsanstalt Deutschland (SPD). Angesichts des brodelnden Satiresumpfs muss vor jedem verdächtigen Studio ein Satire-Einsatzkommando (SEK) bereitstehen. Wir müssen über die Abgründe der Satire aufgeklärt werden, bevor unausgewogene Satiriker mit ihrer Art Aufklärung unsere Demokratiereste zerstören. Nur so schützen wir unsere ehrenwerte Gesellschaft vor weiterer Spaltung.

Das Oberkommando der Spezialoperation gegen die Kraft der Lüge könnte der wehrhafte Realsatiriker Anton Hofreiter an der Kabarett- und Comedyfront übernehmen, nachdem ihm ministerielle Befehlsgewalt im grünen Kompostbereich versagt geblieben ist. Der Begriff Satire wird übrigens aus dem lateinischen *satira* abgeleitet und bedeutet »mit Obst gefüllte Schale« – »buntes Allerlei«. In dieser Schale stinken jetzt die Früchte des Zorns. Und vor lauter Freude darüber lachen sich die Rechten in ihrem Kulturkampf gegen demokratische Errungenschaften dummerweise alles andere als tot.

PS: Neulich besuchte ich im Theaterhaus das sehr gut gemachte Theaterstück »Schütze Paul in Auschwitz«. In dieser dokumentarisch unterfütterten Inszenierung erlebt man, wie die SS ihr KZ-Personal zu einer Varieté-Vorstellung dienstverpflichtet. Programmtitel: »Humor-Angriff«.

Gesinnungsgranaten

Mit einem Bein war ich schon in Japan. Mein geplanter Ausflug hätte eigentlich der Stammbaumforschung in meinem privaten Migrationskosmos dienen sollen. Sensibel hatte sich der Samurai Bauer deshalb auf die Urlaubsreise mit seiner Partnerin nach Tokio, zum Fuji etc. mit einem Buch namens »Japanische Geistergeschichten« eingestimmt. In einer dieser Geschichten erfriert ein Wahrsager aufrechtstehend am Stamm einer Pinie.

Da alle Kolumnisten entweder Wahrsager oder wahre Besserwisser sind, schwante mir nichts Gutes, auch weil besagte Erzählung mit dem Sprichwort endet: »Uranaiyaminouyéshiradzu. – Jedes Schicksal kennt der Wahrsager; sein eigenes aber kennt er nicht.«

Dann aber zwang mich die Weltseuche mit all ihrem Verschwörungsterror zu einem kleinen Kurswechsel: Der Tourist Bauer landete nicht auf dem Fuji, sondern im Kinzigtal. Genaugenommen in Gengenbach, einer rustikalen Gemeinde im Schwarzwald, übersichtlicher als Tokio, dafür hektischer.

Nicht nur Wahrsager können erahnen, dass sich in einer Gegend, in der die Bollenhüte erfunden wurden, am helllichten Tag mehr Geister herumtreiben als in den finstersten Nächten Japans. Schon vor meiner Ankunft war ich überzeugt, mir am Stamm einer verdammten Pinie den Tod zu holen. Angesichts des Klimawandels vielleicht nicht durch Erfrieren. Der Schwarzwald aber heißt nicht umsonst Schwarzwald.

Kaum war ich in Gengenbach aus der Eisenbahn gestiegen, verbreitete sich wie ein Lauffeuer die Nachricht, durch das Kinzigtal rase ein brennender Geisterzug. Der Lokführer sei abgesprungen, vielleicht mit dem Fallschirm. Der herrenlose Güterzug sei geradewegs auf dem Weg in die Hölle. Das war Kino: ein *Runaway Train* aus Hollywood, eigens für mich gelandet im Black Forest, um mir meine Rentnerferien in der Pampa ein wenig unterhaltsamer zu gestalten. Erst einen halben Kilometer nach Gegenbach konnte der Geisterzug durch eine Entgleisung gestoppt werden, die eilends angeheuerte Fachleute mit Hijacking-Kenntnissen erzwungen hatten.

Als anderntags die Nachricht kursierte, der in allen Verhören konsequent schweigende Lokführer sei nicht vom Zug geflüchtet, sondern überhaupt nicht an Bord gewesen, stellte ich meine Recherchen ein. Ich lass mir doch eine erstklassige Geistergeschichte nicht von den fragwürdigen Polizeiberichten der Mainstreampresse kaputt machen.

Nach diesem Vorfall mietete ich ein Fahrrad, um mich von der Eisenbahn unabhängig zu machen. Den Güterzug hatte ich noch nicht richtig verdaut, da ging der Schwarzwald-Terror erst richtig los. Diesmal ereignete sich ein Verbrechen, das eine noch viel größere Polizeiarmee samt Hubschraubern, Hunden und Spezialisten aus der Überlebensbranche in Gang setzte. Für mich gab es keine Zweifel: Randalierende Jugendliche aus Stuttgart, das viele US-Touristen ohne Scheiß für The capital of the Black Forest halten, ziehen ihre Krawalle jetzt auf dem Land durch, weil sie die Langeweile in ihrer Provinzhauptstadt ankotzt.

Leider war meine Wahrsager-Prognose ein Schuss in den Ofen. In Wahrheit hatte ein Gespenst, das mit Pfeil und Bogen und Pistole im Dschungel lebte, ein vierköpfiges Polizeiteam entwaffnet – bevor es wieder in der Schwärze des Schwarzwalds untertauchte. Später entpuppte sich das Gespenst zu meiner Enttäuschung als ein Mann aus

Fleisch und Blut, der rasch als »Waldschrat« berühmt, aber auch schnell verhaftet wurde.

Große Teile der Aufklärungsmedien waren danach bemüht, die bedingungslose Kapitulation des Polizei-Quartetts als tugendhaft und korrekt zu kommentieren. Dazu kann ich nichts sagen, da ich als Wahrsager nicht an der Betrachtung der Vergangenheit interessiert bin. Auch verweise ich auf eine gewisse Amnesie, weil ich in Gedanken an den Waldschrat mit meinem Mietfahrrad kopfüber eine Böschung hinunterstürzte. Zum Glück stand keine Pinie im Weg.

Den Geisterwald nach meinem Abenteuerurlaub endgültig hinter mir, geriet ich ausgerechnet in der anthroposophisch geimpften Dorfidylle Stuttgarts schon wieder zwischen die Terrorfronten regierungsgeiler Debattengeister. Mitten in unseren Gender-Star-Wars-Schlachten brach ein Bruderkrieg aus, als der noch amtierende grüne Schultes Kuhn mitteilte, er wolle in Amtsschreiben alle »sehr geehrten Damen und Herren« künftig als »sehr geehrte Menschen« anreden. Und überhaupt.

Prompt tobte der grüne Landesfürst Kretschmann, dies sei, tatütata, ein klarer Fall von »Tugendterror«. Dieser Stabreim aus dem Dummdeutsch-Duden gilt als ziemlich wirkmächtig im Wahlkampf, vor allem unter Waldschraten und Rechten.

Es empfiehlt sich deshalb, die Stabreim-Propaganda in der herrschenden Populismus-Pandemie zu erweitern: Werfen wir angesichts des Tugendterrors noch heute Gesinnungsgranaten und Bewusstseinsbomben, damit die Haltungsethik-Havarie ein Ende hat, bevor uns der Gutmensch-GAU zu atomaren Selbstmordattentaten zwingt. Die Alliterations-Armee muss marschieren, um die Denk-Diktatur der Sternchenkrieger*innen zu bekämpfen. Nieder mit dem Tugendterror, dieser Anstandsattacke auf den gesunden Menschenverstand. Dahinter steckt doch nichts anderes als das Samariter*innen-Syndrom, die Moral-Martialität, die Helfer*innen-Hysterie.

Meine Stabreime hatte ich noch nicht eingetütet, da tönte bereits ein OB-Bewerber aus den schwarzen Hinterwäldern Backnangs, beim Tugendterror des Kollegen handele es sich um »hysterische correctness«. Allerhöchste Formulierungskunst in diesem Schreiben bewies der CDU-Kandidat namens Nopper dann mit der Hochleistungsforderung »schaffen statt gendern«, in der heimischen Version: »schaffa statt dschendra«. Dieses nicht ganz stabreimtaugliche Motto ist in etwa so geistreich wie »Gurken hobeln statt poppen«.

Zuvor schon war Meister Nopper als Rhetorik-Rastelli mit einem Video aufgefallen, das keinem Parodisten (und keiner Parodistin) gelingen würde: In einer Rede ohne Publikum im Netz über ein in der Pandemie ausgefallenes Backnanger Straßenfest schaffte er es, in 3:39 Minuten siebenundzwanzig Mal das Wort »Straßenfest« aus den Zähnen ins Nichts zu quetschen. Dagegen verblasst jede Hookline aus dem Handbuch der hysterischen Correctness. Beim Anschauen dieses Videos aus der Geisterstadt Backnang spürte ich eine Gänsehaut, als würde ich am Stamm einer Pinie im Stehen erfrieren.

So geschah es. Ende.

Endstation

Es war so ein Gefühl. Ich musste wieder hin. Unterwegs war ich mir nicht mehr sicher, ob mich Fanny Ardant dazu gebracht hatte, nach Stammheim zu fahren. Irgendwo hatte ich dieses Zitat der französischen Schauspielerin aufgeschnappt: »Ja, wir sind zum Tod verurteilt. Aber wir wollen uns doch nicht zur Guillotine schleppen lassen. Sondern stolz und aufrecht hingehen.« Eines Tages bist du fällig.

Stammheim mit Hinrichtung zu verbinden, ich gebe es zu, ist trotz meines Alters etwas vermessen. Aber es war ein heißer Augusttag, an den Bäumen hingen schon Kastanien, es roch wieder nach deutschem Herbst. Da blüht die schwarze Fantasie.

Das wahre Motiv für meinen Ausflug war eher Thomas Meyer-Falks Buch »Briefe aus dem Knast«. Der Autor ist 53, im August wurde er nach siebenundzwanzig Jahren Gefängnis entlassen. Zwischen 2013 und 2023 schrieb er für das Berliner Heft *Drecksack – Lesbare Zeitschrift für Literatur* Kolumnen, die jetzt als Sammelband erschienen sind (Moloko Print). Im Januar 2020 notiert er nach einer »Ausführung«: »Seit ein paar Minuten stehen wir am Freiburger Busbahnhof. Zwei uniformierte Gefängnisbeamte und ich. Es ist ein bewölkter Herbsttag. Ich warte auf Petra, eine Freundin aus Stuttgart. Wir kennen uns an die 20 Jahre. Früher besuchte sie mich im Gefängnis Stuttgart-Stammheim ...«

Als 25-jähriger überfiel er eine Sparkasse in Neuenstein bei Heilbronn. 14 Stunden bedrohte er seine sechs Geiseln mit Waffen und forderte mehrere Millionen Mark Lösegeld, womit er »linke Projekte unterstützen« wollte. Weil er mit 18 Jahren schon mal eine Tankstelle überfallen hatte und später ein Unternehmen erpresste, wurde er als Wiederholungstäter zu 16 Jahren und neun Monaten Haft mit anschließender Sicherungsverwahrung verurteilt. Er galt als »uneinsichtig«, als »Gefahr für die Allgemeinheit«.

Mit dem Buch im Rucksack ging ich zur Straßenbahn. Linie 15, Endstation Stammheim. Stuttgarts nördlichster Stadtteil, 13.000 Einwohner. Wenn dich einer fragt, wo du wohnst, und du sagst »Stammheim«, musst du mit der Antwort rechnen: »Wie lange noch?«

Thomas Meyer-Falks Briefe aus dem Knast sind sehr gut geschrieben. Literatur, präzise Sätze ohne Selbstmitleid. Kolumne vom April 2018: »Es ist noch früh am Morgen, Vogelgezwitscher ist zu hören, der Mond steht in einer schmalen Sichel über dem Dach der Strafanstalt. Ich kann von meinem eigenen Zellenfenster aus lediglich dieses Dach sehen, ansonsten schaue ich auf eine graue Mauer, hier in der Sicherungsverwahrung, der Endstation für Inhaftierte.«

Seinen Blick richtet er nicht nur auf sich selbst. Einfühlsam erzählt er auch von Mitgefangenen, von »Jonathan«, der im Gefängnis verhungerte. Und trotz allem, man spürt auch Humor. Wenn er schildert, wie die Knastleitung Gefangene mit einem Grill-Tag hinter Mauern belohnt: Die Wurst, heißt es in der »Verfügung«, darf erst an den Start, wenn die Kohle gleichmäßig glüht und mit einer feinen, weißen Ascheschicht bedeckt ist.

Es war nicht nur dieses Buch, das mich nach Stammheim trieb. Ein 26-jähriger Syrer hatte gerade in Solingen mit einem Messer drei Menschen getötet und weitere schwer verletzt. Immer dieses Messer. Und dann stahlharte Kerle wie der CDU-Merz, wenn er im maulheldenhaften Kampf gegen den Terrorismus so unbeholfen-gekünstelt Drohungen ausstößt wie ein Charge im Schülertheater: »Es reicht!«

Da musst du raus aus deiner Wohnung, wo Bildschirme und Radios stehen. Raus aus der Stadt, wo seit mehr als drei Monaten der Schlossplatz eingezäunt ist. Erst als Fanzone für die Fußball-EM, dann für das Festival Jazz Open. Zurzeit wird hinter Barrieren der Rasen gerichtet. Die Frage »Wem gehört die Stadt?« verhallt in Stuttgart im geschlossenen Raum.

Es ist ein Fluch, lange in derselben Stadt zu leben, in der womöglich die Guillotine auf dich wartet. Immer wenn ich nach Stammheim fahre, muss ich an Claus Peymann denken. Als Intendant des Stuttgarter Schauspiels blendete er 1976 in seine Inszenierung von Camus' »Die Gerechten« die Straßenbahn nach Stammheim per Super-8-Film ein. Die Landesregierung tobte, und nicht nur die. Wenig später wurde er aus allen Richtungen übelst beschimpft und bedroht: Er hatte einen Spendenaufruf von Ilse Ensslin, der Mutter der Terroristin Gudrun Ensslin, für die Zahnbehandlung der in Stammheim einsitzenden RAF-Mitglieder ans schwarze Brett geheftet. Die Hassbriefe hat er gesammelt und später daraus vorgelesen: »An den Bluthund Peymann! Du Dreckschwein kommst als Nächster dran. Vergasen sollte man Dich, am besten mit Chlor oder Phosgen.«

Stammheim. Je weiter du hinausfährst zu den Rändern der Stadt, desto näher rückt die Welt. Das hat mit den Menschen in der Bahn zu tun. Sie scheinen von überall und weit her zu kommen. Und ich muss mal wieder den Rassisten in mir bekämpfen, wenn ich angesichts schwarzer Bärte an blutige Messer denke.

Zum ersten Mal fällt mir auf, dass es die Asperger Straße

ist, die von der Haltestelle Stammheim zum Gefängnis führt. Über der Stadt Asperg im Kreis Ludwigsburg ist bekanntlich der Hohenasperg, der historisch berüchtigtste Kerker des Landes, heute ein Justizvollzugskrankenhaus. »Schwäbische Bastille«, »Demokratenbuckel« und »Höllenpforte« hat man ihn genannt. Erinnerungsort für politisch motivierte Willkürjustiz über Jahrhunderte hinweg. Bei den Nazis von Bedeutung, später auch für die RAF. Populär der Hohenasperg-Spruch, man komme leicht hinauf, aber nur schwer herunter.

Auf der Asperger Straße begegnet mir ein Bus der Justiz, an seiner Rückseite ein Werbefoto der Personalabteilung: »Der schnellste Weg ins Gefängnis! Dein Job«. Geht klar, Schließer.

Vor der Gefängnismauer an der Frontseite stehen Häuserblöcke, wie wir sie vom alten sozialen Wohnungsbau kennen. Rostige Teppichstangen auf der Wiese vor den Gebäuden fügen sich stilsicher in die Stacheldrahtkulisse.

Vor den Justizgebäuden neben der Mauer spreche ich einen Uniformierten an. Er ist sehr freundlich, geht mit mir an der Wand lang, zeigt hinauf zum legendären Knasthochhaus: Da oben im siebten Stock, da waren die Zellen 7/19 und 7/20 von Ensslin und Baader, ursprünglich angelegt für minderjährige Häftlinge. Und was ist mit dem legendären RAF-Gerichtssaal, der Trakt soll doch abgerissen werden, frage ich. Ja, sagt der Beamte, an den Fassaden hingen schon Netze. Aus der Ferne kann ich das verwitterte Gebäude sehen. Eigentlich, erzählt der Beamte, hätte es schon längst plattgemacht werden sollen. Dann aber sei das zuständige Unternehmen pleitegegangen. Oh, sage ich, in unserer Abrissstadt macht eine Abbruchfirma dicht. Das gibt Hoffnung.

Mobiliar aus dem Gerichtssaal soll übrigens in Museen

wandern. Der Linksterrorismus wird ausgestellt, ein RAF-Event.

Mythos Stammheim. Die Suizide 1977. Ein Kapitel mit immer noch offenen Fragen. Fast vergessen, dass dieser Bau mal als Vorzeigeknast galt. 1959 wurde mit dem Bau begonnen, das erste Gefängnis der Bundesrepublik, das erste in Hochbauweise: mehr Licht. Platz für 800 Insassen. Es sollte als humane Einrichtung die Elendszwinger ablösen, in denen Menschen im Mief zusammengepfercht wurden. Internationale Delegationen besichtigten die neuen Gebäude. Stammheim galt eine Zeitlang als vorbildlich, wegen der hohen Kosten nannten es Spötter »Gangster-Hotel«.

Anfang der siebziger Jahre war der gute Ruf dahin. Überbelegung, Personalmangel, miese medizinische Betreuung. 1974 wurden die RAF-Mitglieder Ulrike Meinhof, Gudrun Ensslin, Andreas Baader und Jan-Carl Raspe im siebten Stock untergebracht.

Als ich diese Kolumne tippe, erreicht mich die Mail eines Berliner Kollegen. Er habe gerade mit seinem Sohn das Grab von Ensslin, Baader und Raspe auf dem Stuttgarter Dornhaldenfriedhof besucht. Auf der gepflegten Ruhestätte, schreibt er, seien Münzen verstreut worden – als ob man symbolisch noch mal für die Zahnbehandlung sammeln wolle. Der Mythos lebt. Wie der Tod.

Dieser Scheiß auf der Seele

Das Mineralbad Berg ist Stuttgarts wichtigster Fluchtort bei meinen Versuchen, Stuttgart zu entkommen. Das liegt am maximal 20 Grad warmen, prickelnden Wasser im Außenbecken. Wenn ich aus der Sauna komme und Kopf voraus eintauche, bin ich raus aus allem. Diese Einbildung allerdings hat nur bedingt damit zu tun, dass ich gelegentlich auch denke, ich könne mit der Lektüre eines Groschenhefts aus der Serie »Männer – härter als der Tod« meine Welt hinter mir lassen.

Leider bringt mir diese Sicht der Dinge überhaupt nichts. Eben erst habe ich in einem Roman, der nicht zur Gattung der Schundhefte zählt, dieses Dichter-Zitat gelesen: »Es gibt eine andere Welt, aber sie ist in dieser Welt.« Dieser Satz hat meine letzte Aussicht auf ein Entkommen aus dem gegenwärtigen Schlamassel für immer zerstört. Es gibt die andere Welt nur in dieser Welt, und in der weltpolitischen Erhitzung dieser Tage ist nicht mehr drin als eine mineralhaltige Abkühlung nach dem verzweifelten Abkochen in einem auf etwa 92 Grad beheizten Schwitzkasten. Wer schon einmal gut aufgeheizt aus der Sauna kam und nach einer – nicht kalten, sondern heißen – Dusche in fast eisiges Mineralwasser eintauchte, wird mich verstehen. Diese Prozedur erinnert an ein Brandeisen, das nach der Misshandlung eines Rindviehs qualmend ins kalte Wasser getaucht wird. Es zischt, du spürst es im Schritt, und dann bist du gehärtet für dein Leben als Rindvieh unter deinesgleichen.

Ein weiterführender Therapiewunsch wäre sicher der, den ich auf einem Schild gelesen habe, als ich nach dem

Verlassen der Badeanstalt wie gewohnt einen Schluck aus einem Brunnen nehmen wollte: »Liebe Badegäste, die Quellen sind ab sofort wetterbedingt eingewintert ...«. Dieses sehr schöne Verb war mir neu. Bedauerlich, dass man nicht auch mich einwintern kann in diesen Zeiten. Auch wenn ich keine Hoffnung habe, die Welt könnte im Frühjahr eine bessere sein. Die Wahrheit klingt so: »Kelly hielt sein Pferd an. Er sah nichts als staubige, ausgedörrte Erde, baumhohe Saguaro-Kakteen, niedrige Dornsträucher. So weit das Auge reichte, nichts als leblose, menschenfeindliche Wüste. Und doch war in dieser toten Landschaft ein Schuss gefallen.« So steht's geschrieben im Bastei-Heftchen »Der Fluch von Sacramento«. Und in diesem Fall gilt ein Satz des Wiener Sozialdemokraten und Austromarxismus-Begründers Otto Bauer: »Nicht alles, was man verstehen kann, ist banal.«

Hartnäckig hält sich in unserer menschenfeindlichen Wüste die Ansicht, der sogenannte Tapetenwechsel, ein anderes Wort für Tourismus, könne Menschen in eine Welt außerhalb ihrer Welt führen. Neulich habe ich mich für ein paar Tage davongemacht, nach Wien. Noch nicht richtig angekommen, las ich diese Sätze des Schriftstellers Richard Ford: »Das Problem beim Reisen ist aber, dass du irgendwann immer ankommst – das alte Ich hängt ein paar Stunden oder Nächte oder Tage hinterher, aber irgendwann holt es dich wieder ein, und dir lastet immer noch genau derselbe Scheiß auf der Seele. Und dann kannst du eigentlich nur gleich weiterreisen, woandershin.«

Da mir fürs Weiterreisen das Budget fehlte, fuhr ich zurück. Und war im Bad Berg sofort wieder das Brandeisen. Samt dem Seelenscheiß. In Wien war ich tagelang herumspaziert, wie zu Hause, nur mit größeren Augen. Das Leben ist kein Kaffeehaus. Als Spaziergänger ziehen dich die

Dinge an, die sich dem Leben in den Weg stellen. Ich fühle mich nicht als Gaffer, wenn ich kurz nach dem Terrorangriff der Hamas auf Israel jüdisch geprägte Orte in meiner Umgebung aufsuche. Den 2. Bezirk von Wien, die Jüdischen Museen am Judenplatz und in der Dorotheenstraße. Meine hilflosen Versuche, irgendetwas Richtiges zu tun.

Neulich habe ich in einem Brockhaus von anno 1998 das Wort »Empathie« gesucht. Ergebnis: »Empathie« stand nicht drin. Heute definiert der Brockhaus diesen Begriff als »die Bereitschaft und Fähigkeit, sich in die Erlebensweise anderer Menschen einzufühlen«. Ich bin mir nicht sicher, ob es unter uns vor 25 Jahren, als das Wort noch keine enzyklopädische Bedeutung hatte, mehr Empathie gab als heute. Ich weiß nur, dass Jüdinnen und Juden nach dem Massaker der Hamas fehlende Empathie in Deutschland beklagen. Ich zweifle nicht an der herrschenden Kälte in dieser Republik, habe jedoch keine Ahnung, wie ich die »Bereitschaft und Fähigkeit, sich in die Erlebensweise« jüdischer »Menschen einzufühlen«, zeigen könnte. Mit Postings in sozialen Medien? Mit Aktionen auf der Straße?

Ich finde keine Antworten, was durchaus an mangelnder Empathie liegen kann. Auf den Geist geht mir unterdessen die Medienpoesie, angesichts des Leids jüdischer Menschen sei bei uns eine »dröhnende« oder auch »ohrenbetäubende Stille« zu vernehmen. Diesen Phrasenlärm verbreiten gern auch mal Leute, die noch nie gesehen wurden, wenn es darum ging, etwas gegen Nazis und gegen Antisemiten zu tun.

Zurück in Stuttgart ging ich automatisch die Wege, die ich oft gegangen bin. Ins Hospitalviertel, wo die wiederaufgebaute Synagoge steht. Wo gerade das Programm der Jüdischen Kulturwochen aushängt, die 20. Stuttgarter Veranstaltung in dieser Reihe, die angesichts der gefährlichen

Stimmung beinahe abgesagt worden wäre. Die Synagoge im Hospitalviertel wurde in der Pogromnacht des 9. November 1938 auf Geheiß der Nazis unter dem Jubel Schaulustiger zerstört wie die Synagoge in Cannstatt, die nicht wiederaufgebaut wurde.

Vom Hospitalviertel ging es weiter nach Cannstatt, das die Nazis 1933 in »Bad Cannstatt« umgetauft haben. An der König-Karl-Straße, direkt neben dem Geburtshaus des im KZ ermordeten jüdischen Politikers Fritz Elsas, ist ein Gedenkort, der im vergangenen Jahr neu gestaltet wurde. Anfang des Jahrtausends hatte man diese Aufgabe Schülern überlassen; auf dem Gelände vor einem Parkplatz standen Verkehrsschilder mit Hinweisen, die niemand verstehen konnte. Noch heute dekoriert eines der Warnschilder diesen Ort. Aufschrift: »Anlieger frei bis 9.11.1938«. Ich fühle mit allen Passanten, denen es ein Anliegen ist, diese Symbolik zu verstehen.

Nach wie vor beeindruckt dort auch der Gedenkstein von 1961, der uns diese in Granit gemeißelten, zum Glück nur schwer entzifferbaren Sätze der Vertuschung zumutet: »Hier stand die von der Israelitischen Gemeinde Cannstatts im Jahre 1876 erbaute Synagoge. Sie wurde in der Nacht vom 9. zum 10. November 1938 in der Zeit einer gottlosen Gewaltherrschaft zerstört. Zum Gedächtnis an unsere Mitbürger jüdischen Glaubens, zur Mahnung, nie wieder den Ungeist des Hasses und der Verfolgung aufkommen zu lassen, hat die Stadt Stuttgart diesen Stein gesetzt.«

Ich lerne daraus: Die Juden hatten das Pech, in »einer gottlosen Gewaltherrschaft« zu leben, im »Ungeist des Hasses und der Verfolgung«. Keine Rede von den Nazis. Lange gab es am Platz der Synagoge, die mithilfe der Feuerwehr vor einer johlenden Menge niedergebrannt wurde, keinen Hinweis auf den wahren faschistischen Terror. Vor der Umgestaltung des Platzes – 77 Jahre nach dem Krieg – habe ich nirgendwo die Begriffe Nazis, NSDAP oder NS entdeckt. Und oft genug auf meinen Spaziergängen wurde mir die sogenannte Erinnerungskultur suspekt. Meist fehlt die direkte Konfrontation mit den Nazi-Verbrechen und ihren Folgen für die Gegenwart. Die Floskel »Nie wieder« macht mich zornig, wenn sie mit dem beschränkten Blick auf eine (vermeintlich vergangene) Vergangenheit abgesondert wird, während längst wieder Nazis im Landtag vor unserer Haustür ihre menschenfeindliche Politik betreiben.

Das offizielle Deutschland sieht sich bekanntlich als Gedächtnisweltmeister. Es hat Steine gesetzt. Täglich gehe ich in meiner Straße an einer Mauerinschrift vorbei, die an die Nazi-Justiz erinnert. »Den Lebenden zur Mahnung«, heißt es da, wie an vielen anderen Erinnerungsorten. Zweiundzwanzig Prozent der Ermahnten unter den Wahlberechtigten, sofern sie als Lebende gelten, wollen laut jüngster Umfrage in Baden-Württemberg ihre Stimme der AfD geben. Bald wird die Brandeisenglut nicht mehr zu löschen sein.

Amerika in einer Flasche

Am schönsten für den Spaziergänger sind Geschichten, die ihm sein zuverlässigster Begleiter liefert. Der Zufall. Du kannst Amerika entdecken, auch wenn Columbo ein paar Tage vor dir da war.

Ich steige an einem Bahnhofsgebäude aus, das als Bahnhof ausgedient hat, wie ein paar Meter weiter auch das »Bahnhof-Hotel«. Januar 2020, ich bin auf dem Weg zum Haus Judenberg 2. Man findet es unterhalb des jüdischen Friedhofs in Laupheim, einer Stadt mit 22.000 Einwohnern im Kreis Biberbach, in der Nähe von Ulm. Bis Ende der sechziger Jahre des 19. Jahrhunderts war in Laupheim Württembergs größte jüdische Gemeinde, bevor viele ihrer 840 Mitglieder nach Ulm, Stuttgart und nach Amerika auswanderten. 1933 lebten nur noch 235 Juden in der Stadt.

1.200 Gräber gibt es auf dem jüdischen Friedhof, wo Rebekka Lämmle begraben liegt, die Mutter von Laupheims größtem Sohn, Carl Laemmle. Am 17. Januar 1867 geboren, gründete er 1915 in einer zuvor unbeachteten Gegend von Los Angeles die Universal Studios. Als Erfinder und einer der wichtigsten Pioniere Hollywoods wurde er weltberühmt. Der gelernte Kaufmann, Nachkomme eines Viehhändlers, schrieb sich ursprünglich Karl Lämmle; 1884 war er als Siebzehnjähriger in die USA ausgewandert.

Aber nicht diese Geschichte ist es, die mich mitten im Corona-Lockdown nach Laupheim lockt. Ich bin auf den Spuren einer Seife, die ich mir Monate zuvor zufällig in einer Stuttgarter DM-Filiale gekauft habe. Die Naturseife ist kaum größer als eine Streichholzschachtel und geeignet für »Hände, Gesicht und Haare«. Sehr praktisch für den

Kulturbeutel eines Mannes, der mit seinen Kräften haushalten muss.

Das Universalprodukt gehört zur Marke *Dr. Bronner's*, was mich zunächst kaum mehr erregte wie der Geruch einer Kernseife – bis ich eine kurze Geschichte von Doris Dörrie mit dem Titel »Magic Soap« las. Ich fand sie in ihrem Buch »Leben Schreiben Atmen«, das ich mir im Lockdown an der Hintertür meiner Lieblingsbuchhandlung als spontane Dreingabe zu einem bestellten Werk gekauft hatte. Der Text handelt von Dr. Bronner's Flüssigseife. Ein Fläschchen mit Pfefferminz-Aroma. Ein Mythos. Die Hippies haben dieses Kultstück einst populär gemacht: »... ganz Amerika steckt in dieser Flasche«, schreibt Doris Dörrie. Seit ihren Erfahrungen mit diesem Stoff in New York – wo es »kein Leben für uns ohne *Dr. Bronner's*« gab – habe sie auch in Deutschland immer ein Fläschchen in ihrem Schrank.

Investigative Ehrensache, dass ich nach dieser Lektüre sofort loszog, um mir weitere Bronner-Ware zu besorgen, diesmal in der gut bestückten Drogerie Müller. Lavendel, Sandelholz usw. Die Pfefferminz-Bombe mit prickelnder Schnellwirkung im Schritt ist eine regionale Schöpfung: Die Eltern des deutschen Juden Dr. Emanuel Bronner, der das Wasch-Wunder in die Welt brachte, waren Seifenfabrikanten in Heilbronn. Emanuel floh schon 1929 vor den Nazis in die USA. Seine Eltern Berthold und Franziska Heilbronner wollten ihm nicht folgen, der Vater schickte ihm später eine Postkarte aus dem KZ in die Staaten: »Du hattest recht.« Die Eltern wurden ermordet.

Emanuel ist gelernter Seifensieder und Chemiker. Nach seiner Flucht in Chicago angekommen, streicht er wegen Hitler das »Heil« aus seinem Namen – und heißt fortan Dr. Bronner. Er wird Forschungsleiter bei Wrisley Soap and

Perfume Co. in Milwaukee und kämpft als Aktivist für Frieden, Versöhnung und die Vereinigung von Mensch und Natur. Er ist seiner Zeit voraus.

1946 landet er nach einer fulminanten Rede an der Universität von Chicago in der Psychiatrie, 1948 beginnt er in seiner Badewanne mit der Herstellung von Pfefferminzseife nach einem alten Familienrezept. »Dr. Bronner's Magic Soaps«, fair produziert und in der Not sogar zum Zähneputzen geeignet, erlangen in den sechziger Jahren ungeahnte Popularität. Sie fehlen in keiner WG. Später gehören sie zur Grundausstattung auf John Lennons Segelboot. Die Mundpropaganda in der Szene funktioniert wie geschmiert. Bis heute sind auf den Verpackungen Botschaften in Kleinstschrift mit der Hippie-gerechten Kernaussage gedruckt: »Wir sind Alle Eins«. Emanuel Bronner stirbt 1997 mit 89.

Heute führen Emanuel Bronners Nachfahren in fünfter Generation das erfolgreichste US-Unternehmen für Öko-Seifen, das auch in Europa (und wieder in Deutschland) Fuß gefasst hat. Die ganze Familiengeschichte ist so umfangreich, dramatisch und skurril, dass ihre Darstellung einen dicken Roman oder langen Film erforderte. Nur so könnte etwa der Kampf der Bronners um die Legalisierung von Cannabis geschildert und ihre sozialpolitischen Signale gebührend beleuchtet werden: Die Chefs des Unternehmens dürfen nicht mehr als das Fünffache ihres am schlechtesten bezahlten Arbeiters verdienen.

Seit einiger Zeit erforschen die Bronners ihre deutschen Wurzeln. 2015 besuchten die Brüder Mike und David mit ihren Familien Heilbronn. Danach widmeten sich die heutigen Firmenchefs auch der Laupheimer Historie. Nicht in

Heilbronn, sondern in der kleinen Stadt an der Rottum liegt die wahre Keimzelle der Zauberseife.

Als ich vor dem unbewohnten Gebäude am Judenberg 2 stehe, tritt in der Nachbarschaft ein Mann auf die Straße. Gefragt, ob er wisse, was es mit diesem Haus auf sich habe, sagt er: »Es steht schon ewig leer. Ich glaube, da hat mal einer gewohnt, der nach Amerika ausgewandert ist.«

Auf dem Gelände am Judenberg 2 hat der Seifensieder Emil Heilbronner 1858 seine Manufaktur gegründet. Als er 1903 stirbt und sein Neffe Abraham Erlebacher die Firma übernimmt, bauen seine Söhne Berthold, Karl und Sigmund Heilbronner in Heilbronn die Seifenfabrik Heilbronner Cie. KG auf.

An der Eingangstür des Hauses am Judenberg sehe ich einen »Dr. Bronner's Magic Soaps«-Aufkleber: »All-One!« Zwischen den Wörtern das Abbild zweier ineinander gefalteter Hände, die Arme schlingen sich um ein Stück Erde. Als ich im Laupheimer Museum für Geschichte von Juden und Christen anrufe, sagt man mir, das alte, mehrfach umgebaute Haus solle neu gestaltet werden. Ein Biberacher Architekturbüro plant die »Revitalisierung einer ehemaligen Seifensiederei aus dem 19. Jahrhundert«. Neben einer Wohngemeinschaft »für Menschen mit Handicap«, heißt es auf der Homepage, soll in Zusammenarbeit mit der Familie Bronner ein Museum entstehen, »wo der Werdegang der Seifensiederei dargestellt werden kann«.

An meinem Tag auf den Spuren der Seife spaziere ich zehn Kilometer durch Laupheim. Ich besuche den jüdischen Friedhof mit der Gedenktafel für die ermordeten Juden. Ich gehe zum Carl-Laemmle-Gymnasium und durch den etwas entlegenen Carl-Laemmle-Weg. Ich bin in der Bronnerstraße und streife irgendwann das olivgrüne Rathaus, das in den 1960er-Jahren der bekannte Stuttgarter Architekt und Stadtgestaltungsaktivist Roland Ostertag entworfen hat.

Nebenbei bekomme ich mit, dass auch die berühmte jüdische Rekord-Hochspringerin Gretel Bergmann in Laupheim geboren wurde. Sie wurde von den Nazis schikaniert, trainieren konnte sie nur auf einem Sportplatz im fernen Stuttgart. 1936 durfte sie nicht bei den Olympischen Spielen in Berlin starten. Bald darauf emigrierte sie in die USA. 2017 starb sie mit 103 Jahren in New York.

Zum Abschluss meiner Laupheim-Tour durchsuche ich einen Laden der Drogeriekette Müller, dann eine DM-Filiale. In beiden Geschäften gibt es keinen Tropfen oder Krümel von Dr. Bronner's Magic Soaps. Eigentlich hätte ich gern den Verantwortlichen mit flüssiger Pfefferminzseife den Kopf gewaschen. Dank Dr. Emanuel Bronner aber weiß ich, wie schnell du für die gerechte Sache in der Psychiatrie landen kannst.

Nachtrag: Im September 2024 erhielt ich eine Mail einer mir unbekannten Frau. Sie habe meinen Artikel über die Bronner-Seife gelesen und würde gern mit mir darüber sprechen. „Ich würde mich freuen", schrieb sie, „wenn Sie sich in angemessener Zeit mit mir in Verbindung setzen könnten, da ich jetzt 103 Jahre alt bin." Umgehend rief ich sie an, erreichte sie in Louisville, Kentucky: Ann Dorzback, 1921 als Anneliese Wallersteiner in Ulm geboren. Mit ihrer jüdischen Familie war sie 1939 vor den Nazis in die USA geflüchtet. Ihre Mutter Elsa Bergmann wurde in Laupheim geboren, am Judenberg 2. Die legendäre Hochspringerin Gretel Bergmann war Anns Cousine ersten Grades. Wir plauderten eine Stunde lang. Aber das ist eine andere Geschichte.

Und dann schließt die Bar

Der einzige mir bekannte Mensch, der nicht kochen kann, bin ich. In der Pandemie ist diese Totalverweigerung am heimischen Vierplattenherd lebensgefährlich. Würden mich nicht immer wieder Imbiss-Ikonen aus der Türkei und dem Irak in meiner Nachbarschaft mit Schawarma, Falafel und ähnlichem To-go-Proviant versorgen, wäre ich längst an einer Spiegeleier-mit-Ketchup-Vergiftung gestorben.

Neulich stand meine zweite Covid-Impfung bevor, und alle Welt warnte mich vor den Folgen. Zwar sollte mir ein Stoff mit dem zukunftsorientierten Namen »Moderna« gespritzt werden, dennoch prophezeiten mir meine letzten noch lebenden Freunde Fieberanfälle, Schüttelfrost und schreckliche Tode. Einer sagte mir, falls ich entgegen meiner Stimmung überleben wolle, müsse ich mir vor der Impfung eine Hühnersuppe kochen. Im Fieberwahn wäre ich später nicht mehr fähig, mir aushäusig Schawarma oder Falafel zu besorgen oder mich gar mit Spiegeleiern aus eigener Herstellung aus dem Elend zu erlösen.

Meine Spritz-Tour führte mich hinauf zu den Hügeln über dem Stuttgarter Pragsattel, der mit der gleichnamigen Stadt nichts zu tun hat. Es wurde nie geklärt, warum einige Stuttgarter Orte »Prag« heißen: Pragsattel, Pragfriedhof etc. Die üblichen Vermutungen spare ich mir. Ich habe nur gehört, dass früher immer wieder Post für das richtige Prag versehentlich in Stuttgart landete, was unser Nest erheblich aufwertete.

Als mir die liebenswürdige Frau im Impfzentrum des Robert-Bosch-Krankenhauses die Nadel verpasst hatte, marschierte ich emotional angefixt durch einen Weinberg hinunter zum Pragsattel, der ziemlich hoch über der Stadt liegt. Unterwegs dachte ich an Robert Boschs Zündkerze und seine Nachbarin Clara Zetkin, die später im heutigen Stuttgarter Stadtteil Sillenbuch mit dem Künstler Friedrich Zundel zusammenlebte. Eine böse private und politische Geschichte, weil sich der Maler mit Robert Boschs Tochter Paula einließ. Die sozialistische Revolutionärin und Frauenrechtlerin Clara Zetkin engagierte sich übrigens auch sehr für die kulturelle Bildung der Arbeiter, während viele ihrer Genossen die Weisheit verbreiteten, Kunst lenke vom Klassenkampf ab. Dieser Kultur-gehört-in-den-Beutel-Geist hält sich bis heute in einigen linken Kreisen.

Die zweite Impfung hatte mich in eine letzte Euphorie versetzt, die bei meinem Abgang zwischen den Rebstöcken nicht nur Erinnerungen an Clara Zetkins unglückliche Liebe, sondern auch meine Angst vor Fieberattacken weckte. Immer wenn ich »Schüttelfrost« höre, denke ich an Brian De Palmas Gangsterfilm »Carlito's Way«. Im Showdown in der New Yorker Grand Central Station will der Nachtclubchef Carlito Brigante mit seiner Geliebten fliehen. Dann treffen ihn drei Kugeln in den Bauch. Carlito, gespielt von Al Pacino, stirbt einen großen Tod mit den Worten: »Jetzt kommt der Schüttelfrost. Die letzte Runde, bevor die Bar schließt. Die Sonne geht auf. Wo wollen wir frühstücken? Ich möchte nicht so weit gehen. Es war eine harte Nacht. Ich bin müde, Baby ...«

Ich ahnte, dass mir schon bald nach meiner Anti-Covid-Injektion sehr kalt werden würde, so kalt, dass die Bar für immer schließt. Aber selbst diese Nahtoderfahrung lenkte mich nicht ab von meinem krankhaften Spaziergängerblick auf die Heimatkunde. Zu ihr gehört, dass ein maßgeblicher Produzent des Hollywood-Films »Carlito’s

Way« der schwäbische Multi-Unternehmer und Kunstsammler Rolf Deyhle war. Sie nannten ihn »Mogul« und »Tycoon«.

1938 in Stuttgart geboren, lernte er als Finanzbeamter eine Menge übers Geldmachen, ehe er als angeblich milliardenschwerer Vermarkter und Investor zu einer Nummer im Showgeschäft aufstieg. Ich bin ihm einige Male begegnet und hatte immer ein wenig Angst vor ihm. Trotz oder womöglich wegen seiner provinziellen Art besaß er eine übernatürliche Menschenfängergabe. Schwäbische Mädschig. Es wäre ein Fehler, diesen geheimnisvollen Menschen und unheimlichen Finanzmagnaten ausgerechnet in diesem Stuttgart zu vergessen – wo der Weinberg, den ich hinunterstiefle, nicht an einem Fluss, sondern vor einem Straßenchaos endet. Alles in dieser Stadt regelt der Geldverkehr.

Hinterlassen, wenn auch nicht selbst ersonnen, hat Deyhle unter anderem die Musicalbühnen in Möhringen. Dieses Unternehmen, das er Ende der Achtzigerjahre startete, hat mich oft an eine Dorf-Version von Las Vegas und an Barry Levinsons Gangsterfilm »Bugsy« erinnert. In den Vierzigerjahren erwarb der Mobster Benjamin »Bugsy« Siegel mit seinen Mafia-Partnern in der Wüste von Nevada einen Glücksspielschuppen und gründete dort das legendäre Hotelcasino Flamingo, in dem bald Stars wie Frank Sinatra und sein Rat Pack auftraten. Bugsy wurde erschossen.

Rolf Deyhle wiederum schnappte sich in der ländlichen Trostlosigkeit von Möhringen, in der Nähe des Pressehauses, ein verrottetes Hotel namens Stuttgart International und ließ im Umkreis Musicalbühnen, ein Casino sowie Restaurants und Bars errichten. Die bis dahin vor allem in Schmierenstücken erfahrene CDU/FDP-Landesregierung half kräftig mit auf dem Jahrmarkt der Eitelkeiten, und die Leute aus dem weiten Land kamen so zuverlässig wie die Freier bei den professionellen Damen auf dem neuen Rummelplatz.

Die erste Stuttgarter Musicalpremiere wurde 1994 mit »Miss Saigon« gefeiert, einem Stück über Kinder in Vietnam, die von ihren amerikanischen GI-Vätern im Stich gelassen wurden. Diese Geschichte (»Dust of Life«) ging hierzulande weitgehend am Publikumsherz vorbei, anders als in New York, wo ich die Aufführung inmitten weinender Menschen erlebt hatte. Zum Glück machte in der Inszenierung ein echter Hubschrauber so viel Wind, dass auch Möhringen auf Touren kam.

Zum letzten Mal begegnete ich Rolf Deyhle zufällig in einem Fischlokal an der Neuen Weinsteige, es war kurz nach der Jahrtausendwende. Er war allein, und er trug einen Kranz mit frischen weißen Blumen um den Hals, vermutlich als Zeichen seiner Hinwendung zum Zen-Buddhismus. Als er auf mich zukam, fürchtete ich, er würde mir wegen meiner (nicht sehr ernst gemeinten) Vegas-Mobster-Vergleiche in der Zeitung eine Schelle verpassen. Das Gegenteil passierte. Er lobte mich ausschweifend. Endlich mal, sagte er, treffe er in dieser Stadt einen, der sich mit dem Showgeschäft beschäftigt habe. Ich bekam rote Ohren, und heute ärgere ich mich, dass ich ihn nicht um ein weiteres Treffen zum Plaudern gefragt habe. Rolf Deyhle war unfassbar und nicht zu fassen. Ein Londoner Richter hat ihn mal als »legal criminal« bezeichnet. Im Mai 2014, während eines Kuraufenthalts in Badenweiler, brachte er sich um; es heißt, er habe sich erschossen.

Nachzutragen bleibt, dass ich mir am Morgen vor der zweiten Giftspritze meine Überlebensbrühe kochte, ohne jegliche Anleitung, inspiriert nur von meinem Gespür für

Suppenhühner. Der Schüttelfrost blieb aus, und nach einer langen Durststrecke öffneten am Tag meines finalen Moderna-Schusses wieder die Bars. Ich war müde, Baby, und die Sonne schien noch einmal aufzugehen. Drei Tage aber hatte ich damit zu tun, meine verfickte Hühnersuppe auszulöffeln.

Yes, we Cannstatt

Es war in diesem April, der wie ein verseuchter Hochsommer über die Stadt hergefallen war. Auf meinem Spaziergang vom Westen nach Nirgendwo landete ich auf dem Totenacker der Denker, Stuttgarts ältestem Gebeinsgarten, wie wir alten Hasen im Six-feet-under-Gewerbe sagen. Auf dem Hoppenlaufriedhof liegen Größen wie Christian Friedrich Daniel Schubart und Wilhelm Hauff. Verwest, aber unvergessen.

Keine Frage, der Geist von Stuttgart modert längst im Sarg. Wer ihn mangels lebender Hirne ausbuddeln möchte, dem sei das Buch »Die Gräber der Dichter« von Waltraud und Friedrich Pfäfflin empfohlen; dieses umfassende Werk über den Hoppenlaufriedhof ist 2013 in der Edition Vincent Klink erschienen.

Wie gesagt, ich war rein zufällig auf dem Sammelplatz der alten Knochen, und angesichts etlicher Grabkreuze mit der lustigen Botschaft »Auf Wiedersehen« hatte ich keinerlei Bedenken, mich rasch wieder vom Acker zu machen.

Beim Besuch eines Friedhofs musst du dich nicht zwingend mit dem kompletten Untergrund-Personal beschäftigen, um seine Bedeutung zu erkennen. Im Lärm und Dreck der Stadt sind Kirchhöfe heute unersetzliche Pausenhöfe. Nicht nur an Hochsommertagen im April dienen sie uns als lebensrettende Hitzeinseln. Im Klimawandel werden Friedhöfe immer wichtiger auf unserer überschaubaren Strecke bis zur Gruft. Man darf ihre sozialpolitische Relevanz nicht unterschätzen.

Im erwähnten Buch der Pfäfflins wird der Schriftsteller und Satiriker Carl Julius Weber aus Hohenlohe zitiert:

Wolle man eine Stadt kennenlernen, müsse man ihre Friedhöfe besuchen. In ihren steinernen Monumenten bildeten sich »die gesellschaftlichen Verhältnisse über Generationen ab ...«. Die Beurteilung der aktuellen Zustände spare ich mir hier, bevor es Mord und Totschlag gibt.

Beim Spazierengehen in Stuttgarts sogenannter Innenstadt fühle ich mich inzwischen dem Tod näher als auf jedem Totenacker (sofern dort nicht gerade eine nächtliche Nachwuchsparty gefeiert wird). Viele Gehsteige sind so eng, als hätte man sie nur angelegt, um uns Fußgängern eine Überlebenschance vorzutäuschen, ohne den SUV-Verkehr zu stören. Viele Trottoirs, die Catwalks potenzieller Straßenopfer, sind ständig zugestellt. Mit Autos, E-Bikes und anderem Gerümpel. Ohne Gespür für urbane Offenheit, ohne Rücksicht auf das aufrecht gehende Tier namens Mensch wurde bei uns eine Stadt zusammengeschustert, die ihren Wohlstandssegen vor allem darin sah, allen Eingeborenen mindestens eine Karre aus heimischer Produktion anzudrehen. Anscheinend hat man lange geglaubt, die Profite mit diesen Dingern würden auf heimischen Stadtautobahnen und Parkplätzen gemacht. China lacht sich tot und gedeiht prächtig.

Wenn die global geschulten Fraktionen unserer Rathäusler ihre Provinz in der Vergangenheit mal verließen und in richtigen Städten aufkreuzten, entdeckten sie nicht etwa die urbanen Adern, die Weit- und Weltläufigkeit ihrer neuen Umgebung. Vielmehr blieben sie an irgendeiner Sehenswürdigkeit kleben, die sich so schmerzhaft in ihren Komplex-Kopf einbrannte, dass sie nach ihrer Rückkehr durch ganz Schuttgart brüllten: Wir müssen sofort einen Eiffelturm bauen. Oder eine Schlittschuhbahn. Jedenfalls irgendwas, was andere haben und wir nicht brauchen.

Neulich war eine Gemeinderatsdelegation wieder mal in

der österreichischen Hauptstadt, womöglich um die wohnungspolitischen Errungenschaften des Roten Wien zu erforschen. Was aber willst du heute machen im Kampf gegen die Wohnungsnot, wenn in deinem schwarz geprägten Kaff jeder Quadratmeter Grund und Boden längst verscherbelt wurde. Lieber tot als rot.

All diese Dinge halten mich nicht davon ab, meiner Herumgeherseele jenseits städtischer Hirntodeszonen freien Lauf zu lassen. Und so pilgere ich hinaus ins schöne Cannstatt, wo es in der Altstadt noch eine Bäckergasse, eine Tuchmachergasse und eine Gasse mit dem erregenden Namen Hagelschieß gibt.

Und auch diesmal kann ich nicht aus Cannstatts Winkeln zurückkehren, ohne im Schießhagel dieser Welt zu erwähnen, dass in der Badgasse 1858 Albert Einsteins Mutter Pauline Koch geboren wurde. Wäre ich ein Rathäusler, würde ich mit dieser hochbegabten Pauline weltweit angeben wie ein Sack Seife (keine Ahnung, woher dieser Spruch kommt). Aber die meisten sehen nicht, was sie vor ihrer Haustür haben, weil sie damit beschäftigt sind, sich anderswo an Dingen aufzugeilen, die sie selbst nicht haben. Zwar wurde Albert Einstein nach der Heirat seiner Mutter in Ulm geboren, aber ich kenne Abhörspezialisten, die Stein und Bein schwören, dass er zeit seines Lebens astreinen Cannstatter Dialekt gesprochen hat. Vor allem in seinen englischen Reden. Yes, we Cannstatt.

Immerhin wurde vor ein paar Jahren ein Schild mit dem Hinweis auf Einsteins Mutter an das Motel One in der Badstraße geschraubt. Das kann ich nicht oft genug erzählen, weil ich immer wieder Leuten begegne, die zwar alles über Oppenheimers Atombombe, aber nichts über Einsteins Cannstatter Wurzeln wissen. Und es kann doch nicht sein, dass in diesem Stuttgart nicht noch irgendwo Einsteins Geist herumschwirrt. Wie viel davon, ist relativ. »Der Mensch erfand die Atombombe«, hat er mal gesagt, »doch keine Maus der Welt würde eine Mausefalle konstruieren.« Er kannte noch nicht die Mäuseriche der Stuttgarter Bahnhofsbeerdigung.

Kurz streifen muss ich noch die opulente »Entaklemmer«-Skulptur am Cannstatter Thaddäus-Troll-Platz zu Ehren eines schwäbischen Schriftstellers, der 1914 als Hans Beyer zur Welt kam. Ein Entenklemmer ist einer, der gierig das Ei aus seiner Ente quetscht: Fleisch gewordener Kapitalismus, wie er sich in Stuttgarts Entenklemmerteichen spiegelt.

Seine Vergangenheit als Propagandahetzer mit NSDAP-Parteibuch hat Troll immer vertuscht. Nach dem Krieg engagierte er sich für die SPD und lebte – wie andere große Ex-Nazis – ein Leben im Zeichen der Wiedergutwerdung, hierzulande auch »Wiedergutmachung« genannt. 1980 beging er Suizid. Begraben wurde er auf dem Cannstatter Steigfriedhof.

Da ich mich heute hartnäckig im Undertaker-Business bewege, muss ich noch kurz auf die andere Seite des Neckars stiefeln. Eine Tafel an der Gaststätte Alter Hasen klärt uns auf, dass in diesem Haus 1876 der Revolutionsdichter Ferdinand Freiligrath sein Leben aushauchte. Heute ruht er auf dem Cannstatter Uff-Friedhof – wie übrigens der Komödiant Oscar Heiler, der in den Siebzigerjahren am Stuttgarter Schauspiel unter der Intendanz Claus Peymanns einen gefeierten Gastauftritt in Trolls »Entaklemmer« hatte. Zur Erinnerung an Freiligrath wiederum hat man am Alten Hasen diese Dichterzeile hinterlassen: »O lieb', so lang du lieben kannst!« Eine Anstrengung, die uns heute die Pharmaindustrie erleichtert.

Noch habe ich nicht vor, meinen Kolumnentitel »Auf der

Straße« in »Auf dem Friedhof« umzutaufen. Gewählt habe ich ihn vor Jahren, weil ich dachte, die Rubrik »Auf der Straße« sei auch ein Ansporn, die Beinfreiheit des Spaziergängers bei politischen Aktionen auszuleben. Und eine ganze Weile habe ich gebraucht, um den Zusammenhang von Spazieren und Demonstrieren zu verstehen. Immer mehr privatisierte Räume bremsen heute die Protestenergie. Und die politische Entenklemmerei unterdrückt das Recht auf Stadt. Deshalb: So viel gehen, wie es geht, bevor du gehst. Erholung bietet dir der Pausenhof.

Erwähnt sei noch, dass Carl Julius Webers Angehörige den letzten Wunsch des Dichters ignorierten. Auf seinem Grabmal in Kupferzell wollte er einen Reim verewigt haben, den ich hiermit testamentarisch als Inschrift für meinen letzten Parkplatz festlege: »Hier liegen meine Gebeine, ich wollte, es wären deine.«

Ihr wisst schon, wen ich meine.

Messer

Ich kann mich nicht erinnern, jemals meine Wohnung ohne ein Messer verlassen zu haben. Zwar habe ich viele Dinge in meinem Leben vergessen, aber bevor ich die Tür hinter mir schließe, taste ich die Hosentaschen ab, ob Schlüssel und Geldbeutel zu spüren sind – und mein Messer.

Was ich mit mir herumtrage, ist ein kleines Schweizer Basismodell mit Schere, Nagelfeile, Pinzette, Zahnstocher und Klinge. Das komplette Utensil 5,5 Zentimeter lang, 1,5 Zentimeter breit, recht dünn. Die Klinge misst laut meinem Zollstock vier Zentimeter. Damit komme ich legal durch die Waffenverbotszonen von Stuttgart; sie bestehen seit Februar 2023. »Um zu ermitteln, ob die Klinge eines Messers 4 cm überschreitet, ist beim Messen der Klingenlänge die sog. ›wirksame Klingenlänge‹ entscheidend. Die wirksame Klingenlänge ist die Länge von der Klingenspitze bis zur vorderen Griffkante, die bei einem gerade ausgeführten Stich wirken würde.« Diese Zeilen stammen aus einem Text der »Landeshauptstadt Stuttgart« mit den Überschriften »Sicherheitspartnerschaft« und »Waffenverbotszonen in der Innenstadt«. Wenn ich das auf Anhieb nicht verstehe, dann nicht unbedingt, weil ich einen Stich habe.

Vor Jahren habe ich in der Kirchstraße zwischen Marktplatz und Schillerplatz den Messer-Müller besucht, um was darüber zu schreiben. »Gebr. Müller« stand über der Tür; das Familienunternehmen war 1837 gegründet worden. Zuletzt führten es Daniela Schäfer und ihr Bruder Steffen Welz, den ich immer nur als Gitarristen experimenteller Rockbands gekannt hatte. Im April vergangenen

Jahres starb er unerwartet mit 59 Jahren. Das Fachgeschäft ist inzwischen geschlossen.

Im Schaufenster steht jetzt eine Tafel mit Texten von Eduard Mörike. In seinem Gedicht zum Geburtstag seiner Frau Margarete am 10. Juni 1859 heißt es: »Von Müllers Laden her kam ich in Sonnenbrand / Die rothe Straße hergerannt …« Vor der Niederschrift hatte der Dichter in Müllers Laden, damals schon Königliche Hofmesserschmiede, ein Präsent für Margarete besorgt. In den Anmerkungen zu seinem Märchen »Das Stuttgarter Hutzelmännlein« schreibt er: »Es war eine alte Sitte, die noch nicht ganz abgekommen ist, sich zum Zeichen der Freundschaft mit Messern zu beschenken; vorzüglich herrschte sie in den Klöstern.«

Neulich erzählte ich davon Freunden, darunter einige Köche mit Messererfahrung, die mich sofort warnten: Ein geschenktes Messer bringe Unglück, es zerschneide Freundschaften. Tatsächlich ist dieser Aberglaube weit verbreitet. Jacob Grimm notierte in seiner 1835 erschienenen »Deutschen Mythologie«: »der bräutigam soll seiner liebsten weder messer noch scheere schenken, sonst wird die liebe zerschnitten.«

Vermutlich hätte ich Mörike neulich nicht beachtet, wäre mir nicht Salman Rushdies Buch »Knife« im Kopf herumgespukt. Kurz zuvor hatte ich seine »Gedanken nach einem Mordversuch« gelesen: »Am 12. August 2022, einem sonnigen Freitagmorgen um Viertel vor elf, wurde ich von einem jungen Mann mit einem Messer angegriffen und beinahe getötet, nachdem ich gerade die Bühne des Amphitheaters in Chautauqua betreten hatte, um darüber zu reden, wie wichtig es ist, sich für die Sicherheit von Schriftstellerinnen und Schriftstellern einzusetzen.«

Die Attacke dauert 27 Sekunden, ehe der Angreifer ausgeschaltet und festgenommen wird. Rushdie, damals 75, trotzt in den folgenden Wochen dem Tod, die Mediziner sprechen von einem Wunder. Sein rechtes Auge allerdings kann nicht mehr gerettet werden. Sein Buch ist ein Aufruf zur Liebe und Solidarität – und eine Hommage an den Humor: Ohne den kannst du im Grunde nicht leben, wenn du das Menschsein ernst nimmst.

Der Autor, seit seinem Roman »Die satanischen Verse« (1988) von der iranischen Geistlichkeit zum Tode verurteilt, schildert seine Auseinandersetzung mit dem Verbrechen wohltuend lakonisch. Der Attentäter interessiert ihn kaum: ein böser Mann, 24 Jahre jung, er nennt ihn durchgehend »A.« wie »Arschloch« – und verfasst zur Erkundung dessen Denkens ein fiktives Gespräch mit ihm.

Dass der Buchtitel »Knife« auch im Deutschen beibehalten wurde, birgt für mich keine reißerische Absicht: Das englische Wort klingt geheimnisvoll lapidar und poetisch wie aus einem Song von PJ Harvey (»My pocketknife's gotta shiny blade«). Rushdie setzt sich mit dem Unterschied von Messern und Gewehren auseinander, und es erinnert ein wenig an Mörike, wenn er schreibt: »Macht ein Messer einen Schnitt in eine Hochzeitstorte, gehört dies zu einem Ritual, das zwei Menschen zusammenbringt.« Ein Küchenmesser wiederum sei Bestandteil kreativen Kochens, ein Schweizer Messer helfe, notwendige Dinge zu erledigen, »etwa das Öffnen einer Bierflasche«. »Ein Messer ist ein Werkzeug und gewinnt seine Bedeutung erst durch den Gebrauch. Es selbst ist moralisch neutral. Allein der Missbrauch eines Messers ist unmoralisch.« Der einzige Daseinszweck eines Gewehrs dagegen »ist Gewalt, sein einziges Ziel ist, Schaden anzurichten, Leben zu nehmen, von Tier oder Mensch«.

Vor dieser Lektüre hatte mich der Mythos Messer wenig

interessiert, wenngleich ich meine Faszination des unmoralischen Missbrauchs nicht leugnen kann. Man denke an die Bowiemesser in den Büchern Karl Mays, an Mackie Messer in Bert Brechts/Kurt Weills »Dreigroschenoper« oder an Ted Kotcheffs Actionfilm »Rambo«.

Um das Messer vom »Waffenimage« zu befreien und weitere Umsatzeinbußen zu vermeiden, plant der Schweizer Hersteller Victorinox seit Kurzem ein Taschenmesser ohne Klinge: das Messer ohne Messer. Erinnert an eine vegetarische Wurst ohne Wurscht. Das »Sackmesser«, wie es die Eidgenossen nennen, böte ein moralisch neutrales Werkzeugsortiment in kleinem Gehäuse. Bisher gibt es fast 250 Varianten des Schweizer Messers, mehr als 500 Millionen Exemplare wurden produziert. Vor allem seit den verschärften Bestimmungen im Flugverkehr nach den Terroranschlägen am 11. September 2001 in den USA leidet der Verkauf.

Während der »Knife«-Lektüre hatte ich mir vorgenommen, mich dem Messer in der Tasche und der Klinge im Kopf ein wenig zu nähern. »Auch Sprache ist ein Messer«, schreibt Rushdie. »Sie kann die Welt aufschneiden und ihre Bedeutung zeigen … Kann Bullshit offenbaren …«

Am Tag, als ich das Buch ausgelesen habe, kommt die Nachricht, auf dem Mannheimer Marktplatz habe ein Mann den Stand des islamfeindlichen Vereins »Bürgerbewegung Pax Europa« mit einem Messer angegriffen und mehrere Menschen verletzt, einige schwer. Zwei Tage später stirbt der 29 Jahre junge Polizist Rouven Laur an seinen Verletzungen, die ihm der Attentäter mit dem Messer zugefügt hat, als der Beamte couragiert eingriff.

Womöglich ist es, um Rushdies Bemerkungen zur Sprache als Messer aufzugreifen, »Bullshit«, die Angriffe des 24-Jährigen in Chautauqua mit denen des 25-jährigen in

Mannheim, der nach einem Bauchschuss aus einer Polizeipistole im Krankenhaus liegt, zu vergleichen. Vielleicht auch nicht. Beide sind Islamisten, offensichtlich radikalisiert mithilfe von Videomaterial aus dem Internet. Die zufällige Gleichzeitigkeit der Ereignisse in meiner Wahrnehmung mit dem Unheil namens Messer hat mich infiziert.

Empfehlen möchte ich, »Knife« zu lesen, sich Sätze wie diese zu merken: »Viele Menschen, egal, ob liberal oder konservativ, fällt es schwer, Religionen zu kritisieren, wenn sie darum gebeten werden. Träfen wir jedoch die einfache Unterscheidung zwischen privatem religiösem Glauben und öffentlicher, politisierter Ideologie, wäre es für uns leichter, die Dinge so zu sehen, wie sie sind, und freiheraus und unbesorgt über verletzte Befindlichkeiten zu reden. Im Privaten kann jeder glauben, was er will. In der rauen Welt der Politik und des öffentlichen Lebens darf keine Idee unangreifbar und gegen jede Kritik gefeit bleiben.«

Die herrschende Politik brüllt unterdessen nach Maßnahmen, die ich nicht aufzählen muss. Das Messer legt Gesinnungen offen. Was bleibt, ist das Grauen: Mein Schweizer Spielzeug, so klein es auch ist, hat seine Unschuld verloren. Es erzählt mir, wie schnell eine Gesellschaft tranchiert werden kann. Ich hoffe, dass mir nach der Ausweitung aller Verbotszonen und Einschnitte demokratischer Rechte nicht das Messer in der Tasche aufgeht.

Filetierklinge

Nachdem ich die Kolumne »Messer« auf Facebook verlinkt hatte, meldete sich der Stuttgarter Buchhändler Thomas Ott mit einem Kommentar zu Wort; er leitet im

Gerberviertel den Buchladen Erlkoenig. Thomas, ein früher Aktivist der Schwulenbewegung, wurde am 3. März 1987, kurz vor 14 Uhr, in seinem damaligen Erlkoenig in der Bebelstraße 25 im Westen der Stadt von einem Mann mit einem Messer angegriffen und lebensgefährlich verletzt. Der Täter hatte nach eigenem Bekunden ursprünglich vorgehabt, »ein Blutbad« im damaligen Schwulen-Café Jenseitz anzurichten, musste dann aber umplanen, weil das Lokal geschlossen hatte – es war Faschingsdienstag. Hier mit freundlicher Genehmigung des Verfassers Thomas Otts Kommentar:

> Ich gebe zu: Texte mit dem Wort »Messer« sind mir unangenehm. Heute wäre »triggern mich« modern ausgedrückt, aber ich bleibe bei unangenehm. Das Messer, das mir ein Mensch, der unter der Wahnvorstellung litt, man würde ihn für schwul halten (und das würde sich ändern, wenn er Schwule umbringt), am 3. März 1987 in den Bauch rammte, hatte eine Klingenlänge von 23 Zentimetern. Und, was bei Messern dieser Länge sehr selten ist, eine an der Spitze gebogene »Filetierklinge«, also eine kleine »Extrawurst« da, wo es darauf ankommt.
>
> Die 23 cm bis zum Schaft reingehauene Klinge sorgte dafür, dass ich beim Eintreffen im Stuttgarter Katharinenhospital über vier Liter Blut verloren hatte. Das war kritisch. Dumm wäre es gewesen, wenn nicht alles, was zu meiner Rettung aufgeboten wurde – also Polizei, Rettungswagen etc. – so schnell funktioniert hätte, wie es funktioniert hat. Ich wurde »gerettet« und bin nicht direkt verblutet, man hat mich versorgt, ein paar Blutkonserven verbraucht, ich habe überlebt...

Die blöde Filetierklinge war dann leider der Spielverderber, weil die Not-Operateure die kleine gekrümmte Extrawurst an der Spitze des Messers nicht einkalkuliert hatten, sondern einen geraden Stichkanal voraussetzten, der Darm und Harnleiter glücklicherweise knapp zu verfehlen schien. War aber eine Fehleinschätzung, was mir dann genau 50 Tage künstliches Koma einbrachte. Und meinem damaligen »Freund«, der jetzt mein Mann ist, folgende Antwort auf die Frage einbrachte, wie groß denn meine Überlebenswahrscheinlichkeit sei: »1:1000, aber das ist eine gute Nachricht, weil vorgestern waren wir uns ABSOLUT sicher, dass sie bei Null liegt.«

Wozu erzähle ich das? Sicher nicht, um die Diskussion über Messerverbotszonen anzufeuern, die eine kindische Pseudodiskussion ist, insbesondere dann, wenn sie politisch motiviert ist und Klingen schärft, wo sie stumpf gemacht werden sollten.

Heslacher Bestattung

Es ist ein kalter, sonniger Freitagmittag im Februar 2019. Auch der Friedhof wirkt, als wolle er sich eine Auszeit gönnen. Die Asche des lange in Stuttgart beheimateten Sozialwissenschaftlers und Autors Wolfgang Pohrt ist gerade im Grab seiner 2004 verstorbenen Frau Maria in Heslach beigesetzt worden. Wir, die zwei Dutzend Trauergäste, gehen ins Ritterstüble, es liegt nur wenige Schritte vom Friedhof entfernt.

In der Kneipe sitze ich zufällig neben dem Schauspieler und Autor Christof Wackernagel, den ich zuvor nur aus dem Fernsehen kannte. Er hat eine Stuttgarter Geschichte. Nach seiner Rolle in Johannes Schaafs Film »Tätowierung« 1967 zu einem Jungstar des neuen deutschen Kinos aufgestiegen, gründete er in den Siebzigerjahren mit Freunden in Stuttgart die Druckerei Fantasia. Diese Werkstatt verbreitete damals linke, revolutionäre Gedanken aus einem gesellschaftlichen Klima, das heute nur schwer zu verstehen ist. Das Firmenschild »fantasia-druck gmbh« hängt immer noch an einem Haus in der Schlosserstraße im Heusteigviertel; ich komme oft daran vorbei.

Christof Wackernagel, 1951 in Ulm als Spross einer Schauspielerfamilie geboren, landet in den Siebzigern beinahe in Hollywood. Der britische Regisseur Alan Parker bietet ihm eine Rolle in seinem Film »Midnight Express« an. Doch Wackernagel will sich, sagt er mir, »nicht verleugnen«. Im Frühsommer 1977 schließt er sich der RAF an und geht in den Untergrund. Im November wird er nach einer Schießerei mit Polizisten an einer Telefonzelle in Amsterdam zusammen mit seinem Freund Gert Schneider verhaftet und 1980 in Düsseldorf zu 15 Jahren Haft verurteilt.

Der holländische Polizist und Einsatzleiter Herman van Hoogen, der Wackernagel angeschossen hat und dabei von ihm verletzt worden ist, setzt sich schon bald, wie auch der Theaterintendant Claus Peymann, für die vorzeitige Freilassung der beiden Terroristen ein. Der Polizist beurteilt die beiden politisch motivierten Täter anders als die Verbrecher, mit denen er sonst zu tun hat. Er will »keine Vergeltung«. Eine psychologisch tiefgründige Geschichte, die meine Kolumne nicht erklären könnte. Als die beiden ehemaligen RAF-Männer 1987 entlassen werden, wartet vor dem Bochumer Gefängnis Herman van Hoogen mit Blumen. Der Beginn einer langen Freundschaft.

Im Knast hat Wackernagel einen regen Briefwechsel mit Wolfgang Pohrt geführt, mit einem der brillantesten, kompromisslosesten und humorvollsten deutschen Intellektuellen jener Zeit. 1987 sagt Pohrt selbstironisch in einem Interview mit den *Stuttgarter Nachrichten*: »Mein Job ist die Ideologiekritik, das habe ich gelernt. Die Leute sagen mir, was sie denken, und ich sage ihnen, warum das falsch ist.«

Pohrt sagt Wackernagel, warum es falsch ist, der RAF anzugehören. »Dafür bin ich Wolfgang bis heute dankbar«, sagt der Schauspieler. »Er hat mich von der RAF weggebracht. Deshalb bin ich zu seiner Beerdigung gekommen.« Unsereins wird ein Erlebnis mit Wolfgang Pohrt so wenig vergessen wie die lange zurückliegende Lektüre seines Buchs »Honoré des Balzac. Der Geheimagent der Unzufriedenheit«. Die Grabrede in Heslach, eine Hommage voller Gegenwartsbezüge, hielt der Berliner Verleger Klaus Bittermann, der Wolfgang Pohrts Gesamtwerk herausgeben wird.

Im Sommer 2017 hatte mich der Verleger angerufen, ich solle doch nach seinem Autor schauen. Er sei nicht mehr erreichbar, wie vom Erdboden verschwunden. Ich machte mich auf die Socken und landete im Westen der Stadt am Eingang des Wohnblocks mit seinem kleinen Apartment vor einem überquellenden Briefkasten. Ich klingelte wahllos. Niemand in der Nachbarschaft wusste zunächst etwas Genaues. Irgendwann höre ich, er sei vielleicht in einem Heim, im Namen »was mit Hase«. Eine Frau sagte mir, Herr Pohrt habe ihres Wissens mit einem Mann »aus einem Computerladen« in der Falkertstraße Kontakt gehabt.

Nach längerer Suche entdeckte ich ein kleines Firmenschild. Es weist, bis heute, auf ein Tonstudio im Keller eines Hauses hin. Der Besitzer kannte Wolfgang Pohrt tatsächlich, er hatte ihm einst seine kleine Wohnung überlassen. Etwas stimme nicht mit Wolfgang, erzählte er.

Den Vermissten fand ich schließlich im Haus am Hasenberg, einem Pflegeheim. Klaus Bittermann und ich besuchten ihn bald darauf. Ein Schlaganfall hatte Wolfgang Pohrts Gehirn schwer beschädigt. »Diese Krankheit zeigt, zu welch monströsen Auswüchsen das menschliche Gehirn fähig ist«, sagte er – und war noch für einen Moment der Alte: »Bei dir hat die Gehirnerweichung auch schon große Fortschritte gemacht«, frotzelte er in Richtung Verleger.

Am 21. Dezember 2018 ist Wolfgang Pohrt mit 74 Jahren gestorben. Die *Frankfurter Allgemeine am Sonntag* schreibt: »Wenn heute sein Name nur noch wenigen Lesern etwas sagt, dann liegt das daran, dass Pohrt einer der intelligentesten, streitbarsten und zugleich unerträglichsten Menschen seiner Zeit war, ein Kopf, so unabhängig und unbestechlich, dass an eine stabile Karriere im akademischen oder publizistischen Betrieb einfach nicht zu denken war.«

Diese Zeilen habe ich notiert, weil es nicht gut ist, wenn einer wie Wolfgang Pohrt vergessen wird in der Stadt, in der er gelebt hat und gestorben ist. Auf dem Friedhof erzählte mir eine Bekannte, Wolfgang Pohrt sei noch jahrelang nach dem frühen Tod seiner Frau jeden Morgen und jeden Abend mit dem Bus nach Heslach gefahren und habe eine rote Rose auf das Grab seiner Frau gelegt.

Liebe, hat dieser radikale Denker einmal geschrieben, sei unheilbar.

Sauerbraten für Wiglaf

Zwei Jahre nach dem Tod von Wiglaf Droste (27. Juni 1961 – 15. Mai 2019) erinnerte die Edition Tiamat, Berlin, mit einer Anekdotensammlung an den Dichter, Satiriker und Sänger: »Wiglaf Droste – Chaos, Glück und Höllenfahrten. Eine autobiographische Schnitzeljagd«. Darin findet sich auch dieser kleine Text:

Wir lauschten dem Meeresrauschen. Die Luft an diesem Sommertag 2012 war stickig und stinkig, und der Lärm, der uns zwang, etwas lauter als üblich zu reden, drang nicht vom Meer zu uns herüber. Wir saßen vor einer Kneipe an der Stadtautobahn, einem Asphaltmonstrum, das Stuttgarts historisches Zentrum zerlegt wie ein Stück unbrauchbare Leber. Den Begriff »Meeresrauschen« hatten wir in diesem Viertel verinnerlicht wie »Tschernobyl«, um auf das Gift in dieser Gegend hinzuweisen. Abgase, Feinstaub und andere Drogen.

Wiglaf Droste und unsereiner saßen öfter mal in oder vor dieser schönen Altstadtkneipe namens Brunnenwirt, in der früher vornehmlich professionelle Damen und Zuhälter, gestrandete Intellektuelle und Haipfler verkehrt hatten. Außer den letzten Rotlicht-Veteranen im Stuttgarter Kessel dürfte das Wort »Haipfler« kaum noch jemand kennen. Es leitet sich ab vom Haipfel, einem schwäbischen Synonym für Kopfkissen. Haipfler waren Bettwäschevertreter und ein Synonym für Schwätzer, die nichts auf der Naht hatten, ähnlich wie die »Hartgeld-Luden«, kleine Strolche: immer stier oder gleich bockstier, zu Deutsch pleite.

Wiglaf kannte all diese Codes. Er war über diese Stadt informiert, weil er mit seinem Stuttgarter Freund, dem Sterne-Koch, Autor und Musiker Vincent Klink, das Magazin *Häuptling Eigener Herd* herausgab. Zu Stuttgart, wo er sich regelmäßig aufhielt, pflegte er eine Art Hassliebe. »Hier wütet das Geld, aber es wütet verschlagen und verdruckst«, schrieb er mal und schwärmte gleichzeitig: »Auf den Stuttgartern Hügeln aber wächst Wein; kein stickstoffgedüngter Trollingerkrempel, sondern richtiger Wein.« Trauben, ökologisch angebaut, »klein, bodengesättigt und gehaltvoll«.

So gut wie immer, wenn wir uns trafen, sprachen wir über Alkohol, vor allem, seit ich 2007 die Sauferei relativ planlos eingestellt und wundersamerweise nicht mehr angefangen hatte. Was ihn selbst anging, mied Wiglaf bei diesem Thema jede Offenheit, die eine Chance auf ein Ende seines Trinkens signalisiert hätte. Einmal holte ich ihn nach einem Krankenhausaufenthalt ab, um mit ihm auf seinen Wunsch ein Spiel der Stuttgarter Kickers zu besuchen. Als ich ihn sah, wurde ich bleich: Sein ganzes Gesicht war gelb, er sah so erschreckend aus, dass ich mich schon beim Gedanken an einen Witz mit den Farben seines Lieblingsklubs Borussia Dortmund aus dem Spiel nahm. Er wiederum sagte, der Besuch eines Kickers-Spiels auf den Hügeln koste ihn trotz seiner großen Sympathie für diesen Underdog eine gewisse Überwindung. Auch möchte er vor Amok-ähnlichen Ausfällen warnen: Da mein Team traditionell in Blau spiele, könne es ihn an seinen Erzfeind Schalke 04 erinnern und er für nichts garantieren.

Zurück in den Kessel des Sommers 2012, ein paar Monate, bevor die AfD gegründet wurde (und drei Jahre, bevor Wiglaf in sehr guter Form als Conférencier im

Flaneursalon am Fluss im Stuttgarter Neckarhafen, auftrat). Bei anhaltendem Meeresrauschen vor dem Brunnenwirt unterhielten wir uns über das bedrohliche Erstarken der Rechten, Völkischen und Nazis. Dazu verspeisten wir schwäbischen Sauerbraten in brauner Soße mit Spätzle, eine Lieblingsspeise von Wiglaf, der die reelle Küche in dem Altstadtlokal zu schätzen wusste.

Seinerzeit waren Vegetarismus und Veganismus bei uns noch nicht so alltäglich wie heute. In bester Spießer-Manier gab ich zu bedenken, dass die Antifa bei ihrer zunehmenden Fleischlosigkeit im richtigen Leben, das ja kein falsches zulasse, womöglich nicht mehr genügend Kraft für den Kampf gegen die Faschisten hätte. Wiglaf widersprach nicht, während er seinen Sauerbraten gut durchkaute, eine Kost, die man nicht mit der rheinischen Variante verwechseln darf. Anders als die Rheinländer versenken wir Rosinen nicht in Bratensoße, sondern im Hefezopf.

Die Frage, ob unsere antifaschistischen Kräfte in den bevorstehenden Kämpfen gegen die Nazis auch ohne Fleisch auf dem Teller eine Chance hätten, blieb an diesem Tag am Meer ungeklärt. Am nächsten Morgen erreichte mich per Mail dieses Gedicht von Wiglaf Droste:

RICHTIG SPACHTELN GEGEN NAZIS

Hitler vegetierte arisch,
lebte vulgo vegetarisch.
Fleisch? Niemals, nicht einen Happs!
Auch kein Bier und keinen Schnaps,
und auch niemals Zigaretten,
denn es galt, die Welt zu retten:
Vor den Bolschewiken, Juden,

allem Schönen, Wahren, Guden
also vor den Großgenüssen.
Deshalb schrieb der Mann »Mein Kampf«.

Junge deutsche Antifaschen
ähneln oft den Hallimaschen:
fahl sind sie und mickrig und
magersüchtig ungesund.
Denn ihr Leben ist, ich ahn es,
jederzeit ein vollveganes.
Und ihr Tierschutz-Übereifer
ähnelt Adolfs Vegi-Geifer.
Das wird sich rasch ändern müssen.
Deshalb sag ich euch: Kein Mampf!

Und zum guten Futtern taugen
Tiere, die nun einmal Augen
haben, Nase und auch Mund,
isst man sie, lebt man gesund.
Selbstverständlich gilt die Pflicht:
Quältierware frisst man nicht.
Fröhlich muht die Bio-Kuh:
»Macht doch mal McDonald's zu!
Esst mich auf, von meinem Saft
kriegt ihr Anti-Nazi-Kraft!«
Und dann wird euch zügig klar:
Fleisch ist ein Stück Antifa!

Vampire

Überall in den Straßen rieche ich verbrannte Erde. Womöglich hat es in diesem K.-o.-Schweißtropfen-Sommer noch weniger Sinn als sonst, sich an seinen Computer zu setzen und etwas aufzuschreiben. »... im Sommer hat ein Mensch mit einer minimalen Restsensibilität sowieso kaum eine Überlebenschance«, notierte mal der Schriftsteller Franz Dobler in einer Story mit dem richtungsweisenden Titel »Doof«.

Ich will nicht ganz so weit gehen wie der Franz, der in seiner Geschichte bereits beim Blick auf einen Biergarten an Selbstmord und Mord denkt. Auch wenn ich dazu mehr Recht hätte als er. Als er »Doof« geschrieben hat, gab es weder Corona noch den Krieg in der Ukraine, es war einige Jahre vor der AfD-Gründung und lange vor dem Sommerdrama der deutschen Fußballfrauen. Mit etwas Glück hat damals noch nicht jeder Biergartenrülpser Killerfantasien ausgelöst.

Tatsache aber ist, dass auch meine Überlebenschance in diesem Sommer 2020 sinken, womit ich nicht großkotzig behaupten will, über eine minimale Restsensibilität zu verfügen. Es ist drei Uhr morgens, als mich wildes Geraschel in meinem Schlafzimmervorhang weckt. Scheiße, sage ich, ihr doofen Nachtfalter werdet immer doofer und fetter. Das beeindruckt sie aber nicht, weshalb ich mich aus dem Bett quäle.

Der Sommer meines Lebens ist längst vorbei, und an Geistergeschichten und gefährliche Begegnungen habe ich mich gewöhnt. Von dem Philosophen Charles Pépin habe ich gelernt, dass in dem Wort »Begegnung« das Wörtchen

»gegen« steckt. Es deute, sagt er, auf die Kollision mit einer »Andersheit« hin. Dieses Aufeinanderprallen kann alles Mögliche auslösen, oft sogar Liebe, aber an diese Art Begegnung denke ich nicht, als mein Vorhang raschelt. Vermutlich ist nach dem Biergartenbesuch ein Mörder durch mein Fenster eingedrungen.

Meine Fenster sind einladend gekippt, ich will die da draußen nicht ausgrenzen. Ich schalte die Deckenstrahler ein. Eine dumme Idee, denn augenblicklich schwirrt ein Geschwader mir unbekannter Kampfflugkörper durch mein Schlafzimmer, so schnell, dass ich nicht mal die Chance habe, sie zu zählen. Es sind verdammt viele, aggressiv wie Hitchcocks Vögel, aber keine Vögel. Mit beängstigender Eleganz kreisen sie knapp über meinem Kopf. Einige scheren aus und zischen in mein Wohnzimmer, weil ja kein anständiger Single nachts seine Schlafzimmertür schließt.

Seltsamerweise versetzt mich diese Begegnung mit der Andersheit in eine Art Kältestarre, als hätte ich meine letzte Restsensibilität verloren. Mir fällt ein, wie mir vor Jahren eine Freundin von einer Fledermausplage in der Stadt berichtete. Eine Fledermaus habe sie im Schlaf unsittlich gestreift und traumatisiert. Diese Geistergeschichte habe ich damals als sexuelle Fantasien Freud'scher Prägung abgetan, wurde aber bei meinen Ermittlungen als alter Macho eines Besseren belehrt. Tatsächlich waren Heerscharen von Fledermäusen in Wohnungen unserer Stadt eingedrungen. Was mich nicht wunderte. Stuttgart ist seit jeher ein Fressen für Vampire. Die meisten dieser Spezies sind allerdings nicht den Fledermäusen, sondern den Haien im Immobiliengewerbe zuzurechnen.

Jedenfalls sagt mir die Erinnerung an die alte Geschichte, dass ich es mit Fledermäusen zu tun habe. Zum ersten Mal in meinem Leben. Ich denke nach, während die Geschosse rotieren. Dann habe ich eine Erleuchtung und hole sehr lässig eine LP von Black Sabbath aus dem Regal. Ich drehe »Paranoid« voll auf und brülle in die Nacht: Hört mal zu, ihr verfickten Drecksmäuse, hier steht Ozzy Osbourne. Ich bin bereit für einen bestialischen Mord. Doch kein Schwein hier zieht das Genick ein. Die Eindringlinge sind anscheinend doof. Haben trotz ihrer phänomenalen Ohren nie davon gehört, dass Ozzy mal mitten im Konzert einer Fledermaus den Kopf abgebissen hat. Eine kulturelle Einverleibung.

Meine häusliche Flugshow geht weiter. Vor Jahren habe ich mal eine Fliegenklatsche mit einem abgebildeten Fußball auf dem Lappen geschenkt bekommen und sie in einen Stiefelschaft gestellt. Ich finde sie und bringe mich in Stellung. Ich ziele präzise und schlage hart, produziere aber nur heiße Luftlöcher. Deprimierend. So muss sich King Kong gefühlt haben, als er auf dem Empire State Building versuchte, die angreifenden Kampfflieger vom Himmel zu holen. Ich bin noch erfolgloser als King Kong. Meine Überlebenschance in diesem Sommer sinkt auf Null, gut dreißig Grad unter der Zimmertemperatur.

Ich setze mich aufs Sofa und überlege. Dieser Krieg ist nur digital zu gewinnen, auch wenn die technische Überlegenheit von Armeen immer wieder sträflich überschätzt wird. Was zählt, ist nicht der Computer, sondern die Kampfmoral. Und ich habe keine.

Ich greife zum Taschentelefon, beim Googeln erfahre ich, dass Fledermäuse vorzugsweise in großen Formationen in Wohnungen einfallen. Ein gekipptes Fenster reicht. Aber es interessiert sie einen Dreck, wenn du deine Fenster sperrangelweit öffnest, um sie loszuwerden. Offensichtlich habe ich es mit Zwergfledermäusen zu tun, in puncto

Geschmeidigkeit sind sie unschlagbar. Es gibt für den Angegriffenen allerdings eine strategische Finte, auf die er nicht selber kommen kann, in einem Sommer, in dem dir beim Anblick eines Biergartens das Messer in der Tasche aufgeht, selbst wenn du keines hast.

Laut Google muss ich das Licht löschen. Ein merkwürdiger Rat. Warum soll die Fledermaussippe zurück in die Nacht fliegen, wo sie doch aus der Nacht gekommen ist, auf der Suche nach einem besseren Leben in meinem weltoffenen Schlafzimmer. Und sie muss ja bemerkt haben, dass ich unfähig bin für einen Pushback. Inzwischen spiele ich sogar mit dem Gedanken, den Tieren meine Wohnung zu überlassen, selbst wenn es in der Stadt der Haie unmöglich ist, eine neue zu finden.

Fledermäuse verstehen etwas vom Überleben. Seit 50 Millionen Jahren herrschen sie über den Luftraum. Irgendwann haben sie ihre Aktionen vom Tag in die Nacht verlegt, um ihren Feinden aus dem Weg zu gehen. Die Fledermaus wird vierzig Jahre alt und schafft sechzig Kilometer in der Stunde. In meiner Schnarchbude vermutlich hundertachtzig. Zwar hat sie heute ein Kopfproblem mit den Windrädern, doch auch diese Gefahr wird sie eines Tages umsegeln. Und dann glaubt ein geistiger Flattermann wie unsereiner, er könne diese wandlungsfähigen Säugetiere mit der Fliegenklatsche stoppen.

Zu sagen bleibt, dass ich in der Nacht der Dämonen nach langen Google-Studien hoffnungslos das Licht ausknipste, als wäre es mein Leben. Die Fledermäuse flogen grußlos hinaus in die Welt, und ich begann zu singen: I am the Batman …

Einige Tage später kaufe ich mir in einem türkischen Allzweckladen einen kleinen Rollkoffer. Ich habe nicht vor zu fliegen, aber ich werde mein Leben ändern, vor allem nachts. Zu lange war ich zu doof zu begreifen, dass selbst im eigenen Bett das Leben lebensgefährlich ist in diesen verfluchten Zeiten. Wir müssen Geschwader voller Sensibilität bilden, um unsere Überlebenschance zu wahren.

Ich weiß, verehrte Leser:innen, eine Fledermaus-Ballade bringt keine Klicks im blutigen Kolumnen- und Meinungsgeschäft. »Alle Geschichten« aber, schreibt James Sallis in seinem Roman »Sarah Jane«, »sind Geistergeschichten: über verlorene Dinge, verlorene Menschen, Erinnerungen, Heimat, Leidenschaft, Jugend, über Dinge, die darum ringen, von den Lebenden gesehen und anerkannt zu werden.«

Ich wünsche allseits eine gute Nacht, bevor man uns den Kopf abbeißt.

Volltreffer Gottes

Alles ginge besser, hat der Schriftsteller Johann Gottfried Seume gesagt, wenn man mehr ginge. Ich ging auf Nummer sicher und verließ die Stadt. Am Morgen bevor die Fußball-EM begann, saß ich in der Eisenbahn auf dem Weg nach Norden. Wenn jemand in einem Kessel wie Stuttgart haust und das Weite sucht, weiß man nicht so recht, ob es sich um Stadtflucht oder Landflucht handelt.

Wahr ist, dass ich aufs Land flüchtete. Am Tag nachdem sich Frankreichs kluger Fußballgott Kylian Mbappé die Nase gebrochen hatte, meldete die *Ostfriesen-Zeitung* auf ihrer Titelseite: »Schlechtes Wetter setzt Spargel zu«. Diese Schlagzeile stand noch über der Nachricht, dass ein Fischer, der auf der Osterems von einem Krabbenkutter aus über Bord gegangen war, immer noch vermisst werde und keine Überlebenschance mehr habe. Wenig später las ich auf einer Tafel vor einem Restaurant, dass der »Ostfriesenteller« mit Spiegeleiern und Bratkartoffeln zurzeit leider ohne Nordseekrabben serviert werden müsse.

Wo ich als Tourist wohne, neben einem großen, einladenden Totenacker, kann ich mich als gewohnheitsmäßiger Herumgeher gehen lassen wie lange nicht. Überall weites, flaches, grünes Land hinter backsteinernen Häusern mit spitzen Dächern. Dazu ein lustiges Wetter. Kaum hast du deinen Sonnenhut aufgesetzt, bläst dich auch schon ein böiger Regenschauer aus deinem Leben, das eben noch recht gemütlich schien. Der wahre Ostfriese kennt keine Furcht vor Sturm und See: »De to't hangen geboren is«, sagt er, »versuppt net.« Wer zum Hängen geboren wurde, ersäuft nicht.

Bis zur Nordsee sind es von meinem Domizil vier Kilometer zu Fuß, und es bedarf keiner großen Planungen, auf dem Weg dorthin keinem Auto zu begegnen. Keine Ahnung, ob sich in diesem Landstrich die Erde dreht. Jedenfalls empfiehlt es sich, kräftig durchzuatmen. Die Luft tut gut, womöglich ist es gute Luft. Sie tröstet dich, wenn du die Nase voll hast vom Rest der Welt. Dann können Gedanken fliegen und springen, und deshalb ist es wieder Zeit, aus dem Buch »Wanderlust« zu zitieren, Rebecca Solnits Marathonwerk über das Gehen: »Es entsteht eine sonderbare Übereinstimmung zwischen innerer und äußerer Bewegung. Ein neuer Gedanke scheint oft wie ein Merkmal der Landschaft, das sich dort immer schon befunden hat, als ob Denken eher Reisen als Erschaffen wäre.«

Es gibt Gründe, Ostfriesland zu besuchen, wo das Denken zum Reisen und das Reisen zum Denken wird.

Erst neulich hat hier wieder der »Ostfriesische Freiheitsmarsch« stattgefunden, im Zeichen von Fairness und Völkerverständigung, wie es im Programm IML Walking Association (Internationale Marching League) steht. Ihr lateinisches Motto lautet: »Nos jungat ambulare«. Möge uns das Wandern vereinen. Wen auch immer.

Meine Absicht war, auf meinen Flachlandwanderungen im Norden den heimischen Wahnsinn hinter mir zu lassen. Ein Mensch, der final altert, hat seine Dosis Rummel hinter sich. Es reicht. Mag sein, dass ein Bad in der Menge eine prickelnde Sache ist, selbst wenn du dir dabei nicht die Nase brichst. Besonders erregend muss das sein für Stuttgarts obersten Rathäusler, der keine Chance vergibt, seine Fantriebe öffentlich auszuleben. Sein Riecher für Bierfeste ist berühmt. Muss man verstehen: Es ist nun mal ein Ereignis, mit einem Deutschland-Trikot am Leib vor zigtausend aufgewühlten Menschen auf einer Fanmeile herumzuschwänzeln, wenn du jahrelang deine rote Wurst auf dem Sportplatz der TSG Backnang gevespert hast.

Das Wort »Fan«, habe ich im unlängst erschienenen Buch »Fans. Von den Höhen und Tiefen sportlicher Leidenschaft« gelesen, stammt vom lateinischen fanaticus ab: »Ein religiöser Anhänger, der an orgiastischen Ritualen in einem Tempel oder an einem heiligen Ort teilnimmt«, schreiben die Autoren Ilija Trojanow und Klaus Zeyringer. »Bis zum heutigen Tag schwingt eine Bedeutung von Anbetung, Hingabe, aber auch Maßlosigkeit mit.« Dass die Italiener ihre Fans auch tifosi nennen, sagt uns noch mehr: Der Begriff ist abgeleitet vom griechischen Wort für Typhus – eine ansteckende, auch Panik auslösende Krankheit.

Der Typhus, wo jeder mit muss.

In Ostfriesland habe ich von dieser Krankheit bisher nicht viel bemerkt. Einmal sah ich vor einem Ein-Euro-Shop ein einsames Paar Badelatschen in den Farben Schwarz-Rot-Gold herumliegen, in einem abgelegenen Wohnviertel mit akkurat gestutzten Rasen hingen ein paar Deutschlandfahnen, und auf der Insel Norderney standen leere Strandkörbe vor einer großen Video-Leinwand im strömenden Regen. Der Blick auf die kreischenden Möwen über dem Meer erschien mir wesentlich spannender, schon weil heute alles voll spannend ist, seit das Wort »interessant« jede Art von Spannung verloren hat. In der alltäglichen Geschwätzigkeit mit ihren strunzdummen Moden gelten selbst Biere, Burger und Deutschländerwürstchen mit Fußballtrikots als so spannend, dass einem schon vom Hinsehen der schwäbische Ranzen spannt.

Ich räume ein: Meine geschilderten Eindrücke von Ostfriesland sind nicht repräsentativ. Seit jeher traue ich mir zu, der falsche Mann am falschen Ort zu sein. Aber damit das klar ist: Ich bin kein Totalverweigerer ehrbarer Fußarbeit am Ball, schon deshalb nicht, weil es sich für einen anständigen Menschen geziemt, sich Saison für Saison eine Dauerkarte für den Stehbereich der Stuttgarter Kickers zu erwerben. Dass dieses Thema zurzeit international keine so große Rolle spielt, sollte man nicht falsch bewerten im politisch zerrissenen Europa, wo sich autoritäre Machthaber und anrüchige Geschäftemacher auf der Tribüne die Hand reichen. Die Welt wird nicht besser, wenn der Fußball alles Elend ins Abseits drängt. Und der übliche Hinweis, die Bemühungen meines Klubs auf dem Rasen hätten mit Fußball nichts zu tun, zeugt nur vom fehlenden Klassenbewusstsein der Ohnmächtigen im Massenwahn. Die Wahrheit ist nicht auf dem Platz, sondern im erwähnten Buch »Fans«: »Stimmung ist in der kapitalistischen Eventgesellschaft eine Ware. Sie dient nicht nur als sportlicher Rückhalt, sondern auch den Veranstaltern als Werbefläche.« Meine Stimmung passt auf eine Arschbacke. Mehr Werbefläche gibt es nicht.

Zur Ehrenrettung ostfriesischer Fußballzonen muss ich noch von einer Sache berichten, die uns den Hintergrund des Fan-Daseins im Fanaticus-Sinne näherbringt als jedes Buch. Bei einem Gang durch die Gemeinde kam ich an der Vitrine einer Baptistenkirche vorbei, die mich dermaßen aufschreckte, dass ich sofort meine Regenmütze tiefer in die Stirn zog. Da hing hinter Glas ein kleines grünes Spielfeldmodell mit einem überdimensionierten, leicht deformierten Fußball im Tornetz – dekoriert mit der weithin sichtbaren, sauber angeklebten Botschaft: »Du bist ein Volltreffer Gottes«.

Keine Frage: Die meinten mich. Das war mir dann doch etwas peinlich. Die kennen mich nicht da oben an ihren Deichen, wo die Leute nicht ersaufen, weil sie vorher gehängt werden. Ich werde den Frommen im Norden deshalb einen Brief schreiben:

Liebe Baptisten und Baptistinnen, bis heute habe ich mir niemals angemaßt, mich für einen göttlichen Volltreffer zu halten. Ganz sicher auch nicht für einen himmlischen Volleyschuss. Vielleicht könnten wir Sterblichen uns auf einen Kompromiss einigen: Ich bin ein Abstaubertor. Oder ein unglücklich abgefälschter Freistoß. In Demut: Ihr Vollpfostentreffer.

Vergelt's Gott, murmele ich und wandere, mit der Welt vereint, weiter durch die Gegend, bis mich der Teufel holt.

Unser Klima/chen

Weit bin ich nicht gekommen in den Tagen, bevor ich diese Kolumne in Angriff genommen hab. Das Wort »Angriff« ist etwas großkotzig gewählt. Die Augusthitze und eine Sommergrippe haben mich lahmgelegt. Aber nur weil meine Kolumne »Auf der Straße« heißt, muss ich mir ja nicht dauernd die Hacken ablatschen. Das Pflaster vor meiner Haustür ist heiß genug, um die Welt in Flammen zu sehen.

Es ist eine alte Erfahrung, von seiner unmittelbaren Umgebung weniger mitzubekommen als von einem fremden Ort, den man wichtiger nimmt, schon um sich selbst wichtiger vorzukommen. Fällt mir Erich Kästner ein: »Irrtümer haben ihren Wert; / jedoch nur hie und da. / Nicht jeder, der nach Indien fährt, / entdeckt Amerika.«

Da die Entdeckung Amerikas die Menschenrechte hervorbrachte und gleichzeitig einen Völkermord heraufbeschwor, bin ich mit Eroberungen vorsichtig. Nicht weit von meiner Haustür, am Kernerplatz mit Erich Hausers himmelwärts strebender Edelstahlplastik, steht etwas abseits der Justinus-Kerner-Brunnen. Immerhin, er spendet noch Wasser. Die Statue auf dem Sockel zeigt den Dichter, Mediziner und Maultrommler mit einer Gitarre auf dem Rücken. Ein Ludwigsburger Folkie on the road. An guten Tagen besinge ich mit Justinus im Duett den Tod des Musikanten: »Es war ein Spielmann zu Weinsberg, / Der lustige Peter genannt, / er spielte die Geige, das Hackbrett / Und hinkte benebelt durchs Land.«

Ich wohne in einem internationalen Viertel. Das hat mit der Hochschule für Musik und Darstellende Kunst zu tun, mit der John-Cranko-Schule, mit den nahen Staatstheatern und ein wenig mit dem kleinen Kulturzentrum Labyrinth. Wenn ich abends am Kernerplatz auf einer Bank sitze, höre ich den babylonischen Sound der Welt. Die Menschen dort sprechen nicht unbedingt miteinander, aber immer so laut in ihre Mobiltelefone, als hätten sie Kontakt mit fernen Kontinenten oder Galaxien. Womöglich aber teilen sie gerade nur jemandem mit, ob sie Schawarma mit oder ohne Knoblauch vom benachbarten Al Sendiebad Markt oder aus dem gegenüberliegenden Kebab-Imbiss Prinz wünschen.

Vieles im Viertel ist türkisch. Das Konsulat mit dem verblichenen Schild am Eingang und der Fahne mit dem Halbmond, der auch nicht mehr das Zeug zum Vollmond hat. Doch stehen vormittags quicklebendige Menschen vor dem Gebäude, das die meiste Zeit aus einem Polizeiauto heraus überwacht wird. Manchmal, wenn es sehr heiß ist, essen die Cops am Kernerbrunnen ein Eis, was vermutlich nicht der Fall war, als neulich nächtens Unbekannte ein Konsulatsauto in Brand setzten. Auch ich hab' die Sache verschlafen. Es war zu heiß, um Flammen zu bemerken.

Am Platz findet man allerlei türkische Geschäfte und Büros, weshalb Weltbetrachter der alten Sorte über unser »Klein-Istanbul« spotten, bevor sie mit ihrem All-you-can-eat-Urlaub Erdogan beehren. An einem Haus in der Kernerstraße mit Hinweisen auf eine Turkish-Airlines-Filiale und eine türkische Immobilienfirma entdecke ich das Schild des Deutschen Tonkünstlerverbands (DTKV). O Mann, will nicht wissen, was da gerade los ist. Überall Horrormeldungen über ausbleibendes Publikum in der Kulturszene, schlimmer als der Kundenschwund in Straßenbahnen und Stadtbussen.

Viel zu viele verweigern nach den Corona-Maßnahmen

ihr Comeback. Das gilt vor allem für die mittleren und kleineren Kulturveranstaltungen. Nicht zu vergleichen mit den Mentalitäten im Star-Zirkus des Big Business, und niemand beschreibt das besser als Jan Brachmann in seiner *FAZ*-Rezension der »Tristan und Isolde«-Premiere bei den Bayreuther Festspielen: »Noch bevor der letzte H-Dur-Akkord in Schönheit erstirbt, muss die Gattung der Eventkonsumenten signalisieren, dass Zeit und Geld richtig investiert waren. Man jubelt, klatscht, triumphiert in lautstarker Brutalität in die Musik hinein, hörbar unberührt von deren Weisheit und Traurigkeit. Und anders als bei den Klimaaktivisten, die vor Beginn der Vorstellung in den Bäumen des Festspielparks eine Emissionsentschuldung der Entwicklungsländer forderten, hat diese Lautkundgebung keinen andren Zweck, als auf sich selbst zu verweisen.«

Die Gattung der Eventkonsumenten treibt überall ihr Unwesen, ob Wagner oder Pop. Für unsereinen ist das mit ein Grund, verstärkt an Eigeninitiativen und die Organisation kleiner Sachen für erschwingliche Eintrittspreise zu denken. Angesichts Corona, Klimakatastrophe und Energiekrise brauchen wir neue Begegnungsorte. Kulturelle Zellen, die außer Vergnügen auch politische Zeichen vermitteln: Aufklärung und Kraft zur Abwehr der Rechten und Nazis, die mit ihrer Hetze demokratische Errungenschaften attackieren. Schon jetzt, noch bevor die erste reife Kastanie auf meinen Hut knallt, drohen sie mit ihrem »Wutwinter«. Der deutsche Dichter Habeck kontert mit Kaminfeuer-Poesie: »Putin hat das Gas. Aber wir haben die Kraft.«

Sorry, der Tonkünstlerverband hat mich gerade weit weggeführt aus meinem Viertel, das mir problemlos Kolumnenstoff für mehrere Jahre liefern könnte. Warum in die Ferne schweifen? Sieh, das Elend liegt so nah. Ich lebe im Zentrum der Macht. Nur einen Steinwurf entfernt von dem zeitgenössischen Hochbunker des Ministeriums für Inneres und Digitalisierung. Erinnert mich daran, dass der Innenminister Strobl nicht nur als unser schwärzester Sheriff, sondern auch als oberste Online-Leuchte unterwegs ist. Ein Tausendsassa, unser Knäbchen von Heilbronn.

Direkt vor meiner Nase steht das Ministerium für Ernährung, Ländlichen Raum und Verbraucherschutz am Kernerplatz. Oft sitze ich auf den stattlichen Kanthölzern im Rammbockformat vor dem Ziegelsteingebäude und schaue in den blauen Sommerhimmel, der uns die Hölle verspricht. Manchmal, nach dem Joggen, mache ich hier auch ein paar Liegestütze fürs letzte Gefecht.

Sinnigerweise hat der CDU-Bauernminister Hauk als wichtigster Volksernährer neben dem Eingang einen Automaten mit Metzgerproviant postiert. Nach Bar- oder Kartenzahlung poltern einem neben Lammgulasch, Wildschweingulasch und Rehgulasch auch Bierschinken und Leberwurst in Blechdosen vor die Füße. Selbst eine Küchenpfeife wie ich hat hier gewisse Überlebenschancen, solange sie in Zeiten der Umwelt-Cholera auf vegetarische/vegane Pflichten pfeift. Warum ich nicht koche? »Niemand besitzt das Leben. Aber jeder mit einer Bratpfanne besitzt den Tod«, sagt William S. Burroughs. Im Automaten lagern auch Bio-Säfte für den Fall meines Hungerstreiks.

An der Ministeriumsfassade hängt ein Transparent: »Klimaneutral bis 2040 – Gemeinsam packen wir's an«. Wie alle heimischen Landei-Verlautbarungen ist auch dieses Poster mit dem Blöd-Branding »The Länd« dekoriert, was von einem weiteren Geniestreich des Kalauergewerbes noch überboten wird: JETZT KLIMA CHEN – geschrieben mit einem Absatz zwischen Klima und chen. Das ist die höchste Kunst politischer Propaganda-Lyrik: Klima / chen.

Verdammte Scheiße, man kann Wellen, Unsinn und sich ein Frühstück aus Wildschweingulaschdosen machen. Aber der Geist, der hinter »Klima / chen« in den Winden der Marketing-Pupserchen weht, macht auch die letzte Hoffnung zunichte, die Politik könnte irgendwas Ernsthaftes gegen das Inferno der Natur und die Klimakatastrophe unternehmen. Es ist Zeit, die Benebelten mit Hackbrett, Maultrommel und Blechbüchsen heimzugeigen. Packen wir's an.

Es wird Nacht

Am Morgen im Bett höre ich draußen vor dem Fenster das Meeresrauschen. In Wahrheit sind es die Geräusche von Autoreifen auf der verregneten Straße. Man nennt es Airpumping. Es ist November und zwischen den kalten Tagen im Stuttgarter Kessel manchmal doch so feucht und warm wie im Sommer an der See. Wenn auch weniger gesund. Die Luft in meiner Gegend am Kernerplatz, über der Monsterbaustelle S 21, nimmt dir die Luft zum Atmen.

Zwei Jahre nachdem ich in diese Gegend gezogen bin, diagnostizierte der HNO-Arzt Kehlkopffunktionsstörungen und ich bin mir ziemlich sicher, dass meine oft heisere Stimme nicht vom Brüllen und Schreien kommt. Viel Zeit verbringe ich allein und schweigend. Telefonieren ist seit den digitalen Korrespondenzen mithilfe des Taschentelefons ohnehin aus der Mode. Und auf meinen Spaziergängen sage ich höchstens mal »Guten Tag«; in einer kleinen Stadt lassen sich Begegnungen mit Bekannten nun mal schwer vermeiden. Zwar knurre ich manchmal »verdammte Scheiße« in die Scheißatmosphäre, aber dafür bestraft dich der liebe Gott selbst im Trauermonat November nicht mit Heiserkeit. Wenn ich an einer einschlägigen Kneipe vorbeikomme, erinnere ich mich beim Blick auf die Umgebung an das hässliche Gerede vom »Schönsaufen«. Die dafür notwendigen Mengen Stoff könnte ich mir heute nicht mehr leisten.

Eine große Chance für den Spaziergänger, sich mit seiner Umgebung zu arrangieren, ist die Nacht. Das Licht im Dunkel. Wenn ich nach Sonnenuntergang die Därme und Schläuche unserer Bahnhofsbaustelle verlassen habe, wärmt mich das Herbstlaub, das auf einer toten Straße neben den vorbeirasenden Autos im Regen schimmert. Nicht alle Katzen sind grau in den verlassenen, vom Baugewühl malträtierten Gegenden der Stadt. Wo du nächtens aus kindischer Angst vor bösen Menschen ein schönes Lied summst. *Happiness Is A Warm Gun*. John Lennon hat diesen Spruch einst auf einer Waffenzeitschrift entdeckt. In den belebteren Teilen der Stadt hast du inzwischen mit immer brutalerem Reklamegeflimmer zu kämpfen. Es braucht längst nicht mehr nur Lärm, um den Spaziergänger zu betäuben. Licht genügt. Und schon röchelt er *Highway To Hell*.

Auf meinem Weg vom Kleinen Schlossplatz zum Plattenladen Second Hand Records leuchtet mir eine Vitrine des heimischen Außenwerbung-Unternehmens entgegen, weiße Buchstaben auf hartem Orange: »Ich werde digital«. Dass ich diese Krankheit in mir trage, hatte ich schon länger vermutet. Jetzt wurde sie mir zur Gewissheit wie die Kehlkopffunktionsstörungen. Umgehend habe ich mit meinem Taschentelefon digital geprüft, was Digitalisierung bedeutet. Es hat mit dem lateinischen digitus (Finger) und dem englischen digit (Ziffer) zu tun, und das Bundesministerium für Wirtschaft und Klimaschutz (die lustigste Kooperation aller Zeiten) definiert die Sache so: »Die Kennzeichen der Digitalisierung sind die Virtualisierung und Vernetzung der realen Welt, das Teilen von Daten sowie die plattformbasierte Organisation von Wertschöpfungsketten. Das Besondere daran ist, dass Daten und Datenmodelle keinem physischen Verschleiß unterliegen und deshalb von mehreren Akteuren gleichzeitig und mehrfach genutzt werden können. Dies eröffnet zugleich eine hohe Skalierungsfähigkeit von Geschäftsmodellen und deren Organisation über Plattformen.«

Da »Ich« nunmehr digitalisiert werde und dennoch ein dem Verschleiß unterliegendes Opfer von Finger & Ziffer bin, betrachte ich mich von jetzt an als plattformbasierte Organisation von Wertschöpfungsketten. Der Kauf von Schallplatten und deren Abspielen mittels Plattenspieler passen vermutlich nur bedingt in dieses System zur Vernetzung der realen Welt. Um meiner fleischlichen und geistigen Digitalisierung näherzukommen, habe ich inzwischen das dauerhafte »Kaminfeuer« eines Senders auf meinem digital gesteuerten Fernseher gespeichert. So kann ich mir jederzeit zu flackernden Flammen und knisternden Holzscheiten Country-Songs von Vinylscheiben anhören. Würde ich mir dazu noch eine Flasche Bourbon und eine Cohiba reinziehen, wäre das zwar ein Problem für meinen Kehlkopf und die Rauchmelder. Aber eine völlig neue Wertschöpfungskette in heimischer Mietwohnungskulisse.

Es gibt nicht den geringsten Grund, sich über die Digitalisierung lustig zu machen, so wenig wie über jede andere Revolution seit 1789. Nur aus Gründen der Realsatire muss ich noch mal die Online-Poesie aus dem Wirtschaftsministerium zitieren: »Die Digitalisierung begegnet uns überall – und hat die Art, wie wir arbeiten und leben, stark verändert. Videokonferenzen sind in vielen Berufen längst üblich, Menschen bestellen Lebensmittel immer mehr online, Urlaub buchen sie zunehmend im Internet.«

Anscheinend aber bestellen Menschen nicht nur Lebensmittel und Urlaubsreisen online, sondern jeden Dreck, den kein Mensch braucht. Womöglich ist das die Ursache, warum ich wochenlang keine Post geliefert bekomme – und Mitte November einen Brief erhalte, der Anfang Oktober abgeschickt wurde. Und erst neulich hat mich wieder meine Bank angerufen, ob ich umgezogen sei: Ein Brief sei als »unzustellbar« zurückgekommen. Damit klar ist: Der Brief enthielt weder eine Mahnung noch eine Drohung. Ich bin nicht abgetaucht, sondern sitze nach wie vor in derselben Bude vor demselben digitalen Kaminfeuer und höre dieselben Lieder. Und an meinem Briefkasten steht in gut lesbaren Buchstaben mein in unserem Landstrich nicht ganz ungewöhnlicher Name.

Mag sein: Ich schwelge in Privatproblemen, die auch mit einer Beschwerde bei der Post nicht zu lösen waren. Ein Postbote, den ich als Gewerkschafter kenne, hat mir erzählt, dass er und seine Kollegen schon lange völlig überlastet seien, weil ihre Zustellbezirke immer größer würden. Als digitalisiertes Ich darf ich guten Gewissens sagen: Bei dieser Angelegenheit geht es nicht mehr nur um ein Einzelschicksal namens Bauer. Es wird Nacht und düster: allenthalben mehr Arbeit, weniger Geld.

Dennoch habe ich Hemmungen, angesichts der Weltlage und der leibhaftigen Boten des Postfaschismus meine Briefverkehrsstörungen in meine digitalisierte Schreibmaschine zu tippen. Aber was willst du machen, wenn du deinem digitalisierten Ich begegnet bist.

Dieser Tage habe ich mir nach einer etwas deprimierenden abendlichen Ausscheidung aus den Därmen unserer Bahnhofsruine überlegt, ob es nicht besser wäre, für immer Nachtspaziergänger zu werden. Herumstiefler im lärmenden Licht der Finsternis. Falls ja, muss mir klar sein, dass der Nachtschwärmer nicht von der Nacht schwärmt. Vielmehr wendet er sich aufgrund einer altersbedingten Neigung der Dunkelheit zu, der verlockenden Schwester des Tageslichts. Und geht in ihr verloren.

Die Nacht ist ein Mythos, und beim Aufschreiben ihrer Reize sollte man ihr nicht auf den Leim gehen, am allerwenigsten nachts. Quentin Tarantinos Lieblingsautor

Charles Willeford hat einmal gesagt: »Falls du nachts eine gute Idee hast, steh nicht auf und schreib sie auf. Wenn du das tust und es dann am nächsten Morgen liest, wird es wie etwas aussehen, das du mitten in der Nacht aufgeschrieben hast.«

Diese Tagebuchzeilen hier, das schwöre ich, habe ich nicht in der Nacht geschrieben. Ich habe sie an einem Morgen getippt, nachdem ich nachts wieder mal auf keine Idee kam, welchen Sinn der nächste Tag noch haben könnte.

Balls und Bälle

Als Spaziergänger kommst du um nichts herum, und dein bester Scout ist der Zufall. Ich bin mir fast sicher, in meinen Kolumnen noch nie den Männerverein erwähnt zu haben: eine tagediebische Vereinigung, die mir die Ehre erwiesen hat, mich einzugliedern. Dafür missachtete ich sogar Groucho Marx, der bekanntlich die Welt gewarnt hat: »Ich will keinem Club angehören, der mich als Mitglied aufnimmt.«

In Wahrheit ist unser Männerverein kein Verein, sondern ein loser Haufen fünf hektischer Zeitverschwendungshalunken, die sich seit Sommer 2015 immer dienstags um zwölf Uhr mittags zum Essen treffen, spontan in einem Lokal, in dem wir schon lange nicht mehr oder noch nie waren. Zu unseren Etablissements gehören vorwiegend solche, die neu eröffnet wurden oder unter neuer Leitung stehen. In aller Regel ist es der Zufall, der uns führt. Irgendeiner hat was mitbekommen und per WhatsApp den Stellungsbefehl verschickt.

Zu unserem Quintett gehören ein Gastwirt, ein Kiosk-Betreiber, ein IT-erfahrener Privatier, ein Medien-Ingenieur und unsereiner. Aus Gründen der Diskretion nenne ich keine Namen. Angesichts der politischen Entwicklung im Genderbereich ist hin und wieder auch mal ein Nicht-Mann, gegebenenfalls eine Frau, auf freundliche Einladung und bei freiem Geleit an unserem Tisch.

Unsere Highnoon-Aktionen verfolgen keinen anderen Zweck, als dienstags irgendwo in Stuttgart einen Mittagstisch zu besetzen. Gaststätten-Kategorien spielen keine Rolle. Wir operieren klassenlos. Es wäre falsch, sich unsere Sitzungen als Stammtisch vorzustellen. Unser Ritual wird durchgezogen, als hätten wir streng getaktete Mittagspausen und würden anschließend von einer Stechuhr zur Arbeit erwartet. Es bleibt kaum Zeit für gegenseitige Beleidigungen. Wir sind Eintagsfliegen im Kneipenleben.

Nach dem Sinn unserer Never-ending-Tour zu fragen, wäre Unsinn. Wir führen nichts im Schilde und stehen bei keiner Testesser-Gazette unter Vertrag. Wir verköstigen und verdauen als freie Männer. Allerdings ist es schon einige Male vorgekommen, dass uns der Magen-Darm-Trakt nach dem Verzehr der Dienstagsspeise auf dem Heimweg die Grenzen der Bewegungsfreiheit aufgezeigt hat. Auf diese Weise sammeln wir auch einschlägige Erfahrungen im Toilettenspektrum der Stadt. Fällt mir ein, dass ich neulich in einer Vitrine in der Theodor-Heuss-Straße die Reklamebotschaft eines Finanzunternehmens las: »Mach Dein großes Geschäft auf dem Sofa.« Man nennt diese Art Verrichtung Kapitalismus.

Tatsache ist, dass auf unserer Gaststätten-Liste, die digital von unserem vereinseigenen Medien-Ingenieur geführt wird, schon mehr als 260 besuchte Gaststätten stehen. An die meisten davon kann ich mich nicht mehr erinnern. Wir alle sind, wie Wiglaf Droste gesagt hat, »Fressgeneralisten«. Wir schlucken alles. Kalte chinesische Hühnerfüße und lauwarme deutsche Hot Dogs. Wir ernähren uns auch vegetarisch und vegan, sind also keine Umweltsäue.

Für mich ist das Stelldichein zum Zwölf-Uhr-Schmaus fruchtbar, da ich als Herumgeher immer wieder die Umgebung unseres Gastro-Ziels für eine Kolumne ausschlachten kann. Neulich etwa trafen wir uns in der Hauffstraße in der Kantine des Amtsgerichts. Diese Küche beschränkt sich nicht auf die Ausgabe von Henkersmahlzeiten, sie ist öffentlich zugänglich und nicht zwingend tödlich. Meinen anschließenden Verdauungsspaziergang startete ich in der benachbarten Neckarstraße im Osten, um später in einer Kolumne auf den 90. Jahrestag des legendären Kabelattentats in dieser Ecke hinzuweisen: Am 15. Februar 1933 hackten Widerstandskämpfer bei Hitlers Stuttgarter Rede das Sendekabel des Rundfunks mit einem Beil durch. Warum komme ich darauf zurück?

Unser nächster Küchendienst lenkte uns in das afrikanische Restaurant »Patacon Obi« in der Eierstraße am Erwin-Schoettle-Platz im Süden. Die Eierstraße führt ins legendäre Arbeiterviertel Eiernest. Und in dieser bis heute gut erhaltenen Siedlung erfolgte, so steht es im Buch »Stuttgart zu Fuß«, »die politische Auswertung« der KPD-Aktion in der Neckarstraße. In der Wohnung des Naturfreunde-Mitglieds Karl Maier wurde nach dem Kabelattentat das Flugblatt gefertigt: »Wir Antifaschisten haben Hitler das Wort entzogen!« Anderntags wurde ganz Stuttgart über dieses Heldenstück informiert. An meiner kleinen Nachspeise mag man erkennen, dass der Dienstagstisch nicht nur fünf Großmäuler füttert. Er wirft durchaus nahrhafte Brosamen aus unserer Geschichte ab.

Der Name Eierstraße weist übrigens nicht auf freilaufende Hühner hin, er hat etwas mit früheren Vogel-, womöglich Adlereiern in der Gegend zu tun. Ginge es nach mir, würde ich die Eierstraße einem großen lebenden Stuttgarter widmen. Einem echten Kerl mit *balls*, einem wie dem amtierenden Oberbürgermeister. Neulich hat er auf Facebook seine »große Vorfreude« auf die EM-Spiele 2024 in Stuttgart verkündet: »500 Tage vor dem Start der Fußball-Europameisterschaft überreichen wir unseren Sportvereinen und Schulen 500 Fußbälle.«

Eine gute Aktion, vor allem für die Schulen. Aufgrund

mangelnder Sportlehrer, Turnhallen und Spielfelder kann jetzt das Kopfballspiel im Klassenzimmer trainiert werden. Nachgewiesene Hirnschäden vom Köpfen spielen heute dank Künstlicher Intelligenz keine Rolle mehr: Hausaufgaben und ähnliche Herausforderungen im maroden deutschen Bildungssystem übernimmt ohnehin ChatGPT.

Nur Stuttgarts OB, der bestbezahlte Azubi aller Zeiten, arbeitet weiterhin hartnäckig mit körpereigener Hirnleistung, auch Intelligenz genannt. Und das geht so: »Wie schon bei der Fußball-WM 2006«, verlautbart er erregt auf Facebook, gelte bald wieder »der legendäre Spruch«: »Stuttgart ist viel schöner als Berlin.« Mit dieser Dorfhymne hat er die Kugel aus der Tiefe des Abstellraumes des Rathauses aber noch nicht in vollem Umfang eingenetzt. Nopper dribbelt lyrisch weiter: »Und mit einem Augenzwinkern sage ich: »Jedes Gruppenspiel in Stuttgart ist viel schöner als das Endspiel in Berlin!‹« (Das hab ich nicht erfunden.)

Offen ist, was mit »Augenzwinkern« gemeint sein könnte. Womöglich die Folge der hirnerschütterndsten Stöße seit den großen Tagen des Kopfballungeheuers Horst Hrubesch. Die famose Dichterzeile »Jedes Gruppenspiel in Stuttgart ist viel schöner als das Endspiel in Berlin« könnte allerdings auch als Anlass für eine künftige KI-Pflicht für alle OB-Äußerungen bewertet werden. Es wäre dann vor deren Ausscheidung davon befreit, die Weisheit mit Löffeln zu fressen.

In der Neckarstraße habe ich übrigens ein Lokal entdeckt, das noch Spiegeleier mit Spinat und Bratkartoffeln serviert. Ich werde meinen Männerverein bitten, diese vom Aussterben bedrohte Rarität in der heimischen Gourmet-Landschaft mit mir zu testen. Bei dieser Gelegenheit werden wir schöner singen als Klaus & Klaus: »Klingelingeling,

Klingelingeling / Hier kommt der Eiermann / Klingelingeling / Kommen Sie alle, alle an die Eier ran / Das sind die allerdicksten Dotter, die man jemals sah / Unsre Eier die sind Güteklasse A …«

Copenhagen

Einmal im Leben wollte ich etwas aufschreiben ohne Rücksicht darauf, ob die Sache ein Schwein interessiert außer mir. Die ganze Geschichte hatte ich nur erlebt, weil ich zur Befriedigung meiner Neugier auf Google verzichtete. Und jetzt erscheint mir mein Herumtorkeln zwischen Schallplatten und Romanen, von dem ich berichte, als krächzte ich mitten in der Schmierseifenoper des Stuttgarter OB-Wahlkampfs eine Ballade der Selbstbefriedigung ins Leere.

Es war mir peinlich, im Zigarrengeschäft Wolsdorff eine Plastikschachtel Schnupftabak mit Aprikosennote zu kaufen und dann nach Kautabak zu fragen, nur weil ich wissen wollte, ob es Kautabak überhaupt noch gibt. Klar gibt es noch Kautabak, sagte die Verkäuferin, neuerdings sogar wieder ziemlich viel. Immer mehr junge Leute kauften Kautabak. Anscheinend hat sich der Rauch, der verboten wurde und sich verzogen hat, in einen Priem verwandelt.

Grund für meinen Besuch im Zigarrenladen war nicht etwa eine wiederaufflammende Sucht nach Nikotin. Die habe ich schon lange besiegt. Vielmehr hatte mich meine Begegnung mit einem Schriftsteller, Sänger und Musiker aus Nevada dazu gebracht. Erstmals hörte ich von ihm in der Arte-Dokumentation »Stars gegen Trump«, ohne gleich zu begreifen, was mir zuvor entgangen war. Der Mann gefiel mir, seine Musik gefiel mir, rasch notierte ich seinen Namen. Irgendwann aber warf ich den Zettel versehentlich weg und vergaß den Mann.

Wochen später landete ich beim Zappen im selben Dokumentarfilm. Die Wiederholung war nicht langweilig.

Trump regierte noch immer und noch schlimmer. Diesmal steckte ich den Zettel mit dem Namen des singenden Trump-Gegners aus Nevada in meine Hosentasche und bat meinen Plattenhändler, mir eine Scheibe von Willy Vlautin zu besorgen. Der Plattenhändler ermittelte unter diesem Namen nur ein einziges Album: »Northline«.

Tage später legte ich die LP auf und hörte bewegende Folk- und Countrystücke, seltsamerweise aber alle instrumental. Im Innern der Hülle stieß ich dann auf Willy Vlautins Botschaft: Diese Musik habe er während der Arbeit an seinem Roman »Northline« geschrieben und hoffe, dass sie die Stimmung des Buchs spiegle. Bei meiner Buchhändlerin erfuhr ich, dass »Northline« vergriffen war. Damit konnte die Geschichte aber nicht beendet sein.

Ich bestellte mir Willy Vlautins vorrätige Romane »Motel Life« sowie »Ein feiner Typ«. Und aus sportlichen Gründen verzichtete ich weiterhin, in der Sache Willy Vlautin online zu ermitteln. Scheiß auf Google. Stattdessen ließ ich mir von einem seriösen Internetvertrieb für ein paar Euro »Northline« schicken. Der Klappentext klärte mich auf: Willy Vlautin ist Sänger und Songschreiber der Folkrockband Richmond Fontaine und hat mit seinem Romandebüt »Motel Life« einen internationalen Erfolg gefeiert. Die ganze Welt schien Willy Vlautin zu kennen. Nur ich nicht.

Wieder ging ich zum Plattenhändler, um mir aufs Geratewohl zwei Alben von Richmond Fontaine zu ordern. Als ich Tage später zuerst die LP »Don’t Skip Out On Me« auflegte, staunte ich nicht schlecht: Auch diesmal waren nur Instrumentalstücke zu hören. Willy, sagte ich, du scheinst mir ein seltsamer Sänger zu sein. Einer, der nicht singt. Erst bei näherem Hinsehen fiel mir auf, dass er auch diesmal, auf der Rückseite des Covers, auf den Soundtrack zu seinem gleichnamigen Roman hinwies. Okay, Willy, sagte ich, schone meinetwegen deine Stimme, zum Glück habe ich ja eine weitere Scheibe, nämlich die mit dem unschlagbaren Titel »You Can't Go Back If There's Nothing To Go Back To«. Auf diesem Album ist auf jeder Nummer ein Sänger zu hören, und dessen stilvoll angeraute Stimme gehört zweifelsfrei Willy Vlautin.

Noch mal okay, sagte ich, viele Amerikaner brauchen mehrere Jobs zum Überleben. Dann nahm ich mir seinen Roman »Ein feiner Typ« vor. Diese Geschichte von einem alternden Farmer und einem jungen Mann, der in die Stadt geht, um Profiboxer zu werden, begeisterte mich von Seite zu Seite mehr. Eines der Bücher, von denen man nicht genug kriegt. Es geht um Freundschaft, ums Verlieren, um den Abschied vom amerikanischen Traum und um den letzten Rest einer Hoffnung auf Amerika.

Willy Vlautins Art zu schreiben traf mich in der Seele. Wer schon hat noch Hoffnung, und warum hatte ich nie von diesem Mann gehört? Einige seiner Figuren schien ich aus Spelunken zu kennen, in denen ich früher getrunken und kettengeraucht hatte. Die Straßen der Stadt, in denen sich seine Verlierer bewegen, konnte ich beim Lesen riechen. Seit Georges Simenon ist es kein Geheimnis, dass ganze Romane aus dem Geheimnis von Gerüchen entstehen. Die Straßen in Vlautins Buch riechen nach Dosenbier, Knockouts und der Hoffnung, noch einmal aufzustehen.

Erst als ich »Ein feiner Typ« ausgelesen hatte, stellte ich fest, dass der Roman im Original »Don't skip out on me« heißt. Der Soundtrack zum Roman stand also aus purem Zufall bereits in meinem Regal. Ich legte die Scheibe auf und erlebte wieder etwas Merkwürdiges: Die Erzählkunst des Romans lieferte scharfe Bilder für das Kopfkino, während mich die Musik zu diesem Film buchstäblich einhüllte. Der Sound der Platte vermischte sich mit dem Sound der Buchs, und die Rhythmen stimmten so sehr überein, dass sie den Takt meines Herzschlags steuerten. Das war Swing. Die Worte tanzten.

Erst nach diesem Trip fiel mein Blick auf den Klappentext des Buchs. Und jetzt zweifelte ich an meinem Verstand. »Willy Vlautin, geboren 1967 in Reno, Nevada, ist Sänger und Songschreiber der Folkrockband The Delines«.

Jetzt pass mal gut auf, Willy fuckin' Vlautin, sagte ich, ich lasse mich von dir nicht länger verarschen. Seit Jahren schon habe ich eine Platte exakt dieser Delines im Regal, eine LP mit dem Titel »Colfax« voller hinreißender Country-Songs. Auf dieser Platte aber singt nicht Mr. Willy Vlautin, sondern Mrs. Amy Boone. Und Amy Boone ist, selbst mit Rücksicht auf alle offenen Grenzen der Gender-Debatte, eine Frau mit entsprechender Stimme.

Ich zog »Colfax« aus meinem Regal, und wieder stieß ich erst im Innern der Hülle auf die Wahrheit: Alle Songs des Albums stammen von Willy Vlautin (dem neben »Guitars« auch »Vocals« zugeordnet werden; er hat etwas Hintergrundgesang beigesteuert). Kaum erwähnenswert, dass ich mir postwendend ein neues Album der Delines zulegte: »Scenic Sessions« mit Amy Boone als Leadsängerin und Willy Vlautin als Songwriter, Gitarrist und Sänger.

Okay, Willy, sagte ich, ich kann dich nicht für meinen Zustand verantwortlich machen. Du bist Songschreiber, Musiker und Romanautor von Beruf, nicht Klappentexter deines Verlags. Im Grunde aber war ich froh über meine Sprünge zwischen Platten und Büchern. Nach und nach hatte mich die Erregung des Schnüfflers erfasst – voller Genugtuung, die Google-Suchmaschine gemieden und mir deshalb ein paar musikalische und literarische Haken eingefangen zu haben. Die üblichen digitalen Schnellschüsse beim Googeln hätten diesen Trip verhindert. Ich hatte Willy Vlautin im Unterbewusstsein gesucht und ihn in einem Papier- und Vinyl-Labyrinth gefunden. That's magic.

Ich begann den Roman »Motel Life« zu lesen, der mit Emile Hirsch, Dakota Fanning und Stephen Dorff verfilmt worden war. »Motel Life« ist die schmerzend schöne Loser-Geschichte zweier Brüder, die im Jahr, als Evander Holyfield den Favoriten Mike Tyson in Nevada durch technischen K. o. besiegt, nur selten etwas gewinnen. Einmal beklagt einer der Brüder, keinen einzigen Krümel Copenhagen mehr zu haben. Copenhagen, sein Lieblingskautabak, beruhige die Nerven.

Und dann unterhalten sie sich über den Film »Der Texaner«, einen Western voller skurriler Menschen, in dem Clint Eastwood eine Menge Tabak kaut, aber anscheinend nicht so cool wie im richtigen Leben, wo man sich die Zähne damit versaut: »Filmstars, die machen so einen Scheiß nicht. Die nehmen Privatstunden, da bringt ihnen dann einer bei, wie man kaut ...«

Da ich Kautabak für eine Sauerei halte, weil wir kaum noch über Spucknäpfe verfügen und ich das Zeug nicht schlucken will, habe ich bei Wolsdorff nach Schnupftabak gefragt. Die Auswahl war klein, schließlich habe ich mich, man ahnt es, für eine Aprikosennote entschieden und mir wenig später bei einer Tasse Kaffee eine Prise in mein rechtes Nasenloch gezogen. Es prickelte, ich musste niesen und kam mir vor wie ein Countrystar, der Romane schreibt.

Auf der Dose steht, Schnupftabak schädige die Gesundheit und mache süchtig. Aber das hielt mich nicht davon ab, mir umgehend per Taschentelefon eine ausgesprochen schöne Dose Schnupftabak von Copenhagen in den USA zu bestellen.

Ich habe nicht vor, der Schnupfsucht zu verfallen. Ich muss mich auch weiterhin auf meinen Riecher verlassen können. Falls ich aber morgen Songs von Willy Vlautin auflege und dazu in einem seiner Bücher lese, werde ich mir ein Häufchen dieses gottverdammten Copenhagen reinziehen. Das Zeug schmeckt wie das Leder eines Sattels, und es beruhigt die Nerven, wenn Willy Vlautins hoffnungsvolle Helden sich schlafen legen und nie mehr aus ihrem amerikanischen Albtraum erwachen. Womöglich aber stirbt diese ganze Geschichte mit mir allein.

Wie ein Wahnsinniger

Ich habe es wieder getan. Bin abgehauen im Glauben, ich könnte diesem ganzen Um-mich-herum entkommen – und damit auch dem Kerl, der mir kaum weniger lästig ist. Dieses Unterfangen nennt man Flucht vor sich selbst. Jetzt sitze ich mit einem Laptop an einem Tisch und schaue durchs Fenster auf ein Bahngleis. Es liegt direkt hinter dem Garten meiner gemieteten Ferienwohnung. Wenn ich Lust bekäme, einen vorbeifahrenden Zug mit Steinen zu bewerfen, könnte ich ihn problemlos aus der Spur schießen.

Nicht nötig. Die hautnah vorbeirollende Eisenbahn hört man kaum. Als ich in den Fünfzigerjahren in einem heruntergekommenen Dorfbahnhof aufgewachsen bin, schepperte jedes Mal das Geschirr in den Schränken, wenn ein Zug vorbeidonnerte. Diese Geräusche erwärmten mich dennoch wie später Countrysongs: Züge ermuntern dich, alles hinter dir zu lassen. So wirst du ein Railroad Man.

Wenn ich heute Schienen vor dem Fenster sehe, erinnere ich mich nicht nur an die längst abgerissene Bahnstation. Bilder aus Woody Allens Film »Sweet and Lowdown« werden wach. Sean Penn spielt den Jazzmusiker Emmet Ray, den dummerweise nur zweitbesten Gitarristen hinter Django Reinhardt. Er hat die Macke, mit seinen Angebeteten zu Bahndämmen zu fahren, um Züge zu beobachten. Das ist sein liebstes Hobby neben dem Rattenschießen auf Müllkippen.

In Ostfriesland, wo ich gerade diese Zeilen tippe, sind Ratten für mich undenkbar. Die Rasen rund um die kleinen Backsteinhäuser wurden mit Nagelscheren gestutzt, die

Menschen grüßen sehr freundlich und wählen, das hat man mir auf dem Marktplatz bei einer Erbsensuppe erzählt, mehrheitlich SPD. Früher übrigens noch viel mehr als heute, da die Sozen das 160-jährige Bestehen ihrer Partei feiern. 1863 gab es schon die Eisenbahn und leider auch gute Pistolen, weshalb der SPD-Urvater Ferdinand Lassalle im August 1864 bei einem Duell tödlich im Unterleib getroffen wurde. Dieses Männerritual hatte wegen einer Frauensache stattgefunden. Es wäre besser gewesen, der tapfere Ferdinand, erst 39 Jahre alt, hätte Zügen hinterhergeschaut und auf Ratten geschossen. Dann wäre die SPD heute womöglich eine sozialdemokratische Partei.

Gegenüber dem Vordereingang des Ferienhauses liegt ein Friedhof, mit Ostfrieslands ältestem jüdischen Totenacker aus dem 16. Jahrhundert. Eine Hinweistafel für das »Mahnmal für die ermordeten Juden des Norderlandes« war das Erste, was ich nach meiner Ankunft am Ende der Welt wahrnahm und mit meinem Taschentelefon knipste. Ich erwähne das nicht, um irgendeine besondere Sensibilität vorzutäuschen. Vielmehr als Beweis für die Unmöglichkeit, mit einer Fahrt in die Weite des Nichts meine Hirnspeicher lahmzulegen.

Im Zug von Stuttgart Richtung Norden hatte ich wieder mal in Fred Uhlmans Buch »Erinnerungen eines Stuttgarter Juden« gelesen. 1960 in London unter dem Titel »The Making of an Englishman« veröffentlicht, wurde es trotz seines Erfolgs erst 1992 mithilfe des Stuttgarter Stadtarchivs ins Deutsche übersetzt. Neulich habe ich zufällig ein vergessenes Exemplar im Schaufenster einer Buchhandlung gesehen und es mir gesichert. Immer wieder habe ich mich mit dem Maler und Schriftsteller Fred Uhlman (1901 bis 1985) beschäftigt, etwa als sein Buch »Reunion« Ende der Achtziger von Hollywood-Regisseur Jerry Schatzberg mit Jason Robards in der Hauptrolle verfilmt wurde. Gedreht wurde auch in Stuttgart. In unseren Kinos lief der Film unter dem Titel »Der wiedergefundene Freund«.

Am Stuttgarter Hölderlinplatz, vor dem Haus mit der Gaststätte Alte Wache, liegen heute die Stolpersteine für die ermordete Familie Uhlman. Fred, promovierter Jurist und Sozialdemokrat, konnte dank der Warnung eines anscheinend entarteten Nazi-Richters nach Paris flüchten. Das Wetter in Paris sei schön, ließ der Retter ihm ausrichten. Heute ist der international renommierte Künstler in seiner sogenannten Heimatstadt nicht mehr ganz so unbekannt; die Staatsgalerie etwa hat ihm 2021 eine kleine Ausstellung gewidmet.

Einer, der sich die Dinge dieser Welt beim Spazierengehen auf der Straße zusammenklaubt, findet auch keine Ablenkung, wenn er sich in den hintersten Zipfel der Republik verkriecht. Kaum hatte ich die Friedhofstafel in der kleinen Stadt namens Norden gelesen, griff ich wieder zu besagtem Buch. Nach dem Krieg kam Uhlman aus London für kurze Zeit zurück nach Stuttgart: »Ich ging auf den jüdischen Friedhof und nach langem Suchen fand ich endlich das Grab, zu dem ich wollte: das Grab von Lina Uhlman, geborene Elsas, meiner Großmutter, die so gut zu mir gewesen war. Ich hätte die Gräber meiner Eltern besucht und auch das Grab meiner armen, unglücklichen Schwester, aber ihre Gräber – wenn sie überhaupt ein Grab hatten – waren weit, weit weg; irgendwo zwischen Belsen und Auschwitz.« Er weinte, wie »ich noch niemals zuvor« geweint hatte. »Ich verhielt mich wie ein Wahnsinniger. Ich schrie aus Leibeskräften ›Mord, Mord!‹ über die unbepflanzten, ungepflegten jüdischen Gräber hinweg ...«

Ausgerechnet wenn mir solche Sätze begegnen, finde ich beim Herumspielen auf dem Taschentelefon einen Hinweis nach dem anderen auf die gefährlich erstarkte Rechte im Land. »Die AfD steht so gut da wie seit Langem nicht. Nach zehn Jahren hat sie sich etablieren können und den Diskurs nach rechts verschoben – auch dank Union und Liberalen«, schreibt *Der Spiegel*. Die faschistischen Kräfte werden auch bei uns immer stärker, und da geht es nicht nur um die erschreckenden Umfragewerte einer Partei. In Wahrheit ist dieser auch in Kreisen der »Mitte« akzeptierte braune Haufen der parlamentarische Arm von Nazis. Bestens darin geübt, die Geschichte zu verleugnen. Viele in der herrschenden Politik machen sich anscheinend nichts aus den Zügen, die mit Menschen in die Hölle fuhren. Sie schielen nach rechts in der idiotischen Hoffnung auf Stimmen.

Auch kleine Fluchten machen mir im politischen Chaos ein schlechtes Gewissen, aber der Wind von Ostfriesland tut mir gut. Ein Segen nach all den Tagen in der Stuttgarter Kloake, wo die Luft schon mies war, bevor zur staatlichen Terrorjagd auf Klima-Aktivist:innen geblasen wurde. Jedenfalls atmete ich auf, als ich zwei Tage nach meiner Ankunft mit einem fetten Schnupfen erstmals diese feine würzige Mischung auf dem Weg zum Nordseedeich riechen konnte: Gülle & Fisch. Sofort ging es aufwärts, auch wenn das im Flachland eher schwierig erscheint.

Gehst du in Ostfriesland in eine Buchhandlung, wunderst du dich, warum sich da draußen überhaupt noch Menschen bewegen. Überall liegen so viele Bücher herum, die von Gemeuchelten und Bullen erzählen, dass die meisten Gemeinden in der Gegend eigentlich nur noch aus abgesperrten Tatorten und Leichenboxen bestehen dürften. Bei näherem Hinsehen stellt sich heraus, dass der ganze Horror zum Großteil von einem Autor stammt. Der heißt Klaus-Peter Wolf, ist ein Eindringling mit Migrationshintergrund Ruhrgebiet und sorgt dafür, dass du in jeder Ostfriesenritze Verwesung riechst. TV-Sender unterstützen ihn dabei kräftig. Und wenn dir irgendwo eine Frau begegnet, ist es ganz sicher Ann Kathrin Klaasen, seine Kommissarin, die zwischen Pümmelwurst und Krabben in den Köpfen herumspukt. Das Killergeschäft mit Millionenauflagen funktioniert dank eines der deppertsten Reime der Literaturgeschichte: Norden / Morden.

Und wieder mal bin ich sehr ungerecht, denn keinen einzigen dieser Ostfriesen-Krimis habe ich gelesen oder gesehen. Wenn du Züge beobachtest, hast du keinen Blick mehr für Kommissarinnen. Du erlebst den Horror der Deutschen Bahn.

Für Heinz

Heinz Frank aus Stuttgart-Obertürkheim, ein Kulturmäzen und großzügiger Unterstützer in allen Lagen, starb am 21. März 2024 mit 79 Jahren. Die Kleinkunstbühne Stuttgart organisierte einen Erinnerungsabend mit Live-Musik und Wortbeiträgen – darunter meine Abschiedsrede:

Willkommen liebe Gäste,

es ist gut und wichtig, dass wir hier zusammen sind, bei unserem Erinnerungsabend für Heinz, gestorben mit 79 Jahren. Erinnern bedeutet nicht, in die Vergangenheit zu schauen, erinnern heißt: sich etwas vergegenwärtigen. Das gilt besonders für die Gedanken an einen Menschen, der für immer gegangen ist. Der sich am Telefon nicht mehr wie Heinz mit der unverwechselbaren Begrüßung melden wird: *Ond?* Zu Deutsch etwa: Wie geht's? Wie ist die Lage?

Viele haben ein merkwürdiges, ein bequemes Verhältnis zur Vergangenheit, wenn sie denken: Etwas ist vorbei, also ist es abgeschlossen. Für immer. Aber Vergangenheit wirkt hinein in die Gegenwart. Etwas ist, weil etwas war.

Wenn ein Mensch gestorben ist, dem man nahestand, ist er nicht einfach weg. Wir haben ihn an Orten getroffen, die weiterhin existieren, die mit ihm verbunden sind. Das sind Räume, in denen wir heute sind und auch morgen noch sein werden. Er war ein Teil unseres Lebens, unserer Geschichte – er bleibt in unserem Bewusstsein.

Bevor ich diese Zeilen aufgeschrieben habe, hatte ich mich mit Heinz' Partnerin Shahla im Westen der Stadt getroffen, zum Reden. Auf meinem Spaziergang zurück nach

Hause Richtung Osten landete ich ohne Absicht am Hoppenlaufriedhof. Es war schönes Wetter, ich ging hinein und stand vor Jahrhunderte alten Gräbern. Und ich sagte mir: Siehst du, da ist noch was. Hier ruhen welche aus der Vergangenheit, die den Lebenden noch was zu sagen haben.

Heinz war einer, der uns beeindrucken konnte, auf unterschiedlichste Weise. Manchmal, weil er genau dann da war, wenn wir ihn brauchten – und er genau das tat, was getan werden musste. Manchmal, weil er zu einem Treffen leicht verspätet kam, mit wehenden Haaren und mit einem einige Zentimeter zu deutlich aus dem Hosenbund heraushängendem Hemd.

Einem bodenständigen Menschen wie Heinz, der wegen seines Dialekts weltweit als Obertürkheimer identifiziert wurde, hängt man gern das Etikett »Original« an. Das wäre billig. Er war viel mehr ein Unikat, ein durch und durch menschliches Unikat, und wenn ich jetzt sage, dass ich ihn hier in diesem Raum wahrnehmen kann, dann nicht deshalb, weil ich zur Geisterbeschwörung oder Esoterik neige. Wenn ich gelegentlich hier auf der Rosenaubühne saß, um in einer kleinen Show etwas vorzutragen, saß Heinz dort hinten links. Wenn er am Abend vom vielen Arbeiten noch nicht zu müde war, hob er kurz den Daumen. Dieses Bild wird bleiben. Und als ich neulich wieder im B-Block der Stuttgarter Kickers stand und kurz vor Schluss das Siegtor fiel, griff ich ganz automatisch nach meinem Taschentelefon, um Heinz wie gewünscht per SMS den Treffer zu melden. Dann fiel mir ein, dass er tot war. Noch ein Jahr zuvor hatte ich ihn nicht per Handy benachrichtigen müssen. Da stand er neben mir und sagte, dass es schwer werde mit dem Aufstieg. Zum Glück war er nicht fanatisch oder aufstiegssüchtig. Er wusste, dass auch im richtigen Leben nur die allerwenigsten in der

Champions League spielen. Mit etwas Klassenbewusstsein ist auch die fünfte Liga keine Schande und jedes Spiel eine ernsthafte Sache, die man mit Humor nehmen muss.

Heinz und ich trafen uns über viele Jahre hinweg fast jeden Freitagabend um sechs im Brunnenwirt im Leonhardsviertel. Dieses rustikale Lokal mit seiner schillernden Vergangenheit bietet gute, reelle schwäbische Kost. Dort hatten wir unsere Ruhe, hier verkehren höchst selten Menschen aus der Kulturbetriebs- oder Halbpromi-Blase. Unseren Freitagstermin nannten wir scherzhaft »Krisensitzung«. Die wirklichen Krisen häuften sich im Lauf der Zeit. Die persönlichen, vor allem aber die politischen. Und Heinz konnte sehr zornig werden auf eine Sparte von Zeitgenossen, die er stets mit dem soziologischen Terminus *Jodler* bedachte: Er meinte damit jene Sorte von Managern, Politikern und Wichtigtuern, die eine Menge zu sagen haben, ohne etwas zu wissen.

Heinz war ein durchaus politischer Mensch. Regelmäßig ließ er sich über geplante Aktionen informieren, etwa über Demos gegen Rechte oder Kundgebungen für Geflüchtete. Er nahm daran teil und half auch mal aus, wenn Aktivisten das Kleingeld fehlte. Berührungsängste kannte er nicht. Vor allem beim Thema Rassismus konnte er fuchsteufelswild werden. Er hasste Vorurteile, Vorurteile von Menschen, die keine Ahnung haben von den Menschen, gegen die sie hetzen. Heinz war ein Gerechtigkeitsmensch, womöglich wäre er ein SPDler gewesen, wenn es in der SPD noch Sozialdemokraten gegeben hätte.

Unser Freitagsabendmahl mit paniertem Fisch und Kartoffelsalat dauerten nie lange. Meist musste Heinz noch in eine Vorstellung, ins Schauspielhaus, ins Opernhaus und selbstverständlich ständig ins Theaterhaus. Einen ganz entscheidenden Teil seines Lebens widmete er dem Theaterhaus. Seit Mitte der Neunziger war er regelmäßiger Gast in Wangen, später im neuen Haus auf der Prag. Von Beruf war er Unternehmer, er leitete die Firma Imak, spezialisiert auf Hydraulik. Hydraulik ist die Lehre vom Strömungsverhalten der Flüssigkeiten. In der Technik wird darunter die Verwendung von Flüssigkeit zur Signal-, Kraft- und Energieübertragung verstanden. Und dieses Ritual muss man sich symbolisch beim Einsatz von Heinz für das Theaterhaus vorstellen: Da gab es eine Menge Signal-, Kraft- und Energieübertragung. Die diversen Flüssigkeiten am Tisch Eins fürs Personal in der Theaterhaus-Gastro dagegen spielten eine eher untergeordnete Rolle. Heinz war ein Workaholic. Er hatte keine Zeit für Ausfälle. Er stand um fünf auf, um zu arbeiten. Tag für Tag. Ein Getriebener. Einer, der alles gab.

Gudrun und Werner Schretzmeier, ohne die es in Stuttgart kein Theaterhaus gäbe, haben mir dankenswerterweise einige Erinnerungen aufgeschrieben. Beispielsweise die: »Am Tisch eins, der auch scherzhaft Tisch Heinz hieß, tauchte Heinz fast täglich abends auf. Und es gab viele Besuche bei anderen Theatern. Dort erlebten wir zusammen Theater, Tanz, Musik, Circus. Viele dieser Strecken fuhren wir mit seinem Auto. Nach Frankfurt in den Mouson-Turm und in die Alte Oper. Nach München ins Gasteig, in die Schauburg oder zum Tollwut-Festival. Nach Zürich zum Theaterspektakel, und immer hinterher zurück nach Stuttgart, mit manchen Blitzer-Protokollen, die Wochen später in seinem Briefkasten lagen.«

Werner und Heinz waren Manegenbrüder, und das zunächst ganz ohne Theater. Heinz hatte einst bei den Kickers Fußball und in Obertürkheim Handball gespielt. Und Werner in Schorndorf ebenfalls Handball **und** Fußball. Vor diesem Hochleistungshintergrund begann eine Männerfreundschaft, es lief ein langer Buddy-Film unter dem Titel: Zwei glorreiche Halunken.

Heinz war ein Bühnenjunkie, am Tisch Eins schloss er viele Freundschaften mit Künstlern und Künstlerinnen. Er brauchte als Geschäftsmann diesen Gegenpol, er wollte etwas Sinnvolles tun. Künstlerische, kulturelle Arbeit, das bedeutet: Aufklärung, Bildung, Internationalität, Widerborstigkeit. Raus aus dem provinziellen Mief. Kunst stellt Fragen, attackiert soziale Verhältnisse, stört kleingeistige Selbstgerechtigkeiten. Kunst schafft Freude, Vergnügen – und reichlich Ärger. Gute Kunst ist niemals langweilig.

Ob Schauspiel, Oper, Jazz, Kabarett – Heinz war überall. Und so war es ein verdammt harter Schlag für ihn, als 2020 sein bester Freund unerwartet mit 80 Jahren starb: Manfred Wursthorn, genannt »Knacke«, Stuttgarts engagiertester Theaterbesucher, ein großer Theaterhaus-Unterstützer – und ständig gemeinsam mit Heinz in der Bühnenwelt unterwegs. Es gab ein geflügeltes Wort unter Intendanten: »Herr Wursthorn ist eingetroffen, die Premiere kann beginnen.«

Im Theaterhaus, wo der Humor eine tragende Rolle spielt, muss viel ernsthafte, harte Arbeit geleistet werden. Heinz unterstützte das Theaterhaus viele Jahre finanziell – und genauso mit der Hand am Arm, wie man in Obertürkheim sagt. Er war ein Macher, ein Schaffer. Unersetzlich wie etwa beim Bau der existenziell wichtigen Theaterhausprobebühnen, die Heinz zusammen mit seinem Freund Django installierte.

Auch mir selber half er gelegentlich, nicht nur beim spontanen Start unserer *Künstler:innensoforthilfe* zu Beginn der Corona-Pandemie, sondern auch beim *Flaneursalon am Fluss*, unseren kleinen Shows im Stuttgarter Hafen, die er sehr mochte. Wenn Heinz mit seinem Lastwagen Stühle vom Theaterhaus für uns ans Neckarufer karren ließ, war es Ehrensache, dass Waldemar Cimander am Steuer saß. Waldemar war in den Achtzigern ein ganz hervorragender Torhüter bei den Kickers in der zweiten Liga, wir nannten ihn »Panther Cimander« – und nach seiner Keeper-Karriere arbeitete er bis über die Rente hinaus bei Heinz. Bei Heinz kamen Menschen zusammen.

Als Heinz krank wurde, als sein Herz im vergangenen Jahr den unermüdlichen körperlichen und geistigen Belastungen nicht mehr gewachsen war, verlegten wir unseren Freitagsabendmahl bei gutem Wetter ins Waldheim Gaisburg, auch als Kommunisten-Waldheim bekannt. Wir saßen hoch über der Stadt im Freien und schauten hinunter ins Tal. Heinz war angeschlagen, und er sagte immer wieder, er habe nur noch einen oder zwei Sommer zu leben. Ich wollte das nicht glauben. Die Wahrheit war bitter. Es gab keinen weiteren Sommer mehr für ihn. Vor drei Wochen ist er im Robert-Bosch-Krankenhaus verstorben. Er bleibt uns gegenwärtig: als liebenswürdiger, kein einfacher Mensch, er war ein kantiger, auch mal leicht verschlurfter Charakter mit Widersprüchen und gewaltiger hydraulischer Energie.

Am Ende will ich noch einmal Gudrun und Werner zitieren, mit schönen Sätzen, die uns trösten: »Wenn wir mit Heinz in irgendeiner Theatervorstellung saßen und er nach wenigen Minuten schlafend in sich ruhte, war in der Regel sein Kommentar: Mit meinem Schlaf mache ich dem Regisseur und den Schauspielern das größte Kompliment, ich vertraue ihnen voll und ganz. Ich kann meine Augen zumachen.«

Heinz, du hast deine Augen zugemacht. Aber eins müssen wir dir noch mit auf den Weg geben, einen Satz von Bert Brecht, den ich zufällig ein paar Tage nach deinem

Abschied gelesen habe: »Der Mensch ist erst wirklich tot, wenn niemand mehr an ihn denkt.«

Und diese Gefahr, Heinz, die kannst du getrost vergessen.

Auf die Straße!

Die Dunkelheit des frühen Abends nimmt unsere Stadt früher in Beschlag als jede andere. Ein verregneter Januartag, ich gehe durch eine Straße, deren Name mich neugierig gemacht hat. Seit 1846 heißt sie Seelbergstraße, benannt nach einer Gegend, in der einst Hungerleider im sogenannten Seelhaus Unterkunft fanden. Im Gegenzug mussten die armen Teufel für die Seelen der reichen Stifter beten.

Im Fall Seelbergstraße könnte man von einer Ladenmeile sprechen, von einer kunterbunten Verlockungsroute, wie man sie nur noch selten findet. In dieser Straße gibt es einen Schuhladen namens Schuh Mann, eine Metzgerei, einen Henpoint-Imbiss mit Federvieh vom Grill, eine Dönerbude mit der zukunftsweisenden Aufschrift »Schnellrestaurant«, ein Geschäft für Brautmode und Maßanfertigungen, einen Fotoladen, einen Kofferladen, ein Nagelstudio (Happy Nails, American Style), eine Bankfiliale, eine Fahrschule, einen Gemüsemarkt, eine Apotheke, einen Computer-Upgrade-Service, ein Toilettenhäuschen. Und kaum zu glauben: Eine Weile drücke ich mir die Nase platt am Schaufenster eines ehrbaren Hutgeschäfts.

In dieser Straße kann es dir leicht passieren, in der Dämmerung so viel Geld zu verjubeln, dass du den Rest deines Lebens in einem Seelhaus für die Betuchten beten musst. Seit jeher bin ich scharf auf Dinge, die die Welt nicht braucht. Zum Glück sind reichlich Menschen unterwegs, die mich vorwärts schieben, die nicht aussehen wie Kartoffeln aus der Ernte des dümmsten Bauern.

Mein Herumgehen in der Hoffnung auf das Irgendwas im Nichts hat naturgemäß ein seelisches Motiv. Man nennt es Melancholie. Neulich erst hat mir eine Freundin Gedichte des amerikanischen Lyrikers Robert Frost mit der Bemerkung geschickt, die müssten mir gefallen. Eins beginnt so: »Ich war so einer, der die Nacht gekannt. / Ich ging im Regen aus, bei Regen heim. / Ich ging am letzten Stadtlicht noch vorbei.« Und manchmal, füge ich hinzu, war auch die letzte Dorfkerze längst erloschen. Deshalb ist mir in Stuttgart nie die Erleuchtung gekommen.

Nach der exquisiten Kleinkrämerstrecke erhebt sich, als wäre der Markt nie gesättigt, ein Einkaufs- und Bürozentrum in den Himmel, eine dieser Glas- und Betonkeulen, die man bei ihrer Eröffnung 2006 vermutlich als »modern« bezeichnet hat wie früher die Plastiktüte. Das Konsummonster steht mitten in Cannstatt, dessen Etikettierung »Bad« durch die Nazis ich hartnäckig ignoriere. Leute, die in brauner Seelenbrühe schwimmen, haben kein Recht auf unser Mineralwasser in der Stadt.

Der Cannstatter Shopping-Komplex heißt »Carré«, ein nicht seltener Name im Immobiliengewerbe. In Stuttgart, das weniger städtisch riecht als Cannstatt, kennen wir das »Kronen Carré«, das »Tübinger Carré«, das »Bülow Carré«. Mich erinnert das an eine Redewendung, die bedauerlicherweise ausgestorben ist. Es war mal guter Brauch, jemandem nachzusagen, er springe im Karree. Wenn du im Karree springst, bist du voll von der Rolle: aufgebracht, zornig, wütend. Sehe ich heute Leute, die außer sich sind, springen sie nicht im Karree, sondern in der Regel wegen einer frischen Delle um ihre Karre herum.

Ein Karree oder Carré ist ein Viereck ohne Anspruch auf Exklusivität. Eine andere Redewendung aus der höheren Geometrie besagt, der Mensch springe vor Wut im Dreieck. Dies hat mit einer Resozialisierungsmethode zu tun, die Friedrich Wilhelm IV. Mitte des 19. Jahrhunderts einführte:

Er ließ in Berlin einen Knast mit lauter Einzelzellen bauen, um Kontakte zwischen den Gefangenen zu verhindern. Statt eines runden Hofs gab es, wohl nach dem Vorbild royaler Tortenstücke, einzelne eckige »Spazierhöfe«, um schlechte gegenseitige Einflüsse erst gar nicht zuzulassen. So kam es regelmäßig vor, dass einer ausrastete und wie verrückt im Dreieck sprang. Was für Vibes!

Spazierhöfe wären vor allem heute eine gute Sache. Sie gäben Schwurblern, Verschwörern & Nazis die Chance, vor lauter Wut über unsere »Diktatur« in Spazierhöfen im Dreieck zu springen. So wären auch ihre ekligen Träger von Judenstern-Imitaten aus der Nazi-Zeit zackig dort, wo sie hingehören: hinter Schloss und Riegel.

Aus dieser Ecke kommt die Nachricht, dass unser überflüssiger Verfassungsschutz laut dpa neue Staatsfeinde entdeckt hat, die sich nicht mehr »den bisherigen Kategorien wie Rechts- oder Linksextremismus« zuordnen lassen. Sie verbinde keine Ideologie, sondern »die Verachtung des demokratischen Rechtsstaats und seiner Repräsentanten«. Die Hufeisentheorie der Geschichtsfälscher muss demnach ergänzt werden.

Für das neue Kaliber des Public Enemy fällt mir leider kein passender Begriff ein. »Schwurbelextremist« wäre die Banalisierung des Bösen, und die hufeisengerechte, historisch korrekte Bezeichnung »Mitte-Extremist« fänden vermutlich die regierenden Mittigen nicht so passend. Ich schlage deshalb vor, einen Wettbewerb zur Wortfindung auszuschreiben. Sicher ist schon mal, dass die Neue Rechte den noch nicht sezierten und kategorisierten Staatsfeind mit offenen Armen empfängt, ganz egal wie diese umstürzlerische Frankenstein-Figur am Ende heißen wird. Deshalb ist es jetzt dringend nötig, gegen diese verschwörerische Zusammenrottung etwas zu tun, so wahr wie diese Kolumne »Auf der Straße« heißt. Es ist erbärmlich, wenn die, die überall ihr schmuckes Schildchen »Wir sind mehr« hochhalten, zuschauen, wie rechte und verschwörerische Anführer die Straßen vereinnahmen. Wie diese Sippschaft die Probleme und Ängste in der Pandemie genauso instrumentalisiert wie die Aggression entrückter Egoisten, die von »Freiheit« faseln.

Womöglich erwecke ich jetzt selber schon den Eindruck, im Karree zu springen. Nicht selten habe ich zuletzt gehört, wie schön es doch sei, zwischendurch mal eine Kolumne zu lesen, die nichts mit Corona zu tun habe. Wie aber soll ausgerechnet der Spaziergänger nichts mit dem Leben am Hut haben, wo er dem Leben doch überall begegnet. Ich kann nicht mit einer Maske vor den Augen auf dem Spazierhof im Dreieck springen, bis der Mob der Mitte auch noch das letzte Karree beherrscht.

Es sieht nicht gut aus. Die Pandemie ist, falls du am Leben bleibst, weder der Anfang noch das Ende von irgendwas. Du steckst, sage ich mir, in einem Zwischendrin wie in einem Stau voller Auspuffgifte, und du weißt nicht, wann und wie es weitergeht. Ein paar Dinge aber könnten verhindert werden, und ich bekomme ein schlechtes Gewissen, wenn ich nichts Besseres zu erzählen habe als von Brautkleidern, Koffern und Hüten in Cannstatt, diesem Ort mit einer originelleren Seele als Stuttgart.

Aus meinem alten Seelenbergwerk, sage ich mir, müsste doch ein wenig mehr herauszuholen sein als ein schönes fremdes Gedicht. Womöglich aber ist mein letzter Humor durch den Schacht gefallen. So muss ich wohl die Koffer packen, meinen Hut nehmen und mich mit einer Braut aus Cannstatt aus dem Staub machen.

Lifta, Waffen, Platz-Padroni

Ich bin Rentner. Es wäre also mein gutes Recht, dem Anfang einer Kurzgeschichte Grace Paleys zu folgen: »Ob ich früh oder spät aufstehe, spielt keine Rolle, der Tag läuft mir davon. Sommer oder Winter, ob die Bäume Dämmerlicht oder harte Schatten werfen – vor Mittag futtere ich meine Rice Krispies nie.«

Die amerikanische Schriftstellerin und Bürgerrechtlerin hat diese Sätze in den Fünfzigerjahren geschrieben, in der Zeit, als ich geboren wurde (bin mir nicht sicher, ob ich später jemals Rice Krispies gefuttert habe). Sicher ist, dass auch mir der Tag davonläuft, obwohl ich Tag für Tag früh aufstehe. Frühaufsteher bin ich aus schlechtem Gewissen. Früher lief der Tag nicht mir, sondern ich dem Tag davon. Dazu musste ich mich so gut wie nicht bewegen. Es genügte die Choreografie, sich auf einen Barhocker zu setzen ohne herunterzufallen. Bei gut gedimmtem Licht spielte es keinerlei Rolle, ob draußen die Bäume Dämmerlicht oder harte Schatten warfen.

Irgendwann aber, lange vor der heutigen Verschwörungspest, hörte ich eine Stimme im Kopf, die mich fragte: Was eigentlich hast du in deinem Leben gemacht? Die Antwort, ich hätte den Balanceakt auf dem Barhocker beherrscht und Fußballspiele im Fernsehen mangels Rice Krispies nie ohne geröstete Erdnüsse verfolgt, erschien mir nicht überzeugend. Von diesem Tag an ging ich auch auf Straßen, die nicht in den Himmel führen.

Inzwischen bin ich in einem Alter, in dem ich täglich Mail-Angebote von Hörgeräten bekomme. Einer der Werbeslogans könnte von den Marketing-Nasen der FDP stammen: »Die Zukunft im Ohr«. Trotz einschlägiger Erfahrungen im verschärften Beschallungsbetrieb kann ich versichern, immer noch problemlos zu hören, was ich hören will. Meine gesicherte Zukunft im Ohr schützt mich allerdings nicht, täglich Reklame für weitere Krücken zu erhalten, etwa für Treppenlifte – nicht zu verwechseln mit den Deppenliften, den heutigen Nachfolgern der Karriereleiter. Diese Art Lifting wäre nicht mal dann erwähnenswert, würde es meine Spaziergänger-Ehre verletzen. Aber es bietet mir endlich Gelegenheit, aus Horst Tomayers grandiosen »German Poems« zu zitieren, aus dem wegweisenden Gedicht »Mein Freund im Alter«:

»Der ›Lifta‹ Treppenlift, nach TÜV-Vorschrift gelinkt in das Geländer, soll mich tragen / Mit knapp 1 kmh hinauf zum Schopenhauerandachtswinkel und zur Sternenluke unterm Dach / Und in den Keller mit der Marx-und-Engels-Hausbar / Wo ich beim Schlehenschnaps, den Dialog mit den Gelegenheiten meiner Jugend, den verpaßten, nochmal, ein letztes Mal entfach / Wer freilich seine ganze Barschaft Zeit des Lebens / In die Bordelle trägt, vertrinkt, ja gar verkifft / Dem hilft im Alter, wenn er mit dem Arsche nicht mehr hochkommt / Kein ›Lifta‹ Treppenlift.«

Den Dichter, Schauspieler und Satiriker Tomayer werde ich bis zum letzten Schlehenschnaps schon deshalb nicht vergessen, weil er mir mal eine böse Falle gestellt hat. Als wir 1996 nach dem Tod des Stuttgarter Journalisten und Gastwirts Fröhlich dessen Beerdigungsfeier vorbereiteten, bat ich Tomayer um eine kleine Trauerrede. Er arbeitete damals öfter für den SDR (heute SWR). Da er nicht zur Bestattung nach Stuttgart kommen konnte, versprach er, eine von ihm besprochene Kassette per Post zu schicken. Das Päckchen traf pünktlich am Tag der Beerdigung bei mir ein.

Obwohl mir die Tage seinerzeit noch schneller als heute davonliefen, hörte ich eine Stimme im Kopf: Ich möge trotz Zeitnot die Kassette kurz testen. Ich legte sie in einen Rekorder und vernahm, vor Ehrfurcht ergriffen, Tomayers unverwechselbares Vortragskünstlerorgan. Seine ersten Worte klangen, sagen wir mal: erheiternd, was mich keineswegs irritierte. Nicht nur ein Komiker hat bei Bestattungen das Recht auf Humor, schon weil Humor weiß Gott eine todernste Sache ist.

Nach einer Weile allerdings kam mir die posthume Laudatio etwas seltsam vor. Tomayer sprach den Toten ständig mit »Paul« an. Fröhlich aber hieß nicht Paul, sondern Hans. Auch war mir nicht bekannt, dass Tomayer ihn je »Paul« genannt hatte. Irgendwann gelang es mir dank meiner damals schon scharfen Zukunftsohren, Tomayers Rede als Jubelarie auf den runden Geburtstag seines Onkels Paul zu deuten. Ich rief Tomayer an, um mich nach den politischen Hintergründen seines blasphemischen Attentats zu erkundigen. Ihm irgendwas vorzuwerfen, verhinderte mein Respekt vor diesem Mann. Der Akt stellte sich als echter Tomayer heraus: Er hatte die Kassette verwechselt. Kann passieren. Der runde Geburtstag eines alten Onkels ist ja auch eine Art Nahtoderfahrung.

Die Weinstube Fröhlich, früher Weinstube Widmer, gibt es bis heute im Leonhardsviertel, Stuttgarts historischem Zentrum. Die Altstadt wurde nach dem Krieg mit einer Stadtautobahn zerrissen. Und wo damals die Rotlichtbuden der »Vereinigten Hüttenwerke« Männer und Frauen ruinierten, steht seit den Achtzigern das Schwabenzentrum. Ein hässlicher Koloss mit Lokalen, Spielhöllen und Büros der Stadtverwaltung, die oft selber nach den Gesetzen des Glücksspiels zu funktionieren scheint. Immer wenn ich aus der Unterführung vom Leonhardsviertel komme und vor diesem Gebäude lande, bleibe ich wie elektrisiert vor der Hausnummer 35 stehen. Der Eingang ist so einladend, dass du nach seinem Anblick nachts mit Franz Kafkas Albträumen kämpfst. Auf der Tafel des Amts für öffentliche Ordnung findest du neben den Hinweisen »Ausländerrecht« und »Asylangelegenheiten« auch die Behörde für »Waffen-, Sprengstoff-, Jagd- und Fischereiangelegenheiten«.

Zu den Waffenangelegenheiten muss ich als alternder Gedankenspringer ohne Treppenlift melden, dass heute fast 100.000 Menschen im Südwesten einen Kleinen Waffenschein besitzen – mehr denn je. Die Frage stellt sich, warum sich so viele eine Schreckschuss- oder Gaspistole genehmigen lassen. Der Kleine Waffenschein erlaubt dir, solche Knarren nicht nur zu besitzen, sondern sie auch mit dir herumzutragen. Da sie vermutlich nicht den Russen vor der Tür verjagen sollen, sind sie rundum gefährlich.

Untersuchungen ergaben laut *FAZ* eine »wachsende Gereiztheit« in unserer Gesellschaft. Es herrsche immer mehr Egoismus und Aggressivität (was sich nicht nur in den Dumm-Dumm-Geschossen in den asozialen Medien niederschlägt). Die sozialen Folgen der Corona-Schranken seien viel schlimmer als die wirtschaftlichen – womit ein weiteres Mal klar wird, worum es der Corona-Politik in Wahrheit geht. Vor allem die seelische Verfassung junger Menschen ist katastrophal, die Ohren der Zukunft melden: Teenietus. Und nicht wenige junge Pandemie-Verletzte und -Vergessene sind mit Messern unterwegs, für die du keinen Waffenschein brauchst. (Waffenscheinfrei sind auch nach wie vor die PR-Manöver des obersten Rathaus-Sheriffs, bei jeder Gelegenheit seine Söhne als Platz-Padroni in Stellung zu bringen.)

Nun will ich den Teufel nicht an die Wand malen. Der

psychische Sprengstoff der Pandemie hält mich zumindest davon ab, erst aufzustehen, wenn der Tag schon davongelaufen ist. Es gibt noch etwas zu tun auf der Straße, bevor ich im Treppenlift abstürze.

Keine Atempause

Ich bin mir sicher, dass ich neuerdings wesentlich schneller in der Stadt herumgehe als während all meiner Zeit als hauptberuflicher Spaziergänger mit dem Ziel, Kolumnen zu füllen. Womöglich sehe ich deshalb nicht weniger. Nach wie vor achte ich in den Straßen auf lebenswichtige Zeitgeistbotschaften wie die am Schaufenster eines der Geschäfte, die früher »Friseursalons« hießen: »Trend ist Masse, Individualität ist Kunst«. Das Wort Kunst in der englischen Version »Art« taucht in diesem StuttgArt übrigens so oft auf, dass ich es in meiner abartigen Weltbetrachtung immer öfter als »Arsch« wahrnehme.

Mein gesteigertes Spaziergängertempo rührt angesichts meines Alters nicht nur von den schwindenden Zukunftsaussichten her. »Wer noch leben will, der beeile sich«, hat Arno Schmidt 1959 geschrieben. Schon fünf Jahre nach dem Ende des Nazi-Terrors hatte der Korea-Krieg begonnen, bereits 1951 war ein deutscher »Verteidigungsbeitrag« im Gespräch – und die internationale Atomwaffenproduktion in vollem Gang. Der Russe stand samt Drittem Weltkrieg vor der Tür.

So wunderte ich mich schon als junger Kerl, dass ich überhaupt noch geboren werden konnte. Dieses an sich absurde Ereignis brachte mich dazu, ein Leben als Pessimist zu führen. Nur auf diese Art konnte ich zusehen, wie die Stuttgarter Kickers bis in die fünfte Liga abstürzten. Ich habe ihnen das nie krumm genommen, weil sich für einen Pessimisten »Oberliga« immer noch verdammt glamourös anhört. Wenn du in einer Stadt lebst, in der sie auf dem Marktplatz einen metallenen Foodtruck mit Blumentrögen einzäunen und »the ratskellerbar« nennen, spielst du ohnehin bar jeder Klasse in der Kreisliga.

Arno Schmidts Rat, sich im Fall des Lebenwollens zu beeilen, ist mein neuer Schrittmacher. Wie fast alle trage ich einen Tachometer als Health-App im Taschentelefon mit mir herum, und jedes Mal, wenn ich einen Schnitt unter 5,3 km/h gehe, trete ich mir in die Weichteile. Die Zeit des Schlenderns ist vorbei. »Keine Atempause / Geschichte wird gemacht / Es geht voran«. Nie war der Fehlfarben-Hit von 1982 so aktuell wie heute.

Früher ging ich gemächlich durch Stuttgart und bildete mir ein, je weiter ich komme, desto größer und interessanter könne ich diese Stadt machen. Immer wenn die Leser:innen etwas Unbekanntes erfuhren, mussten sie glauben: Wo Stuttgart draufsteht, ist mehr drin als Nutella. Vieles war ja nur in geistiger Verwahrlosung vergessen oder vertuscht worden.

Kaum habe ich einen Satz wie besagten von Arno Schmidt gelesen, erwacht in mir der krankhafte Trieb, den dazugehörigen Stuttgarter Schauplatz aufzusuchen. Eigentlich lästig, weil es sich in der Urbanstraße, wo ich wohne, bequem aushalten ließe: Ich höre viele Sprachen, sehe viele junge radelnde Menschen aus aller Welt, die irgendwas mit Musik studieren, und so spüre ich von Haus aus den Groove im Schritt.

Infiziert von der Sache Schmidt, machte ich mich auf zum Gebäude des Südwestrundfunks (SWR), früher Süddeutscher Rundfunk (SDR). Vielleicht konnte ich noch etwas riechen von den Gespenstern aus der Intellektuellen-Gruft dieser Stadt.

Das nur schwer fassbare Dichtergenie Schmidt wurde schon 1952 von einem Mitarbeiter namens Martin Walser zu einer Hörspieltagung des SDR eingeladen. Nach einigem Hin und Her und in der Aussicht auf Spesen kam er tatsächlich angereist, obwohl er lieber eine Blinddarmentzündung gehabt hätte, um nicht fahren zu müssen. Im Netz findet sich eine schöne Geschichte des Autors Christian Rehmenklau, wie Schmidt im Hotel Kresse in der Marienstraße nach eigener (sehr fragwürdiger) Darstellung mit einigen anderen Herren in einem »turnhallenmäßigen« Raum mit vier Eisenbetten und zwei Waschschüsseln hätte nächtigen sollen. Also erniedrigender als Boris Beckers britische Zelle. Schmidt ist umgehend geflüchtet, zurück nach Kastel/Saar. Unterwegs schrieb er Walser eine Postkarte: Seine Frau sei in die Klinik eingeliefert worden, er habe abreisen müssen.

Erinnert sei daran, dass 1956 Alfred Andersch beim SDR die legendäre Redaktion »Radio-Essay« gründete und leitete; sein Assistent war zunächst Hans Magnus Enzensberger, später Helmut Heißenbüttel. Regie führte unter anderem Martin Walser. Es gab Sendungen mit Theodor W. Adorno, Max Bense, Wolfgang Koeppen, Arno Schmidt und vielen anderen großen Köpfen. Eine ruhmreiche Stuttgarter Dichter- und Denkerzeit. Keine Bange: Sie blieb ohne Folgen.

Da ich Witterung aufgenommen hatte, stiefelte ich vom Funkhaus weiter zur Villa Berg, einer Ruine, die man eigentlich in ihrem jetzigen Zustand als Mahnmal für die Machenschaften der Immobilienhaie, für Geschichtsvergessenheit und korrupte Politik stehen lassen müsste. Einst war sie SDR-Studio für Stars wie Caterina Valente & Chet Baker. Heute gibt es Pläne, in diesem Gebäude inmitten eines Parks ein Kulturzentrum einzurichten. Dafür wurde ein »Planungsstab« installiert. Diese amtliche Einrichtung heißt wirklich so, auch wenn man ein Kommando solchen Namens heute eher im Verteidigungsministerium suchen würde. Oder bei den Heimatfrontpolitikern, die den international belebten Stuttgarter Schlossplatz als Manövergelände eines neuen Polizeivideostaats überwachen lassen. Diese weltoffene Stadtsicherheitsstrategie wird als Nopperation Pig Brother Geschichte machen.

Neulich wurde auf Plakaten ein Auftritt des isländischen Musikers Svavar Knútu mit dem Vermerk angekündigt: »Planungsstab Villa Berg präsentiert ...« Da die Show »Revenge of the Broccoli« heißt, öffnete ich schon mal generalstabsmäßig meinen Waffenschrank und hole die Gurke raus.

Auf Transparenten am Zaun vor der Villa Berg liest man allerlei Lustiges über das Konzept für das »Offene Haus für Musik und Mehr«. Da haben fleißige »Stuttgarter Bürger/innen« allerhand gehortet aus der großen weiten Welt der Kunst: »gesamtstädtische Strahlkraft ... für Menschen aller Herkunft, Altersgruppen und Prägung, aller Bildungs- bzw. Berufsgruppen, mit und ohne Vorwissen zu Kultur ... möglichst große Bandbreite: Volksmusik (von Volkslied bis Rap), Instrumentalmusik (vom Streichorchester bis zur Percussion-Gruppe) oder Experimentelle Musik (von Elektro bis Improvisation) ... darstellende Kunst (vom Poetry-Slam bis zum Zimmertheater) ... Tanz (vom Kostümball bis zum Tangoabend) ... Gastronomie als Teil der permanenten Nutzung ... Themen aus dem Bereich Gesellschaft und Wissen« und so fort.

Dass auch ein »völkerübergreifendes Thema Deutschland-Russland« in den inhaltlichen »Bausteinen« gelagert ist, könnte mit der Niederschrift des vorgestrigen kulturellen Eintopfrezepts vor unserer Zeitenwende zu tun haben. Der Strahlkraft-Stabsplan für die Villa Berg erinnert an die Stoffsammlung für einen Grundschulaufsatz zum Thema »Welche Gattungen des Kulturbetriebs fallen dir ein?«

Und dann wird gegoogelt, was das Zeug hält, ganz nach meinem Figaro-Motto: »Kunst ist Massel«.

Aufgeschrieben habe ich dies alles, um zu zeigen, was herauskommt, wenn einer sinnfrei herumzieht, noch dazu in erhöhtem Tempo. Kaum hast du am Schreibtisch deine Ärmelschoner übergestreift, gerätst du nach dem Lesen eines apokalyptischen Dichtersatzes in die »Gastronomie als Teil der permanenten Nutzung«. Mit solchen Sprüngen machst du heute keinen Eindruck mehr. Sehr wichtig für den klickreichen Kolumnen-Kick wären dagegen die »Wahrheit«, eine »klare Kante«, auch »Meinung« genannt, der Stoff für den »Diskurs«. Ich müsste dringend was »in die Debatte werfen«. Wenn schon kein Argument, so doch eine Ladung Worthülsen, eine Hafermilchtüte oder wenigstens, um nicht als empathieloser Lump dazustehen, eine Haubitze.

Weiterhin spazieren zu gehen ist Komfortzonenluxus in Zeiten, da du dich beeilen musst, wenn du noch leben willst. Vorwärts!

Wo ist der Pömpel?

Mein Kolumnentitel »Auf der Straße« in der *Kontext*-Wochenzeitung zwingt mich geradezu, hin und wieder in die Schmuddelreviere der Sprache vorzudringen, in die Gossensprache, den Gassensound. Das Schwäbische hat für das Herumziehen in der Stadt den Ausdruck »Auf d' Gass' gehen« parat, nicht zu verwechseln mit der Hunde-Nummer »Gassi gehen«. Wir Eingeborenen nennen es auch »schwanzen«. Dieser schöne Begriff meint nichts anderes als bummeln, herumgehen, umherschweifen. So gesehen bin ich ein Schwanzender oder Schwanzer, was Nichtschwaben mit »Schwänzer« verwechseln. Der war ich auch mal, in großem Stil, aber das ist lange her.

Als ich früher in der Altstadt, im lange nur »Städtle« genannten Rotlichtviertel schwanzen ging, weil es im restlichen Stuttgart schon früh am Abend kuhnacht war wie hinter Pfuiteufel, lernte ich einen heute weitgehend vergessenen Milieuslang kennen. Für die heimische Polizei etwa gab es keinen anderen Namen als »die Schmier«. Von »Bullen« war in der Altstadt so gut wie nie die Rede, auch »Cops« waren noch unbekannt. »Obacht, d' Schmier!« – diese Warnung hielt sich sehr lange.

Viele coole Nachplapperer wissen heute nicht, dass mit »Städtle« einst ausschließlich das Rotlichtmilieu gemeint war. Mit der Stadt selber hatte das nichts zu tun. Die Verkleinerungsform Städtle war also keine Parallele zum Schreckenswort »Ländle«, das seine Vollverblödung in der Marketing-Abwandlung »The Länd« gefunden hat. Mit der Bezeichnung »Städtle« verniedlichte der Volksmund die Stuttgarter Prostitution.

Für die Verfolgung von Sexualstraftaten war bis in die 1970er-Jahre hinein die Sittenpolizei zuständig. Die Abkürzung »Sitte« für dieses Dezernat der Kriminalpolizei hält sich hartnäckig bis heute.

Auf den Hintergrund des Ausdrucks »Schmier« stieß ich erst vor einigen Jahren. Ich hatte ihn immer als »Schmiere« interpretiert, wie Haarcreme für eine Elvis-Tolle. Als »Schmierlappen« wurden seinerzeit in der Altstadt windige Zeitgenossen heruntergeputzt – nicht selten in ihrer Eigenschaft als Verräter. Dass Journalisten gern mal als »Schmierfinken« bezeichnet werden, ist übrigens nicht sehr fein, wenn man weiß, dass im Amerikanischen der »Fink« ein Denunziant ist.

Eines Tages ging ich auf den Spuren der Stuttgarter Nazi-Verbrechen durchs Hospitalviertel. In der Büchsenstraße stand ich vor einer nur sehr schwer lesbaren Gedenktafel, die 1994 auf Initiative des Verbands Deutscher Sinti und Roma aufgestellt worden war. Der Text lautet: »In der Zeit des Nationalsozialismus wurden hier Menschen gequält und gedemütigt. Im Gedenken an die Sinti und Roma, Mitbürgerinnen und Mitbürger, die dem nationalsozialistischen Völkermord zum Opfer fielen. Zum Gedenken an die jüdischen Mitbürgerinnen und Mitbürger, die entrechtet, deportiert und ermordet wurden. Im Gedenken an alle, die aus politischen und religiösen Gründen verfolgt wurden.«

In der Büchsenstraße war früher ein berüchtigtes Gefängnis, genannt »Büchsenschmiere«. Viele dort inhaftierte Menschen wurden von den Nazis in den Tod geschickt. Das Wort Schmiere wies aber nicht nur auf den völlig verdreckten Gestapo-Kerker hin. Schmiere kommt aus dem Jiddischen und bedeutet Wache, im weitesten

Sinn auch Polizei. Wohl deshalb wurde noch lange nach dem Krieg die Stuttgarter Polizei »Schmier« genannt. Und damit man die rechtzeitig erkennt, muss bekanntlich jemand Schmiere stehen.

Wer mich kennt, weiß, dass mich Gedankensprünge plagen. Tatsächlich ging mir das, was ich bis hierher erzählt habe, beim Blick auf einen hochrangigen Vertreter unserer heutigen Schmier durch den Kopf. Neulich hat ein Gericht der *Kontext*-Wochenzeitung untersagt, diesen inzwischen suspendierten Stuttgarter Polizisten per Bindestrich mit einem Begriff zu koppeln, der einen Teil des männlichen Geschlechtsteils definiert. Die Anfangsbuchstaben dieser Wörterkombination ergeben eine Alliteration mit hartem P wie Pennäler. Eine Alliteration ist ein Stabreim, und bei der Verhandlung gegen besagten Freund und Helfer wegen vermuteter sexueller Belästigung ging es auch darum, sich einen Reim darauf zu machen, ob da ein Stab widerrechtlich weitergereicht wurde. Macht und Gemächt liegen laut den Sprachforschungen der Brüder Grimm sehr dicht beieinander. Der Penis-Polizist, den man so nicht nennen darf, wurde vom Landgericht Stuttgart wegen Mangel an Beweisen freigesprochen, der Prozess gegen *Kontext* ging weiter.

Allenthalben sorgt die Angelegenheit für Kopfschütteln, weil sich niemandem die Anrüchigkeit des P-Wortes erschließt. Mir auch nicht, weil ich ja selber ein Gemächt samt Penis mein Eigen nenne, was mich als schwanzenden Schreiberling und korrekten Linksträger eher selten stört.

Bekannt ist mir, dass jede Erwähnung von Dingen, die mit Sex und dessen Werkzeugen zu tun haben, sehr oft die bürgerliche Sittenpolizei in Gang setzt. Auch mich traf schon gelegentlich der Vorwurf, ich litte an Männerfantasien. Gerade so, als gäbe es Sex und Geschlechtsteile nur in feuchten Träumen. Beim juristischen Streit um das P-Wort geht es übrigens nicht um das ehrenwerte Wort Pimmel. Dieser Begriff hatte 2021 einen sechsköpfigen Polizeieinsatz ausgelöst, als ein Hamburger Innensenator der SPD in einem Gezänk um Corona-Maßnahmen als solcher auf Twitter bezeichnet wurde.

Dank meiner politischen Fachkenntnisse weiß ich, dass das P in SPD nicht für Pimmel steht und jener deshalb nicht jedem Sozen-Politiker angeheftet werden kann. Gleichzeitig habe ich mich angesichts der Stuttgarter P-Affäre gefragt, woher der niedliche Begriff Pimmel als Synonym für Penis kommt. Der Duden vermutet, es gehe um den niederdeutschen Begriff »Pümpel gleich Stößel im Mörser«. Wird der Stößel im Mörser eingesetzt, so der Duden, spricht die Fachwelt von »pümpern«. Mit Ü wie Übel.

Diese sprachlichen Studien erinnern mich mit Schrecken daran, dass ich neulich in einem Drogeriemarkt verzweifelt nach einem Spezialoperationsgerät suchte, mit dem ich meinen verstopften Duschabfluss reparieren wollte. Ich hatte keine Ahnung, wie man das Ding nennt, und traute mich nicht, eine der im Laden beschäftigten Frauen zu fragen. Bei Ermittlungen mit meinem Taschentelefon fand ich heraus, dass das gewünschte Utensil mit Holzstiel und rotem Gummiaufsatz als Pümpel gehandelt wird, aber auch als Pömpel mit Ö wie Ödipus oder als Pimpel mit i wie igittigitt. Völlig unerklärlich war mir in diesem Zusammenhang, warum der Österreicher einen Angsthasen »Pimpelhuber« nennt.

Als ausgewiesener Pimpelhuber nahm ich meinen ganzen Mut zusammen und fragte eine der jungen Frauen im Laden leicht stotternd nach einem, äh, Pümpel. Sie schaute mich verwundert an, half mir dann aber aus dem Schlamassel: Ey, sagte sie, Sie meinen einen Pömpel – den haben wir leider nicht. Zerknirscht verließ ich den Drogeriemarkt, dann fiel mir ein, dass es eine Rettung geben musste: den Seifen-Lenz im Bohnenviertel. Und siehe da: Dieser tolle Laden der tausend Wunder hatte einen amtlichen Pömpel zum Pümpern. Weil ich es etwas peinlich gefunden hätte, mit einem Gummi am Stiel herumzulaufen, fragte ich, ob ich eine Tüte haben könne. »Aaah«, sagte der Seifen-Lenz, »Sie moinet a Guck.« Ja, do gucksch.

Bis zum nächsten Urteil des Sittengerichts im Stuttgarter Polzisten-Prozess verbleibe ich vorerst mit einem dreifachen Hoch auf all die Zipfel unserer deutschen Sprachpolizei. Und schwanze in Ruhe weiter.

Fish & Chips

Bevor ich mich für diesen Text auf meinen Gesundheitshocker namens Swopper gesetzt habe, ging mir eine Frage durch den Kopf, die ich mir nie gestellt hatte: Ist es mir je gelungen, einen Menschen zu bewegen, auch nur einen einzigen Schritt mehr zu Fuß zu gehen als nötig? Meine Antwort: Nein. Mein Swopper mobilisiert mehr Muskeln.

In Wahrheit habe ich dem Leser und der Leserin nur wertvolle Minuten ihres Lebens gestohlen. »Erzählen heißt: Zeit vernichten«, schreibt Ursula Krechel in ihrem Essay-Buch »Gehen. Träumen. Sehen. Unter Bäumen«. Nach dieser Erkenntnis wurde mir klar, warum die, meist flapsig ausgestoßene, Floskel »Erzähl mir nix!« unterschätzt wird. Diese Kolumne hier ist ein Zeittotschlagvehikel, sofern sie den Tatbestand des Erzählens überhaupt erfüllt.

Früher habe ich fußläufig Strecken auch mal in der Absicht zurückgelegt, meine lesende Kundschaft zu ködern. Aus Zuschriften habe ich später erfahren, dass einige meiner Sache buchstäblich nachgegangen sind. Aber diese Leute haben vermutlich auch ohne mich regelmäßig ihre Knochen bewegt.

Von meiner Vorgehensweise als Fußreiseführer bin ich längst abgekommen, weil ich denke, dass die Leute den Weg nach Uhlbach, Untertürkheim oder auf die Uhlandshöhe auch ohne mich finden. Dass ich ihnen nicht ein X für ein U vormachen muss, damit sie sich auf die Socken machen. Hab also meine Lektion gelernt: Erzähl mir nix.

Als Veteran im mentalen Mäandertal gehe ich heute mehr herum als früher, ohne allerdings noch einmal auf die

Idee zu kommen, meine Abwege weiterzuempfehlen. Ich peile die Arnulf-Klett-Passage unter unserer Hauptbahnhofsruine von hinten an, vom Schlossgarten her. Diese Einkaufspassage in der U-Ebene mit ihren Treppen zu den Stadtbahnen hinunter passt sich dem Torso des Bonatz-Baus sehr gut an. Man geht durch die Unterwelt und weiß, dass etwas zu Ende geht. Womöglich alles. Dieser apokalyptische Kommerzkeller trägt den Namen eines langjährigen Stuttgarter Oberbürgermeisters. Der war parteilos, und in seiner Scheuklappenprofitlichkeit ein Vorreiter der heutigen FDP. Überall in der Stadt ließ er Häuser abreißen, wo er ein Parkplatzproblem für seinen Porsche vermutete.

Nicht verschweigen will ich, dass mir die Klettpassage in ihrer quirlenden Hässlichkeit ganz gut gefällt. Sonntags hat hier, anders als im Rest der Stadt, ein Bio-Markt geöffnet, was meinem neoliberal gesteuerten Freiheitsego im Klett'schen Sinn entgegenkommt. Ich kann ja nicht dauernd meine goldene Gewerkschaftsnadel mit mir herumtragen, bloß weil ich frische Eier brauche.

Als ich ins Schattenreich unterm Bahnhof eindringe, ist mir nach einer fetten Portion Fish & Chips, womit ich ein weiteres Vergehen gegen die politische Korrektheit einräume. Ich setze mich auf einen harten Hocker der Imbissbude Nordsee, deren grätenfreie Auslagen in mir erregendere Schiffsuntergangsbilder auslösen als die Planschbecken der Stadtpalais-Aktion »Stuttgart am Meer«. Ich mampfe meine Fish & Chips aus dem Pappkarton, noch ziemlich angefressen von den Nachrichten aus England über die rechtsextremen Krawalle. Diese Ereignisse trafen meinen Nerv, als ich gerade meine Zeit mit der Lektüre von Marc-Uwe Klings neuem Roman »Views« vernichtete. Zum Glück ist dieser politische Thriller des 1982 in Stuttgart geborenen »Känguru«-Autors so spannend und aufschlussreich, dass ich nur wenige meiner verbleibenden Stunden als Spaziergänger im Endstadium damit totschlagen musste.

Das Buch, eine zunächst eher gängig erscheinende Bullen-Erzählung, schildert in starken Sätzen, was Social Media und KI heute schon anrichten können. Wie weit die Perfektion von Fake News gediehen ist. Wie leicht es ist, den Mob mit computergenerierten, menschengleichen Figuren mit Videos aufzuhetzen und in Gang zu setzen. Dagegen erscheinen die Täuschungs- und Manipulationsmanöver, die der berüchtigte PR-Guru Edward Bernays in seinem (2023 neu aufgelegten) Buch »Propaganda« offenlegt, fast schon harmlos. Auch wenn man weiß, dass dieses Werk in Goebbels Regal stand. Klings Roman spielt in seiner Wahlheimat Berlin, mich aber erinnerte sie angesichts der Fernsehnachrichten auf jeder Seite auch an die Verbrechen in England. Faschismus ist kein nationales Problem.

Seit jeher glaube ich, dass sich gelesene Geschichten mit etwas Fantasie und Hartnäckigkeit auch ganz real vor meiner Haustür abspielen. Das entspricht meinen Versuchen, Filme nach dem Kinobesuch mit hinaus auf die Straße zu nehmen und noch einmal live zu erleben. So gestrickt bekomme ich nach »Views« eben Hunger auf Fish & Chips, auch wenn mich das frittierte Zeugs im richtigen Leben eher abstößt. Und während ich mit weltoffenem Mund kaue, als säße ich in einem Pub in Brixton, wittere ich um mich herum Verbrechen im internationalen Stil. Die Klettpassage bietet dafür die Kulisse.

Was soll ich machen, so bin ich geworden im Lauf der Jahre als Herumgeher. Und heute weiß ich, dass Spazierengehen in Stuttgart kein Spaziergang ist.

Fish & Chips wiederum sind ein bauch-, aber kein abendfüllendes Kapitel. Ich stiefle weiter durch den Hades.

Keine Ahnung, wie ich da unten auf die Idee komme, bei übelster Hitze das nicht weit entfernte Europaviertel aufzusuchen. Ein obskures Betongebilde, an dem seit 1990 herumgedoktert wird, bis der Arzt kommt, der auch nicht helfen kann. Ein Denkmal architektonischer Absurdität: Auf diesem Gelände des ehemaligen Güter- und Rangierbahnhofs mit seinen Wohn- und Geschäftsblöcken spiegelt sich Glas in Glas. Da kannst du die Zukunft des Fortschritts sehen.

Unterwegs dorthin fiel mir ein Werbetransparent auf, das schwer lesbar um einen Betonpfeiler geschlungen wurde: »Jede Baustelle beginnt im Kopf«. Kann ich unterschreiben: Seit ich denken kann, oder auch nicht, ist mein Kopf eine einzige Baustelle. Dummerweise aber nicht nur meiner.

Europaviertel gibt es auch in anderen Städten, etwa in Frankfurt. Stuttgarts Bekenntnis zur europäischen Idee wurde allerdings schon 1960 mit großer Überzeugung zementiert: Auf dem Fasanenhof, einem kleinen Stadtteil des Bezirks Möhringen, hat man einen »Europaplatz« eingerichtet. Und weil der Fasanenhof so schön abgelegen ist, wurden dort auch die Namen ermordeter Nazi-Opfer auf Alibischildern versteckt: »Anne-Frank-Weg«, »Bonhofferweg«, »Lilo- Herrmann-Weg«. Erinnerungskultur made in Stuttgart.

Wenn du mit Fish & Chips im Magen das Europaviertel mit seinem monströsen Einkaufszentrum Milaneo besuchst, hast du durchaus deinen Spaß. Womöglich so viel wie die Leute, die in Shoppingcenter-Liegestühlen rund um die Stadtbibliothek ihre Zeit vernichten. (Zurzeit ist das eingekeilte Haus der Bücher geschlossen: Es wird, informiert uns ein Transparent, einem »Lifting« unterzogen. Vielleicht neue Fahrstühle.)

Zum Abschied aus Europa frage ich mich, was Budapest und Paris diesem Stuttgart angetan haben, dass sie mit den Betongrausamkeiten »Budapester Platz« und »Pariser Platz« beleidigt werden. Eine Klage wegen Rufschädigung fände ich nicht falsch, so wahr ich aus Respekt vor Mailand das Milaneo schon vor langer Zeit in »Müllaneo« umtaufen musste.

Neben europapolitischen Bekenntnissen wie Lissaboner, Osloer oder Kopenhagener Straße gibt es im Viertel auch die Moskauer Straße. Ob diese Würdigung der Hauptstadt des Bösen heute noch mit der deutschen Außenpolitik und der ukrainischen Kulturpolitik zu vereinbaren ist, müsste dringend geprüft werden. Würde mich nicht wundern, wenn jemand in Erinnerung an Ost-Berlin und den alten Josef das Straßenschild mit »Putinallee« überklebt.

Ich bin am Ende und danke allen, die mir zuliebe gerade ihre Zeit vernichtet haben. Geht jetzt hinaus, lebt euer aufrechtes Leben im Liegestuhl an der Moskauer Straße und schreit mir ins Gesicht: Erzähl mir nix.

Totaleinschlag

Vor dem Rewe am Ostendplatz dreht der Leierkastenmann immer samstags seine Kurbel. Er trägt weiße Handschuhe, einen verschlissenen schwarzen Mantel und einen Zylinder. Vor seinem Instrument sitzt auf einem gedrechselten Holzstuhl ein Stoffaffe mit Spendenschale. Und auf dem Leierkasten klebt ein Abziehbild mit Oliver Hardys Gesicht unter dem Spruch »Think positive!«.

Ich bin auf dem Weg zur Ostend-Buchhandlung, um mir Oliver Burkemans Werk »Das Glück ist mit den Realisten« zu holen. Das Buch des britischen Kolumnisten trägt den Untertitel »Warum positives Denken überbewertet ist«. Ich brauche seine Erkenntnisse dringend, seit mir unterstellt wird, meine Texte seien oft so düster, dass man sich Sorgen um mich machen müsse. Bloß weil ich mein Glück als Realist mit einer Vorliebe für die Finsternis suche, muss man mich nicht gleich für lebensmüde halten. Keine vernünftigen Motive für ein Weiterleben zu finden ist doch kein Grund, sich von einem Zug oder einem Leierkasten überrollen zu lassen. Humor ist nicht tödlich, ihr neoliberal verseuchten Selbstoptimierungsopfer des lächerlichen Think-positive-Markts.

Womöglich ist an meiner etwas skeptischen Nüchternheit beim düsteren Blick auf die verdammte Welt mein Verzicht auf Drogen schuld. Zum Antörnen meines Gemüts bleibt mir heute kaum mehr als der Geist des Berliner Meisterkiffers Wolfgang Neuss, der einmal gesagt hat: »Ich rauche den Strick, an dem ich sonst hängen würde.«

Es geht einem einiges durch den hängenden Kopf an einem kalten Wintersamstag am Ostendplatz beim Anblick des Drehorgelspielers. Von weit her, aus den späten Sechzigern, höre ich Donovans Psychedelic-Hit »Hurdy Gurdy Man«. Darin kommt, glaube ich, die Liebe vor – und damit etwas allenfalls bedingt und temporär Positives.

Als Hurdy Gurdy bezeichnet man im Englischen übrigens auch die Drehleier, ein Streichinstrument aus der Lautenfamilie, das mit der Drehorgel nichts zu tun hat. Bei uns kennen wir heute die Leierkästen vorwiegend aus der Politik. Dort »übernehmen« ständig irgendwelche Phrasenorgler »Verantwortung«, ohne zu ahnen, wie heillos sie sich übernehmen. Und dann wollen dich die Lindners und Söders so lange »abholen« und »mitnehmen«, bis du vor lauter Verfolgungswahn beim Hurdy Gurdy Man als Affe auf dem Schleifstein sitzt.

Mein Leierkastenmann vom Ostendplatz kommt aus dem Rheinland. Irgendwann habe er mal Verwaltungsfachmann gelernt und später viele andere Jobs und Reisen gemacht, erzählt er mir. Heute beziehe er Rente und Grundsicherung, und die Leierkasten-Arbeit sei seine bitter nötige »Lebensversicherung«. Dass er immer nur samstags spielt, liegt an der gegenüberliegenden Bank. Dort stört die Drehorgel das Personal beim Zocken. Immer wieder, sagt Dirk, hätten ihn auch Polizisten verjagen wollen. Aber der Supermarkt-Eingang liegt auf Privatgrundstück, und die Leitung hat nichts gegen die Soundmaschine ihres ehrenamtlichen Portiers.

Seit meiner Kindheit fühle ich mich von Gauklern angezogen. Artistik roch für den Dorfbuben wie der Duft der großen weiten Welt, und das hat sich nie geändert. Zu meinen größten Erlebnissen gehört, dass ich einmal das Reich eines grandiosen Wortakrobaten betreten durfte. Er spielte nicht den Leierkasten. Er war der Mann mit der Pauke. Wolfgang Neuss, der größte deutsche Kabarettist aller Zeiten. Am 3. Dezember 2023 wäre er hundert geworden. Ein Geburtstag, der gefeiert werden muss, bevor uns das Positivdenken vollends hirntot macht. Heut' mach' ich mir kein Abendbrot, heut' mach' ich mir Gedanken, hat Neuss mal gesagt. Essen war ohnehin nicht sein Ding. Er rauchte lieber seinen Stoff. »Ich atme«, sagte er, »dann bin ich außer mir.«

Im Winter 1987 fuhr mich Günter Thews vom Berliner Kabarett-Trio Die 3 Tornados in seinem Opel Kadett von Kreuzberg nach Charlottenburg. In der Lohmeyerstraße 6 lebte Neuss in einer Sozialwohnung, berüchtigt als »Witz-Akademie« und »Loch Neuss«. Zwar war er als Künstler kaum noch öffentlich aktiv, genoss aber längst den Status einer Legende, als dieses Wort noch nicht jedem Fußballer nach zwei Bundesligatoren angehängt wurde. Ohne Günter, den virtuosen Kopf der damals berühmten, von Neuss inspirierten Tornados, hätte ich den großen Anarcho-Clown mit den blitzgescheiten Gedanken nie getroffen. Keine anderthalb Jahre später, am 5. Mai 1989, lag er tot in seiner Wohnung.

Neuss' Domizil war ein subkulturelles Dorado für die Kunst- und Unterwelt. Bei ihm verkehrten nicht nur Kabarettgrößen wie Dieter Hildebrandt und Rockstars wie Udo Lindenberg, um sich Ratschläge zu holen. Hier verkehrten auch Herrschaften, die mit Künstlernamen wie »Ketten-Peter« und »Pistolen-Manne« in Polizeiakten auftauchten. Neuss stand unter dem Schutz des wahren Berlins. Er kannte alle Etagen des Showgeschäfts. Film, Fernsehen, Bühne. Er war der böse Clown, der 1962 per Zeitungsannonce vorzeitig den »Halstuch«-Mörder verriet, als ganz Deutschland fiebernd die Durbridge-Serie glotzte. Er war der Mann, der 1966 wegen seiner Teilnahme an Demos gegen den Vietnamkrieg aus der SPD ausgeschlossen wurde und uns den Spruch hinterließ: »Wenn man nicht haargenau wie die CDU denkt, fliegt man glatt aus der SPD.« Und er war der gute Sozen-Junge, der in Anlehnung an den Esso-Slogan »Pack den Tiger in den Tank« den Wahlkampf-Slogan »Pack den Willy in den Tank« für Willy Brandt erfand.

Im Buch »Der totale Neuss«, herausgegeben von Volker Kühn, findet sich diese schöne Selbstbespiegelung: »Meine Witze / sind wie Cruise Missiles: / Kurze Vorwarnzeit – / Verheerende Wirkung! / Totaleinschlag!! / Und?? / Keiner hat was gemerkt. / So sind meine Witze.«

Als ich mit Günter am Vormittag bei Neuss eintreffe, müssen wir mit ihm zuerst ein benachbartes Café aufsuchen. Mein Begleiter hat mich instruiert, das größtmögliche Frühstück zu bestellen. Damit würde ich bei unserem Gastgeber Punkte machen, weil er selbst so gut wie nichts esse, sich aber am gesunden Hunger anderer erfreue. Später in seiner Wohnung brilliert Neuss mit scharfsinnigen Pointen. Er ist hellwach, kommentiert druckreif den Wahlkampfskandal um Uwe Barschel, den ehemaligen CDU-Ministerpräsidenten von Schleswig-Holstein, der im Oktober 1987 tot in der Badewanne eines Genfer Hotelzimmers aufgefunden wurde.

Seinerzeit wird Neuss von rassistischen Trotteln in den Medien als zahnlose, langhaarige »Indianer-Squaw« verhöhnt. In Wahrheit hat er nichts an Biss verloren, sein analytischer Verstand funktioniert unfassbar gut, sein Gedächtnis phänomenal: Aus dem Stegreif zählt er mir auf, mit wem er einst bei einer Promi-Partie in Stuttgart Fußball gespielt hat.

Ich sitze mit Günter in einem bunten Haufen von Gästen, während die Diva der Desperados im Schneidersitz auf seiner Matratze vor seiner berühmten Wand voller Zeitungsschnipsel doziert. Dann beginnt das Ritual des spirituellen Rauchens. Da ich als Nicht-Kiffer das starke Zeug, das gereicht wird, nicht gewohnt bin, muss ich irgendwann leicht husten. Spöttisch fordert Neuss mich auf, stärker und lauter zu husten. Das täte mir gut. Ihm inzwischen schon hörig, tue ich, bereits völlig benebelt, wie mir befohlen. Und diese amateurhafte Art zu atmen führt zu einem Totaleinschlag wie bei einer Cruise Missile. Neuss wirft mich samt Günter raus.

Im Opel Kadett fuhren wir zurück nach Kreuzberg, und bis heute kann ich beschwören, dass uns auf der Straße nicht Autos, sondern fliegende, grell beleuchtete Christbäume entgegenkamen. Und in meinem Kopf drehte irgendwer die Orgel des Rausches.

Günter Thews starb im Januar 1993 mit 47 Jahren an Aids. Für mich, den Diener der Düsternis, gibt es keinen Zweifel, dass beide irgendwo da draußen atmen, beim Blick auf uns Witzfiguren außer sich.

Höß, Stuttgart

Die erste trügerische Märzsonne steht am unbefleckten Himmel über der schmutzigen Stadt. Für einen Spaziergänger-Sonnenstich könnte es reichen, falls der vom letzten Jahr nicht mehr wirkt. Das Tageslicht, das den Frühling grüßt, ist allerdings weniger aufregend als das Farbspiel am frühen Abend, wenn nicht klar ist, ob die Natur dieses fiebrige Leuchten dem Kino abgeschaut hat. Oder umgekehrt. Was soll's. Eines Tages gehen sowieso die Lichter aus.

Zum Kolumnentippen sitze ich wieder gegenüber der Stuttgarter Bahnhofsruine unter den Hängelampen dieser Sammelstation namens »Back-Factory«; meine Übersetzung lautet inzwischen frei und falsch »Zurück in die Fabrik!«. Der Kettenladen mit seinen hohen Wänden, der sich auch »Der Snack-Profi« nennt, ist mir inzwischen ein vertrauter Umschlagplatz für Menschen, die von überall her zu kommen scheinen. Enttäuscht bin ich, wenn ich hier mal ein deutsches Wort höre. Und wie immer in dieser Halle der Welt versteige ich mich zu der kinobeseelten Heldenillusion, ich sei ein Fremder im eigenen Land. Blödsinn. Nie habe ich auch nur einen Quadratmeter Land besessen, nicht mal als Untermieter in einem Schrebergarten.

Auf der Videotafel meiner Schreibfabrik studiere ich wie immer »Emmas Tipps«, die zwischen der Imbisswerbung eingeblendeten Aufklärungszeilen unter dem Motto »Gut zu wissen«. Visuell aufgepeppt ist dieses Bildungsprogramm mit dem Konterfei einer Frau mit Brille, weil alle schlauen Frauen dieser Welt Brille tragen. Emma enthüllt, dass Ketchup ursprünglich keine Tomaten, aber Fischsoße enthielt – und Kalbsleberwurst ohne Kalbsleber auskommt. Früher kannte ich Männer, deren Leber keine Leber enthielt.

Und wer außer Emma weiß schon, dass in Japan »viereckige Melonen« gezüchtet werden, um Platz in den Supermarktregalen zu schaffen. Fast noch wichtiger erscheint mir der Tipp, mit Erdnüssen könne man Dynamit herstellen. Davon hatte ich keine Ahnung, und es ist Zeit, Peanuts-Brigaden zu gründen, bevor ich mein Backpulver verschossen habe. Und verschont mich mit der Floskel, diese Terrorgedanken eines Rentners, der mit entsichertem Laptop in einer Snack-Scheuer herumhängt, hätten einen »bitteren« Nachgeschmack. Tante Emma lehrt uns, ein Nachgeschmack sei »nie süß«.

Bevor ich mein Refugium betrete, komme ich am Baucontainer-Wirrwarr an unseren Bahnhofstrümmern vorbei. Auf den Blechkisten steht weithin sichtbar in kleinen Buchstaben »seele«. Ah, noch eine Fabrik, sage ich mir, eine, in der keine Quarktaschen, sondern Seelen feilgeboten werden. Nicht diese langen Baguette-ähnlichen Dinger aus Weizen mit Salz und Kümmel, die bei uns im Schwäbischen »Seelen« heißen – und in unseren dunkleren Regionen auch Briegel. Wie Prügel, gut dafür geeignet, seine liebsten Mitmenschen gleich nach dem Köpfen des Frühstückseis zu erschlagen. In unserer bäuerlichen Gegend, wo Traktoren für Recht und Ordnung sorgen, fällt so etwas kaum auf. »Ein Blick in die Welt beweist, dass Horror nichts anderes ist als Realität«, hat Hitchcock gesagt.

Eine Fabrik, die Seelen am Fließband produziert, wäre mir recht. Endlich könnte ich meine schwarze dem Teufel verhökern und kurz vor Torschluss eine reine erwerben. Wir kennen Traumfabriken wie Hollywood. Warum also soll es keine Seelenfabrik bei uns in Holy Shit City geben?

In Wahrheit stammt das Logo »seele« von einem Fassadenbau-Unternehmen, das der Glasermeister Gerhard Seele 1984 mitgegründet hat. Die Container dieser Firma stehen auf dem S-21-Gelände, wo seit Jahrzehnten unterschiedlichste Alptraumfabrikanten Fassaden aufstellen, um den Leuten da draußen den Bau eines unterirdischen Bahnhofs vorzugaukeln. Jede Wette: Bevor dort die erste Lokomotive rollt, erleben wir Peterchens Mondfahrt per E-Bike.

Keine Ahnung, ob es die Seele heilt, sich in einer Snack-Filiale der kapitalistischen Weltwirtschaft einzuigeln, um die Welt zu betrachten. Wo aber soll ich noch hin in einem Land, das Reklamefritzen im Umlautwahn in »The Länd« umgetauft haben? Dass es mich regelmäßig in die Gegend zieht, wo Züge fahren, hat eine Geschichte.

30 Jahre vor 1984 wurde ich in einem Dorfbahnhof geboren und als ich vor unserer Haustür zwei Gleise sah, war ich mir sicher, bald nach Amerika zu fahren. Ich musste nur das Ohr auf die Schiene legen und auf den richtigen Zug warten. In unserem heutigen Bahnhof fällt dir das Ohr ab, ehe einer kommt. Ich habe das Backpulver nicht erfunden, die Reise nach Amerika hat seinerzeit nicht geklappt, und so sitze ich heute in der Snack-Stube, überzeugt davon, in der Welt zu sein. »Erdbeerkuchen schmeckt süßer«, sagt Emma, »wenn man ihn von einem weißen Teller isst.«

In meiner Schreibbude habe ich das Gefühl, dass Dinge wie Hautfarbe und Kopftuch keine Rolle spielen. Und die Menschen sicherer sind als da draußen. Ich weiß natürlich nicht, was passiert, wenn mal einer mit Kippa hereinkommt. Ich könnte das ausprobieren, habe noch zwei Exemplare von Synagogenbesuchen im Haus. Womöglich aber sähe es sehr dumm aus: ich, eine Kartoffel mit Kippa.

Es ist nicht unbedingt Weltflucht, wenn ich zwischen Seelen-, Back- und Traumfabriken herumstolpere. Immer noch bin ich überzeugter Spaziergänger, und niemand darf denken, beim Spazierengehen gehe es nur darum, einen Fuß vor den anderen zu setzen wie Hanns Guck-in-die-Luft. Meilenweit kann ich in Gedanken herumstiefeln, ohne eine meiner letzten Gehirnzellen zu zertreten. Auf diese Weise lande ich verdammt schnell in Amerika und überall dort, wohin mich keine deutsche Eisenbahn bringt.

Bin ich dann lange genug zwischen Traum- und Seelenfabriken hin- und hergewandert, verirre ich mich zwangsläufig ins Kino – diesmal hinter den Fassaden eines bürgerlichen Wohnparadieses mit Blumen- und Gemüsebeeten. Diese deutsche Heimeligkeit wird auch nicht getrübt vom Blick auf den Wachturm einer Menschenvernichtungsfabrik namens Auschwitz.

»Was die Nazis den Juden antaten, war unsagbar«, hat Theodor W. Adorno im amerikanischen Exil geschrieben, »die Sprachen hatten kein Wort dafür, denn selbst Massenmord hätte gegenüber dem Planvollen, Systematischen und Totalen noch geklungen wie aus der guten alten Zeit des Degerlocher Hauptlehrers.« Dieser Mann, der 1913 im Wahn vierzehn Menschen umbrachte, war Ernst August Wagner aus dem Stuttgarter Stadtbezirk Degerloch.

Es muss ein Fluch sein, dass ich auch als Spaziergänger in Gedanken am Ende immer vor meiner Haustür lande, wo Vergangenheit und Gegenwart kollidieren. Das ist auch so, nachdem ich im Kino »The Zone of Interest« gesehen habe, Jonathan Glazers Film über das Leben des Auschwitz-Kommandanten Rudolf Höß mit seiner Frau Hedwig und seinen Kindern in der beschaulichen Nachbarschaft des KZ. Alles wurde schon gesagt über die Banalität des Bösen, die in diesem Film eine bedrohlich-gegenwärtige Brutalität entfaltet, ohne dass das Grauen gezeigt wird.

Eine zusätzliche Lektion bekomme ich dann nach der Vorstellung. Als ich mich in ein Gasthaus setze, erfahre ich via Taschentelefon, dass Hedwig Höß, die »Königin von Auschwitz«, jahrelang in Stuttgart lebte, nachdem ihr Mann als Kriegsverbrecher 1947 in Auschwitz am Galgen endete. Auch ihr 1930 geborener Sohn Klaus war in Stuttgart zu Hause, ehe er nach Australien auswanderte und dort 1986 am Alkohol starb. Im September 1989 reiste die Ex-Gattin des SS-Obersturmbannführers wie so oft von Stuttgart nach Arlington, Virginia, wo sich ihre Tochter Ingebrigitt mit ihrer Familie niedergelassen hatte. Diesmal kehrte sie nicht zurück. Während ihres Besuchs starb Hedwig Höß mit 81 Jahren. Auf ihrem Grabstein in Arlington steht »Mutti«, sonst nichts.

Als ich durch die Glasfront des Gasthauses auf die Straße schaue, hat sich die Märzsonne längst verzogen. Es regnet in Strömen, und ich bin mir sicher, da draußen schon einmal Hedwig Höß gesehen zu haben. Weiß der Henker, wer mir in dieser Stadt noch alles begegnen wird.

Raketen

Kein vernünftiger Mensch beginnt eine Kolumne, so er eine hat, mit seinem lächerlichen Weltwetterschmerz. Erst recht nicht in einer Zeit, da die bevorstehende Stationierung amerikanischer Mittelstreckenraketen in unserer unmittelbaren Umgebung das Klima beherrscht. Doch es ist so heiß da draußen, dass ich als Spaziergänger nur noch ein Schattenleben führe, in Deckung gehe vor der Sonne und den Schattenkriegen, die uns bedrohen.

Inzwischen ist bekannt, dass die Amerikaner das Deutschland-Gastspiel ihrer fliegenden Superwaffen schon vor dem russischen Überfall auf die Ukraine geplant haben, etwa im sonnigen Wiesbaden. Der wahre Zeitpunkt dieser Entscheidung scheint aber nicht mal eine Fußnote wert in einem Land, in dem spät erleuchtete Männer öffentlich ihre Kriegsdienstverweigerung bereuen, auch wenn sie heute kaum noch zu einem Kommando an der Gulaschkanone fähig wären. Die Mobilmachung zur »Kriegstüchtigkeit« sitzt tiefer im Kopf als mein Sonnenstich.

Unter einem tüchtigen Menschen versteht man laut Duden jemanden, der seine Aufgaben mit Können und Fleiß bewältigt. Beispielsweise Politiker:innen, die uns trotz besserem Wissen nahezu widerspruchslos unterjubeln können, dass die Raketen-Entscheidung nur wegen der Russen in der Ukraine gefallen sei. Der Volksmund verwendet das Wort »tüchtig« auch ironisch: etwa, wenn es Zeit ist, jemandem eine tüchtige Tracht Prügel zu verpassen. So gesehen ist der Begriff »kriegstüchtig« rundum stimmig.

Die Hochofensommertage des Jahres 2024 führen dazu, dass ich als Schatten suchender Herumstiefelknecht meiner selbst noch häufiger zum Schwarzsehen neige als bei unserer üblichen Witterung mit Sturm und Starkregen. Damit kein falscher Verdacht angesichts meines Geisteszustands aufkeimt: Um glücklich zu sein, musst du negative Emotionen zulassen. So steht es in Oliver Burkmans Buch »Das Glück ist mit den Realisten«. Und als Realist auf Stadtwanderschaft sehe ich auch bei tiefblauem Himmel Kampfflugzeuge zwischen dunklen Wolken.

Der Krieg kommt im Übrigen nie aus blauem Himmel, er wird tüchtig vorbereitet. Problemlos gelingt das, wenn viele so tüchtig mitmachen, als hielten sie die Militarisierung für den neuesten Stimmungstrend, eine weitere Gelegenheit, sich wie bei teuren Entertainmentshows mit uniformer Vielfalt selbst zu feiern.

In der Zeitung lese ich, dass die Stadt Stuttgart vorhat, im nächsten Sommer Nebelduschen aufzustellen. Kennen wir, dachte ich, seit eh und je werden wir von der Obrigkeit mit Vernebelungsduschen nass gemacht. Im aktuellen Fall allerdings geht es um Sprühmaschinen, die Trinkwasser in Nebelschwaden verwandeln, um unseren Kollaps an schwülen Tagen zu verhindern. Ich hoffe, die Wirkung ist nicht allzu stark, damit die tüchtig aufgeheizte Kriegsbegeisterung nicht von mentaler Unterkühlung gefährdet wird.

Als Fußgänger, der sich auf engen, von zu großen Autos, Menschen mit noch größeren Hunden und von bissigen Radfahrern okkupierten Bordsteinen durch die Stadt boxen muss, habe ich immer öfter ein Kampflied auf den Lippen. Zurzeit singe ich mit Blick gen Himmel und nach Wiesbaden: »Oh Warlord, want you buy me / A Leopard 2 / My friends all drive Pumas / I must make amend …« Vom

Reim her natürlich voll scheiße, Frau Joplin möge mir verzeihen. Es liegt an der Hitze.

Rathäusler sind zurzeit bemüht, in ihrer Stadt sogenannte Hitzeinseln zu schaffen, damit wir nicht schon im nächsten Kanonenofensommer und noch vor Kriegsbeginn eingehen. Im Gespräch als Kühlhallen sind auch Kirchen. Guter Vorschlag: Gotteshäuser findest du schneller als Nebelduschen – und garantiert ohne Google-Maps. Du folgst einfach ihrem Glockengetöse, das erklärt, warum ich täglich Mail-Angebote wie dieses erhalte: »Neues Mini-Hörgerät: Die Geheimwaffe für glasklare Gespräche«.

Ich gehe die Hauptstätter Straße entlang. Eine Art Autobahn, die dank einer profitorientierten Stadtplanung unser Kaff im Kern zerreißt, wie es zuvor keine Rakete geschafft hat. An der Bushaltestelle »Rathaus«, in der Nähe der Hitzeinsel Leonhardskirche, die extrem tüchtig bimmelt, hat ein Werbeflächenanbieter sein Platzhalter-Plakat gehängt. Es erinnert an eine Graphic Novel für Hipster; zu sehen sind ein schwarzbärtiges Männergesicht, ein sonnenbebrilltes, weißes Frauengesicht, eine tanzende Figur, ein die Arme hochwerfendes Publikum, ein Fernsehturmwurm – und eine Friedenstaube. Darunter steht in Großbuchstaben: »Es lebe Stuttgart«. (Richtig so. Der Rest kann draufgehen.)

Besagtes Poster soll wohl auf eine Event-Hauptstadt hindeuten, einen Feierort der Vielfalt. Ich kann nichts dafür, womöglich ist es die Hitze: Immer, wenn ich das Wort »Vielfalt« aufschnappe, wünsche ich mir eine Geheimwaffe für glasklare Gespräche auf Blauesaugehöhe.

Am City Shop, dem Touri-Laden in der Königstraße, hängt ein Plakat, das »Stadtführungen und Events« anbietet, täglich »buchbar«. Drüber steht »Stuttgarts Vielfalt erleben«, und drunter sieht man ein Foto mit acht herumstehenden, anscheinend tourismustüchtigen Menschen, die ich ohne jede rassistische Absicht der Kartoffelgattung zuordne; zu dieser Ethnie gehöre ich ja selber. Kleiner Tipp: Buchen Sie Stuttgart, solange es noch steht.

Längst wird der Begriff »Vielfalt« so inhaltslos vervielfältigt, dass er auf einfältigste Weise auch der Unterhosenreklame, dem Kundenfang der Banken und als Imageköder der Bundeswehr dient – auch die ist laut Eigenwerbung »diverser« geworden, bei der Wahl von Mensch & Material. Da »Vielfalt« eifrig auch mit »Zusammenhalt« kombiniert wird, damit die Friedenstaube markttüchtig höher fliegt, hat Lidl das Zeitgeistgestammel zum Slogan eingedampft: »Vielfalt stärkt, Frische vereint«.

Trotz der überall herumschwirrenden Vielfalter, die für jedes Geschäft eingefangen werden, fand neulich die CSD-Kulturwoche »Stuttgart Pride« unter dem Motto »Vielfalt leben. Jetzt erst recht!« statt. Ob in der inflationären Vielfaltvielfalt noch Adornos Forderung nach gesellschaftlichen Verhältnissen, in denen man »ohne Angst verschieden sein« kann, beachtet wird, lasse ich hier mal offen. Ein Angriff auf die heilige Vielfaltigkeit könnte in unserer Periode der hohlen Phrasen zur Ertüchtigung der Wirtschaft damit enden, tüchtig zusammengefaltet zu werden.

Wie man Stuttgart erlebt, wenn es lebt, führt uns gerade ein Raketenabschuss vor, der anonym von speziellen Warlords gelenkt wird. »Rakete« heißt eine kleine Bar im Theater Rampe, die seit Jahren energie- und ideenreich Programme anbietet: Konzerte, Bildungsabende, intime Partys. Tüchtige Zeitgenossen aus der Vielfalt erbärmlicher Missgunst haben unlängst die Veranstalter angeschwärzt, weil sie keine offizielle Konzession für ihre Art Kultur-

und Gastro-Arbeit besitzen. Der Obrigkeit blieb nichts anderes übrig, als einzugreifen. Rakete tot. Ähnliches widerfuhr anderen Häusern. Etwa dem Stadtpalais, das auf seiner neuen, millionenschweren Treppe keine Partys mehr machen darf. Und der Kneipe Palast der Republik, die in zu weiter Entfernung von ihrer Homebase das Publikum auf der Straße Bier trinken ließ. Solche Konflikte sind symptomatisch für eine Feiergesellschaft, die selbst ohne Anlass feiert, als gäbe es keinen Feierabend. Unterdessen habe ich keine Hoffnung mehr, dass es sich eines Tages auch im schwülen Kessel herumspricht, warum das Wort Kultur nicht für den Kulturbetrieb, sondern für eine Lebensweise steht.

Auf meinem Weg nach Hause stehe ich vor dem Denk- und Lernort Hotel Silber, der ehemaligen Gestapo-Zentrale, in der einst tüchtige Deutsche ihre Mitmenschen folterten und ermordeten. Es ist schwül. Als Schattenmann in der Angst, im Sonnenlicht einzugehen, umkreise ich das Gebäude. Die Fassade wurde zur Warnung vor dem Hier und Jetzt mit den weithin sichtbaren Wörtern »Widerstand«, »Verfolgung«, »Denunziation« gestaltet. Es ist noch nicht zu heiß, beim vernebelten Blick auf solche Botschaften an diverse Konsequenzen zu denken, bevor uns richtig tüchtig eingeheizt wird.

Tote duschen nicht

Die Zeitenwende ist in vollem Gang. Kultursäle bleiben leer, in den Kneipen fehlt Personal und Heerscharen deutscher Wespen treten den Rückzug an, wie die Russen in der Ukraine. Wir spielten trotzdem gegen Mutschelbach, genau genommen nicht »wir«, sondern die Stuttgarter Kickers. Wie immer stand ich im B-Block-Flügel der gemäßigten Fans, diesmal allerdings mit schlechtem Gewissen. Zwar weiß niemand genau, was das Wort »Krise« bedeutet. Dennoch ist es ideologisch bedenklich, ein Fußballspiel gegen Mutschelbach anzuschauen, während die Welt aus den Fugen gerät.

Mutschelbach wurde für mich eine Metapher des Zeitvergeudens, des Nichtstuns. Ich konnte mich nicht einmal entblöden, diese ehrbare Gemeinde mit Hinweisen auf die erotische Heldin Josefine Mutzenbacher zu verspotten. Mein moralischer Bankrott war vollends besiegelt, als ich das Fußballspiel bereits in der Halbzeitpause verließ. 45 Minuten später als geplant war angepfiffen worden, weil Mutschelbachs Mannschaftsbus im Stau stecken geblieben war. Meine Rechtfertigung, in meinem Alter könne man mit angefressenen Lendenwirbeln nicht mehr so lange auf zwei Beinen stehen, konterte ein Freund mit der Frage, ob ich meinen Rollator vergessen hätte. Irgendwann bist du erledigt. Beim Anblick einer Seniorenreisegruppe hat Wiglaf Droste mal gedichtet: »Denn mit Rollator und Krücke / Erschlägst du keine Mücke.« (Und erst recht keinen Nazi ... ist symbolisch gemeint, werter Staatsschutz.)

Fußball hin oder her. Immer öfter plagt mich das Schuldgefühl, zu jener Art Zeitgenossen zu gehören, die eines Tages gefragt werden: Was tust du eigentlich? Dies wiederum erinnert mich daran, wie ich einst selber von Veteranen wissen wollte: Warum habt ihr nichts getan?

Am Tag des Spiels wurde der Wahlerfolg der weit rechts stehenden »Schwedendemokraten« gemeldet, die demokratische Regierung trat zurück. Noch kurz zuvor hatte der Stuttgarter Regierungschef die internationale Solidarität beschworen: »Es ist eine wirklich gute Nachricht in dieser schweren Zeit: dass Europa zusammensteht, Freiheit und Demokratie verteidigt und unsere auf Frieden und Recht basierende Ordnung schützt.« Solche Floskeln hören wir dauernd seit dem Krieg in der Ukraine, ganz egal, welches »Europa« noch zusammenstehen und die Demokratie verteidigen soll. In Schweden und in Italien, in Frankreich und in Ungarn – um nur ein paar Länder zu nennen – bedrohen immer mehr Demokratiefeinde den Kontinent mit faschistischen Machenschaften. Explodierende Energiepreise und Lebenshaltungskosten, Inflation und Wohnungsnot sind für die Rechten ein gefundenes Fressen. In der Kombination mit Corona optimal.

Bei uns redet man von einem »heißen Herbst« und einem kalten »Wutwinter«. Linke und Linksliberale aber sind gespalten und zerstritten wie eh und je, sodass wieder mal ungeklärt ist, wer den Rechten Gegenwehr leisten kann. Immerhin haben auf dem Stuttgarter Rotebühlplatz Kundgebungen unter dem Motto »Uns reicht's. Preise runter! Löhne rauf!« begonnen. Junge Menschen aus der linken Bündnisszene rufen zum solidarischen Protest auf, immer montags um 17.30 Uhr. Zum Auftakt war zu hören, warum so viele ohne großes Einkommen jetzt an existenziellen Abgründen stehen. Ans Mikrofon ging auch ein langjähriger Helfer der Tafeln und berichtete, wie die Schlangen vor den Läden immer länger und deprimierender werden. Erbärmlich und widerlich, was Menschen vor unserer Haustür ertragen müssen, während Regierungspolitiker Almosen verteilen und SPD-gerecht von »Respekt« labern.

Auch die zunehmende Gefahr von rechts wird von den demokratischen Parteien allenfalls gedämpft bekämpft – und von der großen Mehrheit der Bevölkerung ignoriert. Wer vor der braunen Bedrohung warnt, wird meist überheblich als Schwarzmaler abgetan. Mehr Akzeptanz findet, wer mit royalistischem Gesülze eine tote Königin als Idol der Menschheit rühmt. Allen Abwieglern und Wegschauern (aber auch den Aufgeschlossenen) will ich dennoch ein Buch des britischen Publizisten und Aktivisten Paul Mason empfehlen: »Faschismus. Und wie man ihn stoppt« (Suhrkamp).

Gedankensprünge sind die Gymnastik des Stadtspaziergängers, der nach einem langen, viel zu heißen Sommer über Kastanien stolpert und die Zeichen des Untergangs sieht. Dazu gehört ein hängengebliebener Bus aus Mutschelbach ebenso wie die pathetische Reklame der Volksbank: »Meine Heimat. Meine Bank.« Bei diesem Spruch fällt mir ein, dass das reiche Stuttgart in der aktuellen Statistik der Wohnungslosen in deutschen Städten knapp hinter Hamburg den zweiten Platz belegt. Einige von denen, deren Heimat eine Bank ist, wurden zuletzt bei uns im Schlaf von Unbekannten mit weißer Farbe überschüttet. Hass aus Eimern. Und wenn ich beim Herumgehen die Plakate unserer städtischen Saubermann-Kampagne sehe, macht mich dieser Slogan zornig: »Stuttgart ist kein Aschenbecher«. Doch! Asche, Kohle und wie man dieses Scheißgeld sonst noch nennt, sind seit jeher der wichtigste Stoff einer Kommunalpolitik, die ihre Stadtplanung Immobilienhaien überlassen hat.

Unterdessen hat unser alter weiser Länd-Lord in der Landesregierung herausgefunden, wie wir unsere weiße Weste behalten, ohne Energie für die private Hygiene zu verschwenden. Nach dem Vorbild von Hollywood-Stars empfiehlt Kretschmann, den Körper vor Wasser & Seife und vor allem vor dem Duschstrahl zu schützen. Seinen inzwischen weithin bekannten Rat, den Waschlappen nicht länger nur als Sinnbild für maximal männliche Männer zu betrachten, hat er jetzt mit einem wissenschaftlichen Bekenntnis untermauert: »Ich bin ein überzeugter Anhänger des Säureschutzmantels der Haut.« In dieser Haut möchte man nicht stecken. Mit einem schützenden Wintermantel wäre Obdachlosen im Übrigen mehr geholfen.

Richtig komisch wird das Ganze, wenn demnächst mithilfe einer 300.000 Euro teuren Landeskampagne Tipps per »Energiesparbüchle« unters Volk gebracht werden. Die Aufklärungsaktion wurde autogerecht als »Roadshow« konzipiert – und dorfgerecht »Cleverländ« getauft. Eine Wortfindung, die garantiert auch noch den letzten Säureschutzmantel der Hirnhaut verätzt.

Heißa, Energiesparbüchle. Immer wieder betörend, wie das depperte Diminutiv den schwäbischen Identitätsfanatismus wachhält. Dagegen ist Gendern ein Akt der Lyrik. Beispiel: Für den Besuch des Mineralbads Berg besitzt unsereiner das Stuttgarter »SchwabenKärtle«. Darauf steht – ungelogen – »gschpart isch gschpart« (wer für sein Badevergnügen genügend im Voraus löhnen kann, bekommt Rabatt). Jedes Mal, wenn ich dieses Plastikding aus dem Geldbeutel ziehe und den Mundartmüll eines Marketing-Scheißerles mit Schparhirn lese, verspüre ich den Drang, mich unter der heißen Dusche zu ersäufen. Das wäre angesichts der Waschlappen-Strategie zwar energiepolitisch nicht korrekt. Aufgrund der Endgültigkeit meiner Entscheidung aber hätte ich einen lobenden Eintrag samt Kretschmanns Konterfei als Fleißbildle im Energiesparbüchle verdient. Tote duschen nicht. Begrabt mich unter einem Waschlappen. Und tanzt den Ländler.

Damit bin ich am Ende meiner Beichte und behaupte: Wenn wir nicht schleunigst etwas tun und Schutzmäntel gegen die Feinde der Demokratie schneidern, kommen wir zu spät wie der Mannschaftsbus aus Mutschelbach. Und dann gewinnen wir nicht wie die Kickers mit Verspätung drei zu null.

Ratten

2018 ging dem Ende zu, es war mein letztes Berufsjahr als schreibender Herumstiefler im Angestelltenverhältnis, und in der Stadt herrscht die Rattenplage. Das fiel den meisten jedoch erst auf, als die niedlichen Nager den akademischen Korpus des Kessels angriffen: Sie fraßen und zerstörten im Stadtgarten Archivbestände der Universität im Wert von 200 000 Euro. Wohl bekomm's!, sagte ich.

Die Stuttgarter Bevölkerung wusste seinerzeit nichts über das Motiv dieser Attacke. Die Ratten aber hatten allen Grund, sich für die unqualifizierte Darstellung ihrer Gattung in literarischen und medialen Produkten der Menschen zu rächen. Die meisten charakterlichen Deutungen sind gespickt mit verlogenen Klischees und Vorurteilen: Ratten seien hinterhältig, feige und verseucht. Das klingt verdächtig nach einem Ablenkungsmanöver der zerstörerischen Erdbewohner.

Wenn in Stuttgart mal die Ratten tanzen, sollte die Stadt stolz sein, endlich mal mit großstädtischer Power zu punkten. In Berlin beispielsweise war immer Rattenalarm. Ich erinnere mich an Zeiten, als meine Freunde in der Frontstadt ihre Klodeckel mit Telefonbüchern beschweren mussten, damit die Tierchen nicht übers Toilettenrohr in ihre Bude eindrangen, um sie von vergammelten Pizza-Resten zu säubern oder mit ihnen die Matratze zu teilen.

Heute hat außer ein paar Messis so gut wie niemand mehr ein Telefonbuch im Haus. Deshalb musste ich damit rechnen, dass mich ein Nager neckisch ins Gemächt beißt, während ich gerade mein Geschäft verrichte. Jedenfalls packte mich die Panik, als ich auf meinem Taschentelefon über der heruntergelassenen Hose diese Schlagzeile einer Hauptstadtzeitung las: »Dieses nagende Gefühl: Übernehmen die Ratten Berlin?«

Verdammt, dachte ich, es ist wieder so weit: Uns droht die feindliche Machtübernahme. Braune Rattenfänger erobern den Reichstag. Rasch erhob ich mich, bewaffnete mich mit meiner stets ungesicherten Klobürste und forderte brüllend das Volk zum Kampf auf: Nur Ratten verlassen das sinkende Schiff.

Zum Glück stellte sich bei der weiteren Online-Lektüre der *Berliner Zeitung* heraus, dass »in der braunen Brühe« des anhaltenden Starkstromregens in der Hauptstadt vorzugsweise vierbeinige Ratten schwammen: »die spitze Schnauze nach oben gereckt«. Diese Tiere wissen: Mit der Nase im Wind hast du auf diesem Planeten bessere Überlebenschancen. Dies gilt sogar, wenn du deinen Zinken in die abgasverseuchte Luft der Rattenmetropole Stuttgart 2018 hältst. Und du musst dich wie die Nager wehren, wenn Immobilien-Investoren deinen vertrauten Unterschlupf abreißen und nebenbei die halbe Stadt umgraben.

Andererseits wird die Intelligenz der mehr als 60 Arten zählenden Gattung *Rattus* überschätzt. Die Biester sind grundsätzlich nicht schlauer als etwa die Eichhörnchen, die sich überall herumtreiben – aber vorsichtiger. Sie üben sich beim Fressen in vornehmer Zurückhaltung, sobald ihnen etwas Ungewohntes begegnet. Maultaschenabfall war ihnen bei uns deshalb viel früher vertraut als Sushi-Müll, was die schwäbischen Züge der Ratte verrät: Was der Bauer nicht kennt, frisst er nicht.

Die ebenfalls menschliche Methode der Ratte, ihre Beute zu hamstern, erklärt ihr Leben in Diskretion. Sie braucht Verstecke zum Überleben, egal ob im weichen Boden schöner Gärten oder in dunklen Nischen verwitterter

Gemäuer. Sie liebt Altbauten mit Gerümpel im Keller und Höfe voller Mülleimer. Ist also ein Mensch wie du und ich – hier im Schlesinger. Deshalb taucht die Ratte weniger in den aseptischen Nischen des Killesbergs auf als in den leicht angefressenen Niederungen der Stadt.

In Gerhart Hauptmanns Tragikomödie »Die Ratten« symbolisiert unser Tierchen nicht nur die moralischen Schweinereien hinterhältiger Menschen, sondern auch die hygienischen Zustände in den Mietshäusern. »Wejen der Ratten«, wie es darin heißt, lernen wir eine Menge über die politischen Verhältnisse Ende des 19. Jahrhunderts.

Die Ähnlichkeiten mit heute sind bekannt.

Dass die Ratte so verhasst ist, liegt auch an der oft falschen Interpretation ihrer Geschichte. Im Mittelalter verbreitete sie angeblich die Pest. Die wahren Seuchenerreger aber waren die Flöhe der Ratte, für die sie so wenig konnte wie ich für Fußpilz im Mineralbad Leuze. Ich gehe ins Bad Berg.

Auch haben die Vorurteile gegenüber dem Nager vermutlich mit der Verklemmtheit der Menschen zu tun: Hätte die Ratte einen lustig-buschigen Schwanz wie etwa das Eichhorn und nicht einen scheinbar nackten Schweif, zöge sie nicht einen Rattenschwanz schlechter Image-Bewertungen hinter sich her. Ihr Schwanz erinnert an eine kurze Peitschenschnur, ist in Wirklichkeit aber ein hochsensibles, feinhäutiges Instrument zur Steuerung der Balance. Nicht jedes Lebewesen in unserer neoliberalen Wegwerfgesellschaft kann das von seinem eigenen, oft maßlos überschätzten Anhängsel behaupten.

Zur Rettung des Rufs der Ratten gingen in den Siebzigerjahren des vorigen Jahrhunderts junge Damen und Herren mit bunten Frisuren und zerfledderten Klamotten in Stellung. Ihn auf den Schultern tragend, kürten unsere

Punks den animalischen Outlaw aus den Löchern und Kanälen des proletarischen Lebens zum Freund.

Mehr Respekt vor der Ratte hatten nur Frank Sinatra, Dean Martin, Sammy Davis Jr., Peter Lawford, Joey Bishop, Shirley MacLaine: Sie nannten sich Rat Pack. Und in Martin Scorseses Film »Departed« läuft am Ende, nach dem letzten Toten, eine echtes Biest über den Balkon, dahinter ein blutroter Sonnenuntergang: Nicht nur Menschen sind Ratten.

Und so verbleibe ich angesichts nagender Gefühle grübelnder Rathauspolitiker im Sumpf ihrer selbst verschuldeten Stadtplage: Ein Hoch auf das Rattenpack.

Gummiknüppel. Gummilatschen

Zwischen ein paar Stolperschritten kommt mir hin und wieder der Gedanke, der Kolumnentitel »Auf der Straße« sei anmaßend. Er verspricht nicht gerade wenig. »Auf der Straße« erinnert an Lastwagenfahrer, an Rock'n'Roller und überfahrene Katzen. Auf der Straße bist du, wenn du deine überteuerte Wohnung verloren hast oder dein FDP-geimpfter Chef dich rausgeschmissen hat. Auf der Straße gehst du, wenn du von dem Gelaber über »Ampel-Koalition« und »Jamaika-Koalition« die Schnauze voll hast. »Auf einer geteerten Straße kann man den richtigen Weg nicht finden«, hat der Jamaikaner Bob Marley gesagt und damit nicht unbedingt eine beschissene deutsche Autobahn gemeint.

Keine Angst, ich habe nicht vor, dem Mythos der Straße zu verfallen, nicht im Sinne von Jack Kerouac, der uns alles über den »On the Road«-Traum erzählt hat: »Nichts hinter mir, alles vor mir, wie immer auf der Straße.«

In meinem Alter habe ich mehr als nichts hinter mir und womöglich nicht mehr viel vor mir. Ich bin ein sehr unvorsichtiger Spaziergänger. Genau genommen bin ich mehr auf Gehwegen als auf Straßen unterwegs, die zunehmenden Gefahren auf den Straßen habe ich ohnehin noch nicht gespeichert. Jedenfalls nicht so, dass ich mich instinktiv oder bewusst überlebensfähig bewegen würde.

Viel zu oft gehe ich als Hanns Guck-in-die-Luft herum im Glauben, die Feinde des Spaziergängers würden sich schon rechtzeitig durch Lärm oder Gestank bemerkbar machen. Früher musste ich nicht nach links oder rechts schauen, um einen Lastwagen, einen Porsche Cayenne oder eine Harley Davidson rechtzeitig zu bemerken. Damals gab es noch keine E-Scooter und kaum Elektro-Autos und vor allem nicht so viele Radfahrer. Die tauchen heute verdammt heimtückisch, nämlich lautlos und pfeilschnell aus dem Nichts auf, und obwohl ich nichts gegen Fahrräder habe, egal ob mit oder ohne Strom-Antrieb, komme ich mir auf der Straße manchmal vor wie Tippi Hedren in Hitchcocks Film »Die Vögel«. Irgendwas liegt in der Luft, und mich plagt das Gefühl, diese Fahrräder seien nicht nur Fahrräder. Vermutlich führen sie ein Eigenleben. Die Menschen im Sattel sind manipuliert von einer fremden Macht, von irgendwelchen Luftpumpen-Nazis. Sie haben es auf mich abgesehen, so wie einige dieser gottverdammten Teslas, die schwerer und schneller auf dich zuschießen als Panzer. Da hilft dir keine Ampel-Koalition.

Wie gesagt, die Kolumne eines harmlosen Spaziergängers »Auf der Straße« zu nennen, erscheint mir angesichts der vielen Horrorbilder des Asphalts vermessen. Du schreitest fort, gehst mit dir einher, und das ist so intim und leise wie unspektakulär. Taugt nicht für affige Marketing-Selfies, die Fortschritt vortäuschen sollen. Ich hatte auf der Straße noch nicht mal einen Unfall, jedenfalls nicht mit »Fremdeinwirkung«, wie wir von der Fußtruppe sagen. Kann schon mal vorkommen, dass die Lendenwirbel versagen, aber das liegt nur bedingt an der Voodoo-haltigen Störkraft feindlicher Verkehrsteilnehmer. Das ist der Zerfall.

Als ich den Titel »Auf der Straße« wählte, dachte ich an ein unstetes Unterwegssein, getrieben von einer gewissen Neugier. Als Antwort auf die megacoole Gewohnheit, sich alle Wege dieser Welt nur noch per Internet zu erschließen und das Leben ausschließlich via Apps zu »kommunizieren«. Und zwar so, dass die einfachsten organisatorischen

Dinge die zehnfache Zeit in Anspruch nehmen wie ein Dialog von Ohr zu Ohr. »Kommunizieren« klingt ähnlich stumpfsinnig und schleimig wie »lecker«, »geil« und »spannend«. Für all diese Wörter gilt: Wenn du nichts sagst, sagst du mehr. Voll lecker, geil und spannend war neulich das Selfie im Stil einer Popkapelle, das die Megastars von FDP & Grünen unter dem Jubel der deutschen Schlagermedien in die Welt setzten. Gruppenzwangbild mit Dame Baerbock. Damit haben die Leuchten der Marketingpolitik die Weichen auf Fortschritt gestellt.

Ich gehe zum Bahnhof, der in Stuttgart eine Ruine ist, und warte am Bahnsteig auf einen Zug. Weil ich anscheinend auffällig lange herumstehe, kommt eine junge Frau auf mich zu und fragt atemlos: »Suchen Sie Hilfe?« Verdammte Kacke, denke ich, mache ich wirklich schon einen so abgefuckten Eindruck, dass sich wildfremde Damen Sorgen um mich machen? Wirke ich wie einer von der Straße? Dann sehe ich die Botschaft auf dem Shirt der Frau: »Baustellen-Buddy«. Geil. Sie ist eine Hostess in Diensten der Deutschen Bahn, die Pfadfinderinnen postiert hat, weil im Chaos der Stuttgart-21-Baustelle kein Mensch mehr seine Straße findet. Die Hindernisse und Umwege, die du bewältigen musst, um einen Zug zu erreichen, zwingen dich zur Improvisation. Passagieren nach München beispielsweise empfehle ich dringend, die erste Bahnetappe bis Ulm per Fuß zu nehmen. Dies geht wesentlich schneller, als im Stuttgarter Bahnhofsnirwana sein Gleis zu finden. Bis du deinen Zug erreichst, bist du ein Baustellen-Body. Eine Stuttgart-21-Leiche.

Als ich Mrs BB sage, dass auf diesem gottverdammten Bahnhof niemandem mehr zu helfen sei, drückt die Schwester dem alternden Straßenköter wie zum Trost eine kleine Plastiktüte in die Hand. Bedruckt mit dem Logo der

Deutschen Bahn und dieser Botschaft in fetten Buchstaben: »Neue Wege im alten Bonatzbau«. Sehr klein darunter: »Wir bitten um Ihr Verständnis.« Kaum habe ich die Tüte mit meinem Schweizer Messer seziert, steigt mir der Mief von Fruchtgummis in die Nase. Läcka. Ich schaue nach: sieben Gummis in Schuhform. Jawohl, Fruchtgummi-Sneakers. Spannend.

Die Symbolik dieser Latschen zum Kauen verstehe ich zunächst nicht. Der Einzige, den ich kenne, der im Elend seine Schuhe verspeist hat, ist Charlie Chaplin, der Tramp. Schuld war die Gier nach Gold, heute unter Immobilienhaien als Betonrausch bekannt. Dann geht mir ein Licht auf. Verwüstungen, Verletzungen, all die üblen Methoden, uns von den Füßen zu holen und aus den Stiefeln zu hauen. Aha, sage ich mir, das ist das Ende meiner Straße: Als die Menschen einst gegen die Zerstörung des alten Bonatz-Baus und die Machenschaften der Immobilienhaie protestierten, drosch eine Armee von Bullen mit Gummiknüppeln auf sie ein. Jetzt, elf Jahre nach dem Schwarzen Donnerstag, killen sie uns mit ihrer Gummilatschen-Offensive. Ich bitte, diese Warnung zu kommunizieren: Die Dinger sind gezuckert und die Peitschen noch intakt.

Fuck all the perfect people

Neulich war ich als Kilometerfresser unterwegs, was nach zwei Tagen in der ekligen Aprilkälte mit dem lebensrettenden Verzehr Grüner Soße endete. In einer Kneipe, die den Namen des Schriftstellers und Satirikers Eckhard Henscheid trägt. Eine solche Auszeichnung muss sich erst mal einer verdienen, der noch am Leben ist.

Die Grüne Soße schlürfte ich in Frankfurt am Main, einer Stadt, der die Schriftstellerin Eva Demski das Prädikat »Weltkaff« verliehen hat. Tatsächlich gibt es weltweit keine andere so ländlich eingehüllte Stadt, die mit richtigen Hochhäusern, einer Selfie-tauglichen Skyline und einer nicht ganz unauffälligen Europäischen Zentralbank (EZB) aufwarten kann. Aber lassen wir die Kirche im Dorf. Und den Kapitalismus sowieso.

Frankfurts Grün reduziert sich im Übrigen keinesfalls auf fragwürdige Kräutertunke. In dieser Stadt sprießt und wuchert es, und einen Fluss mit fußgängerfreundlichen Ufern haben sie dort auch. Der Strand liegt nicht unterm Pflaster.

Soll jetzt keiner denken, ich wollte hier die urbanen Qualitäten Frankfurts und seiner Sehenswürdigkeiten beurteilen. Gott bewahre, im Namen der Architektur. Ich warne vielmehr vor dem Irrglauben, der Spaziergänger sei ein Touristenführer, um den werten Leserinnen und Lesern Routen zum Hinterherwatscheln vorzuschlagen, als wären sie Graugänse. Und man hüte sich vor Leuten, die meinen, das Zufußgehen habe den Sinn, die Stadtlandschaft zu prüfen, ob man zum Wohl der eigenen Weltbedeutung ein Gebäude versetzen oder eine Autobahnkurve begradigen muss. Dieses Koordinatendenken von wichtigtuerischen Technokraten zur Vermessung ihres Globus würde mein Gehergehirn überfordern. Auch betrachte ich meinen fragwürdigen Privatgeschmack nicht als Maßstab für die Welt und deren Käffer. Zur Abwehr aller Alleswisser empfehle ich einen Song meines Lieblingsmusikanten Chip Taylor: »Fuck All The Perfect People«.

In einer Stadt herumzugehen bedeutet: draußen sein. Den Körper bewegen. Beinarbeit ohne Arbeitseifer leisten. Augen und Ohren öffnen. Atmen. Sehen. Die Politik des öffentlichen Raums verstehen. Sein Recht auf Stadt begreifen. Die Straßenenergie des Widerstands spüren. Wer geht, schweift ab: Hat womöglich etwas mit Leben zu tun. Und als Gedankenspringer hast du mehr von diesem Leben.

Die Kilometerfresserei erwähnte ich eingangs, weil ich in Begleitung eines alten Freundes an zwei Tagen mehr als dreißig Kilometer durch die Stadt zog. Die längste Pause zwischendurch wurde mir am Bornheimer Hang gewährt: mit einer 1:3 Niederlage der gottverdammten Stuttgarter Kickers beim FSV Frankfurt. Solche Erlebnisse lassen sich mit etwas Klassenbewusstsein als ein politisches Kapitel Lebenserfahrung wegstecken. In deinem viertklassigen Dasein auf dieser Welt gibt es nicht nur Siege, so wahr die EZB kein Wohlfahrtsheim ist.

Der erwähnte Freund heißt Stefan Geyer, ich kenne ihn, seit wir zum ersten Mal die Beatles im Radio hörten. Noch heute muss dieser Kerl »The Long And Winding Road« im Kopf oder meinetwegen in den Zehen haben. Hartnäckig zieht er seit Jahren mit so sensiblen Sensoren durch die Stadt, dass ein Buch mit dem Titel »Der Stadtwanderer« daraus geworden ist. Gehen ist kein Wadenmuskelding. Deshalb will ich diese ganz und gar nicht kopflose Leibesübung heute wieder allen ans Herz legen, deren Pumpe und Gehwerkzeuge noch intakt sind. So langsam komme ich auf meiner finalen Strecke zu der Erkenntnis, dass einige von uns neben dem Internet ein Auffangnetz brauchen, in dem menschliches Fleisch und Blut noch halbwegs zu spüren sind. Das Straßennetz der Stadt gehört weltweit keineswegs den Autos, außer im Fern-der-Welt-Kaff Stuttgart. Doch selbst hier sind trotz der Fahrtwinde gute Fußreisen möglich, falls man sein E-Bike von Ferrari mal stehen lässt.

Damit appelliere ich an alle, die gehen können, das Unterwegssein zu Fuß als eine Art mentale Schulung zu betrachten. Motion und Emotion. Kapiert? Bewegen, schlendern, das Resthirn anfeuchten – das kommt einem ehrbaren Hanns Guck-in-die Luft zugute. Womöglich könnten die zeitweilige Abkehr vom Bildschirm und die Hinwendung zur Realität sogar die Sicht auf die herrschenden Wahlkämpfe aufhellen. Vielleicht sind hier und da unter den Partei-Maschinen noch Menschen zu identifizieren. Dieser Gedanke hat nichts mit Gefühlsduselei zu tun. Er reduziert den Drang zur politischen Kapitulation im Angesicht der ganzen Soße – egal, welcher Farbe.

In Lauren Elkins Buch »Flâneuse«, das ich erst noch richtig lesen muss, findet sich der Satz: »Wenn man sehen lernt, bedeutet das auch, dass man nicht mehr wegsehen kann.« Bin mir nicht sicher, ob ich es je so gut gelernt habe. Zumindest übersehe ich auf dem Weg zur ehemaligen Großmarkthalle im Frankfurter Ostend, von wo aus Jüdinnen und Juden in die Vernichtungslager der Nazis deportiert wurden, nicht die Zitate von Zeitzeug:innen auf den Steinplatten. Wie dieses von Lilo Günzler: »Ich wollte mitlaufen, aber ein SS-Mann ließ an einer Absperrung keinen Angehörigen durch. Bis zu mir konnte ich die lauten, schrillen Befehle hören, die ein uniformierter Mann brüllte.

›Alles stehenbleiben. Mit dem Gesicht zum Zug. Immer 60 Personen in einen Wagen einsteigen‹.«

Die ehemalige Großmarkthalle ist heute Erinnerungsort und Teil des EZB-Ensembles. Den Zusammenhang von Sehen und Nicht-Wegsehen sieht der geübte Herumgeher überall. So gesehen ist die eigene Stadt für den Spaziergänger oft nichts anderes als ein Vehikel, ihm behilflich, sich ein Weltbild zusammenzufügen. Gleichgültig, in welche Weltstadt oder welches Kaff er sich verirrt. Wer in Brooklyn wirklich etwas sieht, schweift nicht arrogant durch Bempflingen. Und wer zu den Orten der Juden-Deportationen geht, an die ehemalige Frankfurter Großmarkthalle oder zum Stuttgarter Nordbahnhof, der sieht, wo der Geist der uniformierten Befehlsbrüller in unserer Gegenwart weiterlebt. In der braunen Soße, im großen Sumpf.

Und dann täuscht mich unterwegs sogar zu Recht der eigene Blick, weil plötzlich meine innere Stimme spricht. Regelmäßig sehe ich an einer Litfaßsäule die ZDF-Werbung mit dem Foto des *heute journal*-Moderators Christian Sievers. Zu lesen ist in Großbuchstaben: »Demokratie hat man nicht. Man schafft sie jeden Tag aufs Neue ab.«

Nein. Tschuldigung. Pardon. Sehstörung. Auf dem Plakat steht am Ende gar nicht das Wörtchen »ab«. Es träfe aber die Wahrheit, weil die herrschende Politik viel zu wenig gegen die Angriffe der Rechten tut – und immer öfter an deren Normalisierung in den Parlamenten mitwirkt. So schafft man sie vollends ab, die liebe Demokratie (von der man nie sagt, welche genau gemeint ist).

Nun weiß ich, dass ich am Rechtsdrall nichts mit Notizen von meiner Herumgeherei ändern kann, schon gar nicht bei den vielen jungen digital-mobilen Menschen, die zurzeit der AfD verfallen. Diesen Job übernimmt jetzt angesichts der bevorstehenden Fußball-EM (und nur deshalb) Stuttgarts oberster Rathäusler. An der antifaschistischen Front kämpft er wieder mal, wie er auf Social Media verbreiten lässt, für »Sicherheit und Sauberkeit«. Diesmal in der Arnulf-Klett-Passage unter unserer Bahnhofsruine, wo es zugeht, wie es in heruntergekommenen Einkaufspassagen unter Bahnhofsruinen zugeht.

Als militärische Abwehrstrategie empfiehlt der CDU-OB aus der Law-and-Order-Ecke »deutlich mehr gemeinsame Fußstreifen von Landes- und Bundespolizei«. Mit Fußstreifen sind vermutlich nicht die Fußabstreifer zur Bewahrung unserer häuslichen Sicherheit und Sauberkeit gemeint. Wohl eher die schmutzigen Reste von Freiheiten, die in dieser Stadt nicht selten mit Füßen getreten werden. Macht nichts. Bin schon wieder auf Fußstreife, auf der Flucht vor der heimischen Geldkaff-Soße.

1

Prost auf Adi

Es ist schon dunkel in der Stuttgarter Altstadt, als ich mich auf die Suche nach der Vergangenheit mache. Ich gehe durch die Richtstraße, eine düstere Kopfsteinpflasterschleuse, die bis Anfang des 19. Jahrhunderts Scharfrichtergäßle hieß. Hier wohnte einst der Herr, der unliebsame Mitmenschen auf der benachbarten Hinrichtungsstätte, dem heutigen Wilhelmsplatz, einen Kopf kürzer machte. Die Gasse endet vor der Hauptstätter Straße, die das alte Stadtzentrum tranchiert und mit ihrem Namen ebenfalls auf die Enthauptungen hinweist. An dieser Ecke des Rotlichtviertels steht ein mitgenommener Bau, das Alte Armenhaus aus dem 16. Jahrhundert. Am Fenster klebt ein Plakat: Es soll saniert und ein »Geschichts- und Versammlungsort« werden. »Eine künftige gastronomische Nutzung ist ausgeschlossen.«

Zuletzt war im Alten Armenhaus das Café Mistral, ein Milieu-Lokal. Bis 1991 hatten hier die Lichter der legendären Sissy-Bar geleuchtet. Dieses Etablissement im einst gut belebten Leonhardsviertel war Treffpunkt honoriger Herrschaften, die zwischen Drinks und Damen ihre Geschäfte abwickelten. Und Konrad Kujaus Stammlokal. Geführt wurde es von den Eltern des heute 56-jährigen Kfz-Meisters F., den ich seit vielen Jahren gut kenne. Als Jugendlicher hat er miterlebt, wie sich Kujau, oft im Gestapo-Look, das Bier in einem für ihn reservierten Krug mit aufgedrucktem SS-Totenkopf bringen ließ. Nazi-Reliquien standen damals im Luden-Milieu nicht unbedingt auf dem Index; am 20. April wurde auch gern mal auf »Adi« angestoßen.

F. erzählt, dass er sich darüber aufgeregt habe, wenn der »Hitler-Tagebücher«-Fälscher Kujau in der Öffentlichkeit hofiert und als lustiges Schlitzohr verharmlost worden sei. In der Sissy-Bar habe er oft mit anhören müssen, wie der Kerl Nazi-Verherrlichungen und rassistische Beleidigungen abgesondert habe. »Conny« habe sich gerühmt, ein Nazi zu sein. Fakt ist: Schon dank seines Militaria-Ladens mit Nazi-Devotionalien in der Schreiberstraße hatte er einschlägige Kontakte in die Fascho-Szene.

Im Mai 1983 gab es keine Zweifel mehr, dass Adolfs Kladden, die das Hamburger Magazin *Stern* für mehrere Millionen Mark gekauft hatte, von Kujau geschrieben und gefertigt wurden. Jetzt, 40 Jahre später – 23 Jahre nach Kujaus Tod – hat der NDR die in alter deutscher Schreibschrift verfassten »Tagebücher« transkribiert und veröffentlicht. Diese Enthüllung beweist, dass die *Stern*-Manager im Profitwahn unter Einfluss der Droge Hitler bereit waren, Texte zu veröffentlichen, die den Diktator und seine Gräueltaten verniedlichen. Hitler erscheint als schrulliger Typ, eigentlich ein guter Mensch, der seine Partnerin Eva Braun mit seinen Blähungen nervte – und von den Massenmorden an den Juden nichts wusste. Auszug: »23. Mai 1943: Sorgen macht mir unser Judenproblem. Nach den mir vorliegenden neuesten Meldungen will sie keiner haben.« Kurzum: ein Akt von Holocaustleugnung.

Die Propaganda des Hamburger Magazins, die Geschichte des »Dritten Reiches« müsse »teilweise neu geschrieben werden«, ist heute ein geflügeltes Wort. Und die aktuelle Aufklärung über Kujaus Machwerk umso brisanter, als erst vor einem Jahr der ehemalige *Stern*-Herausgeber Henri Nannen, ein gefeiertes Journalistenvorbild, als Lügner und antisemitischer Propagandahetzer der Nazis enttarnt wurde. Der »Henri-Nannen-Preis« für Journalismus wurde vor Kurzem in »*Stern*-Preis« umbenannt. Der NSDAP-Insider Nannen hatte die Veröffentlichung der »Hitler-Tagebücher« trotz seiner intern geäußerten Skepsis akzeptiert. Als der Bluff nach zwei Ausgaben mit dem »Führer«-Fake aufflog, trat er von »der aktiven Herausgeberschaft« zurück.

Nachdem Kujau 1985 zu vier Jahren Haft verurteilt und wegen seiner angeschlagenen Gesundheit – Kehlkopfkrebs – nach drei Jahren entlassen wurde, habe ich ihn einige Male getroffen. Einen gemachten Mann mit zwei Gesichtern: mal ausgebuffter Plauderer, mal übellauniges Lügenmaul.

Als ich jetzt von den NDR-Enthüllungen las, wollte ich mich eigentlich nicht mehr mit dem Thema beschäftigen. Die Erinnerungen wirken unangenehm. Dunkle Flashbacks. Heute wissen nicht mehr allzu viele, wie es Anfang der achtziger Jahre war, in der Stadt zwischen Wald und Reben, zwischen Hängen und Würgen, nach Mitternacht ein geöffnetes Lokal jenseits des Rotlichts zu finden. Die Altstadt war ein Zufluchtsort für Nachtgestalten aller Art. Der Stuttgarter Dörflichkeit zum Trotz hatte sich eine durchaus urbane Szene gebildet, eine Subkultur, in der Betuchte und Loser, Gangster und Juristen, Künstler und Kleindealer in denselben Kneipen und Kaschemmen saßen. Da fiel auch »Champagner-Conny« kaum auf, wenn er brandneue Hunderter als Trinkgeld spendierte.

Von dieser Kulisse infiziert, nahm auch ich den begnadeten Schriftfälscher zunächst als Schlitzohr eines Schelmenstücks wahr. Als einen, der die durchgeknallten Hamburger Medienmanager mit ihren Dollarzeichen und Hakenkreuzen in den Augen aufs Kreuz gelegt hatte. Was mir seinerzeit fehlte, waren präzise Kenntnisse, wie Nazis und ihre politischen Erben auch nach der Zerschlagung der Hitler-Diktatur ihre faschistische Arbeit kontinuierlich fortsetzen konnten (und es bis heute tun). So ist der Fall Kujau ein Anlass, mir an die eigene Nase zu fassen. Es hat gedauert, bis ich begriff, dass dieses Kapitel deutscher Geschichte eine ganz andere Dimension hat als etwa in Helmut Dietls Satire, die 1992 als hochgelobte Komödie namens »Schtonk« in den Kinos lief.

Zur Stuttgarter Pressepremiere von »Schtonk« hatte ich mich mit Kujau verabredet. Feixend saß er neben mir im Kino. »So war das«, krächzte er in sächsischem Dialekt, »der Götz George hat den Heidemann voll drauf.« Gerd Heidemann war der *Stern*-Reporter, der sich die ehemalige Jacht des Kriegsverbrechers Hermann Göring gekauft hatte und die Kladden-Deals mit dem Fälscher in Stuttgart abwickelte. Kujau erzählte mir, wie er Heidemann mal »Asche von Hitler und Eva Braun« für etliche Tausender angedreht habe. Gierig habe der Reporter, Spitzname »Spürhund«, das Zeug aus einer Urne mit einem Löffel in sein Zigarettenetui geschaufelt: in Wahrheit verkohlter Plunder aus Kujaus Militaria-Laden.

Die Geschäfte gingen aber nicht nur im Schmuddel-Milieu über die Bühne. *Stern*-Personal traf sich mit Kujau auch im feinen Parkhotel neben dem SDR (heute SWR), um den Scoop vorzubereiten. Für die Fachwelt, erzählte mir Kujau, habe er Papier aus der DDR im Backofen geröstet – so lange, bis es nicht nur den *Stern*-Deutern braun genug erschien. Auch renommierte Historiker wie der Stuttgarter Eberhard Jäckel und sein berühmter britischer Kollege Hugh Trevor-Roper fielen auf den Stuttgarter Blender herein.

Wie politisch verantwortungslos bei uns, den Weltmeistern der Vergangenheitsaufarbeitung, mit dem Skandal umgegangen wurde, zeigt dieses Beispiel: 1992 überließ die Stadt Stuttgart ihre Galerie unterm Turm Kujau, damit er dort seine eher dilettantisch gefälschten Bilder von Malern wie van Gogh und Picasso, Dalí und Warhol ausstellen konnte. Zur Vernissage kam auch Oberbürgermeister Manfred Rommel als Laudator: Stuttgarts »lieber Herr Kujau« habe schließlich eine Menge für die Stadt getan, also »weltweit Wirkung« erzielt. Zu den Menschen, die gegen die Schau protestierten, wenn auch nur aus Sicht der Kunstbranche, sagte er: »Die Kunst soll sich nicht so haben.« Er habe immer Bedenken, wenn es »moralisch« werde. Es gehe »um ein gewisses Maß an Humor«.

Fideles Stuttgart: In der Galerie im Tagblattturm war einige Jahre zuvor die dokumentarische Schau »Stuttgart im Dritten Reich« zu sehen gewesen. Das Geschichtsprojekt wurde eingestellt, die städtische Subvention gestrichen. Heute, 30 Jahre später, wird am Ende eines *Stuttgarter Zeitungs*-Artikels Marc-Oliver Boger, der Leiter des Kleinmuseums Kujau-Kabinett in Bietigheim-Bissingen, zitiert: Kujau sei ein Einzeltäter gewesen – und »doch eher unpolitisch«.

Alles gesunder deutscher Humor.

Tanz den Leo

Dass ich immer noch in einem Kessel namens Stuttgart herumgehe, hat nicht unbedingt mit einem Satz des Dichters Henry David Thoreau zu tun: »Meine Stimmung«, heißt es in seinem Essay »Vom Spazieren«, »hebt sich stets umso mehr, je größer die Trübseligkeit meiner Umgebung ist.« 150 Jahre nach Thoreaus Tod steuert beim Spazieren nicht nur die trübselige Umgebung meine Laune. Weltweit liegt etwas Unglückseliges in der Luft. In dieser Stimmung halte ich immer öfter jede Art Zukunftsplanung für absurd. Ich bin ein Schwarzseher, unfähig, die Dinge mit dem auf der Couch gestählten Seelenpanzer des modernen Kriegshelden abzuwehren. Noch trage ich Stetson statt Stahlhelm, und mir platzt die Hutschnur, wenn Leopards in Medien als Leos verniedlicht werden. Der Krieg begegnet uns medial als Pop, als Mix aus Hollywood und Insta-Selfie. Make War, Love Leo.

Selbst unter Freunden ist es kaum mehr möglich, verletzungsfrei über Waffenlieferungen und Verhandlungen zu diskutieren. Trifft auch Menschen, die nicht grundsätzlich gegen Waffenlieferungen sind, aber Verhandlungswillen vermissen. Wer nicht ohne jeden Zweifel der Propaganda von Gut gegen Böse folgt, gilt als naiv. Als Putins Dackel. Zwischen Militarismuskritik und hirnlosem Pazifismus wird kaum noch unterschieden. Das bei uns herrschende Aufrüstungsklima mit seinen begeisterten Festgeklebten ist wie geschaffen für die Kriegswirtschaft.

Als Spaziergänger mit Hang zu Abschweifungen erinnere ich mich, wie ich mir beim Überfall der russischen Armee auf die Ukraine vor einem Jahr reflexartig »Die

Abenteuer des braven Soldaten Schwejk« griff und auf Seite 45 diese Zeilen fand: »Und irgendwo in weiter Ferne der Geschichte senkte sich auf Europa die Wahrheit, dass das Morgen die Pläne der Gegenwart zunichtemachen werde.« Inzwischen, da das Morgen immer unberechenbarer wird, las ich auf Seite 188 etwas, das ich hier aus dem Zusammenhang reiße, weil es mir einen Zusammenhang klarmacht: »Über Schwejk und Oberleutnant Lukasch ballte sich eine Katastrophe zusammen.«

Nur ein Naivling wie unsereiner spinnt sich solches Zeug zusammen. Denn der Russe wird ja wie immer verlieren. Atomwaffen sind Attrappen. Demokratie und Freiheit werden wie immer siegen, speziell in den Augen derer, die noch nie einen Fuß auf die Straße gesetzt haben, um demokratische Errungenschaften wenigstens in ihrer Umgebung zu verteidigen. »Streik!«, lese ich auf einem Zeitungsaufsteller, »Totengräber wollen mehr Geld«. Kämpft tapfer, Freunde! Es gibt viel zu tun.

Meine Trübseligkeit könnte sich bald verschärfen in meiner Umgebung, die mit den international operierenden Spezialkommandos der US-Army in unserer Stadt globale Ausmaße angenommen hat. Ich muss mich dringend therapieren, bevor ich mit gereckter Panzerfaust und der Parole »Ich glaub, ich bin der Leo« in der Geschlossenen lande.

Schon seit Langem hatte ich zu meiner Zerstreuung vor, vom schlimmsten Feind des Fußgängers zu berichten: dem Hundehaufen auf dem Gehweg. Das wäre endlich mal eine positive Weltbetrachtung, denn die Scheiße auf den Straßen ist zuletzt zurückgegangen. Man sieht sie seltener als Ratten. Vielleicht hat das mit den Strafen für Köterkacke zu tun. In Baden-Württemberg kann der animalische Abseilakt bis zu 150 Euro kosten, in Berlin seltsamerweise weniger. Dort habe ich einst als Serien-Tourist den Instinkt entwickelt, Hundehaufen zu umschiffen, noch bevor ich sie rieche. Bis heute erinnere ich mich an die Schlagzeilen Berliner Blätter über unfassbar viele Tonnen Scheiße, die von den Straßen geschaufelt werden mussten. Diese Einblicke waren für mich lebensrettend, als ich später Cowboystiefel mit hohen Absätzen und glatten Ledersohlen trug.

Neben dem Bußgeld hat auch die Tüte zur Hundekot-Entsorgung für Entspannung im Straßenkrieg gesorgt. Das Thema wäre mir allerdings entfallen, hätte nicht neulich der Ballettchef der Staatsoper Hannover eine Kacktüte mit der frischen Hinterlassenschaft seines altersschwachen Dackels Gustav wie eine geladene Kanone gezogen. Die Munition schmierte er einer Kritikerin der *FAZ* ins Gesicht, worauf die Kunst des Tanztheaters schlagartig weltberühmt wurde. Shit On The Dancefloor.

Zweifellos hätte ich jetzt, da ich die Fäkalienaffäre erwähne, die verdammte Pflicht, mich zu distanzieren. Dank Putin wissen wir: Im Zeitalter der sozialen Medien muss man sich, um nicht selber in Ungnade zu fallen, von jedem Sauhund auch dann öffentlich distanzieren, wenn man nie etwas mit ihm zu tun hatte. Meine geistige Mittäterschaft beim Kotattentat kann ich als professioneller Nichttänzer allerdings dementieren, weil diese Dackelwurstnummer mir kleinem Scheißer nie und nimmer eingefallen wäre. Auch deshalb nicht, weil ich keinen Gustav habe und mit all seinen Artgenossen selbst dann auf Kriegsfuß stehe, wenn sie mal nicht das Bein heben. Den besten Kommentar zum deutschen Hundestuhlchoreografen schrieb übrigens ein migrationserfahrener Mensch auf Facebook: »Liegt offensichtlich an seinem kulturellen und religiösen Hintergrund.«

Das Stichwort »Mittäterschaft« war in meinem getrübten Bewusstsein sicher mit ein Grund, den Stadtteil Sillenbuch heimzusuchen, einen sozialen Brennpunkt. Was in Sillenbuch lichterloh brennt, ist der sichtbare Ehrgeiz, den weltweit gepflegtesten Garten vor dem Eigenheim zu präsentieren.

In der Nähe der Haltestelle Silberwald, in gut bürgerlicher Abgeschiedenheit, ist die Fritz-Bauer-Straße. Die wurde 2010 so benannt und auf ihrem Schild mit dem Hinweis »Generalstaatsanwalt zur Aufklärung von Nazi-Verbrechen« bedruckt. 1937 hatten die Nazis diese kaum 200 Schritte kurze Straße dem antisemitischen Historiker Heinrich Gotthard von Treitschke (1834 bis 1896) gewidmet. Dem großen demokratischen Aufklärer Fritz Bauer wurde erst 2003, 35 Jahre nach seinem Tod, ein versteckter Fußweg mit beachtlicher Fallhöhe im Stadtbezirk Bopser gegönnt (und 2010 umbenannt).

Mein Ausflug nach Sillenbuch, wo einst Clara Zetkin wohnte und heute das links befruchtete Waldheim ihren Namen trägt, war fällig, nachdem ich im Kino den Dokumentarfilm »Fritz Bauers Erbe« gesehen hatte. Eine sehr gut verständliche, von keiner empörten Pädagogik getrübte Auseinandersetzung mit der deutschen Justiz. Die hatte bis vor wenigen Jahren kein Interesse, noch lebendes Nazi-Personal wegen Beihilfe zu Mord zu bestrafen. In der freiheitlich-demokratischen Republik wurde zur Rechenschaft nur gezogen, wer in der industriellen Mordmaschinerie zur Massenvernichtung von Menschen eine detailliert nachweisbare Tat begangen hatte. Der Rest wusste von nichts und marschierte samt seiner geistigen Erben munter in die Zukunft.

Fritz Bauer, in den frühen 1960ern Wegbereiter des Frankfurter Auschwitz-Prozesses, hat vergeblich versucht, seine Rädchen-Theorie durchzusetzen, wonach der Strafbestand der Beihilfe zum Massenmord auch ohne individuellen Nachweis einer Tat bestehe. In den vergangenen Jahren wurde der Jurist in mehreren Spiel- und Dokumentarfilmen gewürdigt. Stuttgart hat ihm neben dem Sillenbucher Sträßchen 2012 einen Vortragssaal im Amtsgericht zugestanden. Diese Art Ehrung im Abseits sagt alles über den Umgang mit einem Menschen, dessen aufopferungsvoller Kampf gegen Faschismus und Geschichtsklitterung bis in unsere Zeit hineinwirkt. »Fritz Bauers Erbe« ist ein Beispiel dafür, was Erinnerungsarbeit für die Gegenwart leisten kann, wenn die Vergangenheit nicht als vergangen abgehakt und vertuscht wird. Geboren wurde Fritz Bauer am 16. Juli 1903 in Stuttgart. Vielleicht lässt sich zu seinem 120. Geburtstag was machen in dieser Stadt.

Damit bin ich am Ende und der Hanns Guck-in-die-Luft in einer trübseligen Umgebung, die beim Blick auf das Morgen meine Bombenstimmung hebt.

Eiertanz

Neulich verbreitete ich via Homepage die erschütternde Nachricht, mein Urlaub gehe zu Ende. Bald kam mir der Verdacht, dass ich mich in der Wortwahl vergriffen hatte. Fix änderte ich meinen Text: »Mein Urlaub, sofern dieser Begriff für einen Rentner gerechtfertigt ist, geht zu Ende …«

Wenig später wusste ich es genau: Der Begriff Urlaub hat in meinem Dasein keinerlei Berechtigung. Er bezeichnet laut Duden die in Betrieben, Behörden und beim Militär arbeitsfreie Zeit, »die jemand zum Zwecke der Erholung erhält«. Demnach bin ich als »Urlauber« erledigt. In Wahrheit bin ich unterwegs als Sommerfrischler mit Regenschirm, als alternder Tagedieb und elender Tourist, der in fremden Revieren herumtrampelt.

Laut Wikipedia stand »urloup« im Mittelhochdeutschen für »die Erlaubnis, wegzugehen«. Diese Definition kann man so oder so sehen: Wenn du beurlaubt wirst, bedeutet das schnell mal das Ende deiner Karriere – sofern du eine hast. Unsereiner, der sich als Rentner das Weggehen nur selber erlauben kann, hätte ohnehin längst wissen müssen: Du kannst dich nicht vom Leben freistellen, auch nicht bei Rentenfortzahlung in der Pause. Der zum Scheitern verurteilte biologische Prozess namens Leben geht im Urlaub weiter, auch wenn es keiner ist. Alte Weisheit: Wohin du auch gehst, du nimmst dich immer selber mit.

Ich denke nicht, dass man sich erholt beim Verreisen. Das Gemüt wird mangels Entspannung vereisen. Denn irgendwas steht bevor, irgendwas geht dir auch mitten im Weggehen auf den Wecker. Regelmäßig pupst das Taschentelefon. Wie soll man denn etwas hinter sich lassen, das einem nach der Rückkehr erst noch bevorsteht? Die Birne kennt kein Pardon.

Ich bin ja nicht mal fähig, mich einige Tage aus der Fußball-EM auszuklinken. In der erstbesten Buchhandlung meines auserwählten Fluchtorts in Ostfriesland verstaute ich das *Kickers Sonderheft* zwischen meinen Touri-Utensilien, und schon auf den ersten Seiten begegnete mir eine philosophische Frage, die mich aus allen Erholungsträumen riss: »Die Kraft des Fußballs ist enorm, aber kommt sie auch gegen Kriege an?« Fast bin ich geneigt zu sagen: No. Das schafft nicht mal Antonio Rüdiger.

Und was geschieht mit mir nach einem verschossenen Elfmeter und Ronaldos Tränen auf dem Platz? Die Portugiesen nennen einen Fan »torcedor« – in diesem Wort steckt das Leiden, und beim Anblick des weinenden alten Mannes ist auf einmal selbst ein Stuttgarter Weggeher ein verdammter Portugiese.

Kaum hast du diese Saudade verdaut, streckt der türkische Torschütze Demiral die Finger beider Hände zum Wolfsgruß gen Himmel. Die UEFA erhob nach reichlich Protesten ihren Zeigefinger und sperrte ihn für zwei Spiele. Und der deutsche Bauernminister Özdemir fordert schlagzeilenbewusst, das Ritual der Grauen Wölfe generell in der Republik zu verbieten. Wäre eine harte Maßnahme, die nicht ohne Folgen bliebe: Seit dem Verbot des Hitlergrußes gibt es bei uns bekanntlich keine Nazis mehr.

Die Bundeszentrale für politische Bildung hält die Grauen Wölfe mit schätzungsweise 18.000 Mitgliedern für die »größte rechtsextreme Organisation in Deutschland«. In nicht wenigen unserer Gemeinden werden ihre sogenannten Kulturvereine nicht nur geduldet, sondern oft wohlwollend unterstützt. Auch demokratische Parteien in der Provinz stellen sich nicht selten blind und taub, wenn sie von Wölfen unterwandert werden.

Ich höre so manches, habe mein Domizil in der Nachbarschaft des türkischen Konsulats, wo auch ohne Fußball mit Wolfsgruß jeden Tag ein Polizeiauto steht.

Vergleichsweise taugt die Aufregung um den englischen Spieler Bellingham nur als Spießerkomödie. Der Jungstar hat sich nach seinem Jahrhundert-Fallrückzieher etwas auffällig an seine Turnhose im leicht ausgebeulten Gemächtbereich gefasst, was sofort zu Ermittlungen der UEFA führte. Der Vorwurf lautete »obszöne Geste« – moralisch anscheinend schwerwiegender als das obszöne Geschäftsgebaren bei dieser EM, das kein Video-Referee überwacht. Bellinghams Eiertanz belegte die UEFA am Ende mit einer Geldstrafe von 30.000 Euro; ein Reifen seines Autos dürfte mehr kosten.

Erholung? Jetzt bin ich mit meinen Feriengedanken schon wieder in den politischen Strafraum abgeschweift. Wie daheim. Es gibt ohnehin keinen Ausweg mehr. Wo willst du denn noch hin, wenn du fliehen willst? Keine Bohrinsel ist mehr frei vom braunen Sumpf. Und der Fußball lenkt dich erst recht nicht ab. »Trotz seiner Unsauberkeiten und Verirrungen ist Fußball in erster Linie und im Wesentlichen ein Spiel. Deshalb handelt es sich um eine ernsthafte Sache«, hat mal der argentinische Fußballphilosoph Jorge Valdano, 68, geschrieben. Dem ehemaligen Nationalspieler, Trainer und Manager vertraue ich. Zum fairen Umgang mit allen politischen Zuordnungen habe ich einen von ihm überlieferten Satz aus der Franco-Diktatur gespeichert: »Alle Faschisten sind Anhänger von Real Madrid. Aber nicht alle Anhänger Real Madrids Faschisten.«

Meine Betrachtung des mir nicht zustehenden Urlaubs

hat mir als Spaziergänger trotz aller Ernüchterung Freude bereitet. Denn eine zentrale Rolle spielt ja auch bei diesem Thema das Gehen: das von irgendeinem Boss erlaubte Weggehen – was nach Rebellion auf der Straße schreit.

Inzwischen sage ich mir: Geh mir doch weg mit Urlaub. Ich gehe, wann und wo es geht. Was mir als Weggeher noch bleibt, ist nach Schieflage der Dinge ein Kulissenwechsel auf Zeit. Diese Aussicht ist gar nicht so übel, sofern du in Stuttgart wohnst. Nach meinem Ausflug ins berühmte Ostfriesland, wo Miene Schönberg, die Mutter der großen Marx Brothers, geboren wurde, ging es weiter in »ein verludertes Kaufmannsnest – Huren genug, aber keine Musen«. So hat einst Heinrich Heine, der mal Harry hieß, von Hamburg geschwärmt.

Mein ICE von Bremen kam eine Minute früher als geplant in der Hansestadt an, weshalb uns die Zugführerin per Lautsprecher mit den Worten tröstete: »Wir bitten, die vorzeitige Ankunft zu entschuldigen. Wir werden das zeitnah mit einer Verspätung einholen.«

Jeder Spaziergang in neuer Kulisse ist so erregend wie ein Abendmahl in frisch gewechselter Unterhose, wenn du von einer langen Wanderung heimkehrst. Seit jeher fühle ich mich als Tourist in Hamburg wohl, nicht nur, weil ich im Kabarett eine allseits verwendbare Wahrheit gehört habe: Wer es in Stuttgart aushält, dem gefällt es überall. Hin und wieder muss ich das Gefühl haben, in einer Stadt herumzugehen, in der das Selbstverständliche das Ereignis ist und das Aufregende die Gelassenheit. Diese Atmosphäre erlebst du in Stuttgart nicht. Nach meinen jahrzehntelangen Beobachtungen soll hier Selbsterhöhung das Großstädtische ersetzen und Anmaßung das Provinzielle verdrängen. Wozu?

Alles ginge ganz einfach. Man müsste nur mal die Dinge

nehmen, wie sie sind – und waren. Im Ernstfall auch mal mit etwas Humor im Landeiländ des Hechelns. Dann wäre zwar nicht mehr jede neu eröffnete Kneipe eine Weltmetropolensensation, nicht mehr jede Luftpumpe ein Beweis für Europas neue Fahrradhauptstadt und ein Hotel mit ein paar Stockwerken über dem Keller kein Beleg für ein neues Manhattan am Nesenbach. Vom Kesselkomplex befreit, könnte man aber auf gut Schwäbisch sagen: big enough, unser Kaff. »Big Enough« heißt übrigens ein Song von Keith Richards, und mehr geht nicht.

Jetzt ist mein Urlaub, der kein Urlaub war, vorbei. Mit Verspätung, aber zu früh bin ich zurückgekommen. Untertänigst bitte ich mich deshalb selber: Erlaube mir, Alter, bald wieder wegzugehen. Und dann gehe ich mit der Hand am Mann in Gedanken an Mienes berühmten Sohn Groucho Marx: »Jeder kann alt werden«, hat er gesagt, »der lange genug lebt.«

Leichen

Ich bin mir sicher, dass es in Schlossparks genauso spukt wie in Burgen und Schlössern. Also rechne ich mit allem, als ich mich an einem heißen Junitag aufmache, den Schlossgarten zu durchqueren.

Seit den Stuttgarter Krawallen in der Nacht zum 21. Juni 2020 ist es Staatsbürgerpflicht, vor jeder Bemerkung zu den Ausschreitungen den Untertanen-Eid abzulegen, auf keinen Fall »Gewalt« zu »entschuldigen« oder zu »rechtfertigen«. Und so erkläre auch ich hiermit, dass ich Randale für gesundheitsgefährdend halte wie Atombomben, Stadtautobahnen oder Schlachthöfe.

Die von einem Lokalblattpoeten nach den Krawallen beschriebene »Blutspur vom Hauptbahnhof bis zur Marienstraße« kann ich nicht finden, weshalb ich unbefleckt zum Eckensee vor die Oper marschiere, hinein in die subkulturelle Sommernachtstraumkulisse, in der junge Menschen aus aller Welt abhängen, teils abgehängt und von der Polizei gegängelt. Politisch wurde dieses Leben im Park ignoriert, obwohl direkt am Schlossgarten das Ministerium für Migration steht. Kaum aber aus dem Dorfschlaf geweckt, verbreiten Google-Front-erfahrene Parteisoldaten die Mehrzweck-Phrase von »bürgerkriegsähnlichen Zuständen«. Zu den Waffen! Es ist Wahlkampf.

Auch wenn der Vergleich heftiger hinkt als ein halbstarker Spaziergänger, erinnert mich die Entladung im Kessel an einen längst vergessenen Roman, den 1986 der Stuttgarter Jurist Albert Gerhardt geschrieben hat. Sein Buch »Münchner Freiheit« beginnt mit dem 21. Juni 1962: »Es lag etwas in der Luft.« Das folgende Gewitter nannte man später »Schwabinger Krawalle«. Ein paar junge Leute hatten im Abendlicht zur Gitarre russische Lieder gesungen, ehe kurz nach zehn die Polizei anrückte, um sie zu verjagen. Die Folge: fünf Nächte Randale. Als man die Rebellen Jahrzehnte danach fragte, wofür sie gekämpft hätten, sagten sie: für ein besseres Leben, für mehr Musik und mehr Liebe.

Musik und Liebe sind lebensgefährlich. Mit dieser Erkenntnis stehe ich wieder mal am Schicksalsbrunnen vor der Oper: Karl Donndorfs Skulptur mit der Schicksalsgöttin, die 1914 zum Gedenken an Anna Sutter aufgestellt wurde. Die berühmte Sopranistin hatte sich auf eine Affäre mit dem Hofkapellmeister Aloys Obrist eingelassen. Da lag etwas in der Luft, ich wollte ihr noch zurufen: »Never fuck your own company!« Zu spät. Kaum hatte sie ihrem Lover aus der Hochkultur mehr Liebe verweigert, erschoss er sie am 29. Juni 1910 mit einer Handfeuerwaffe. Danach brachte er sich operngerecht selbst um. Zur Beisetzung des Mega-Stars auf dem Pragfriedhof kamen mehr als zehntausend Fans.

Die E-Musik in der ersten Hälfte des 20. Jahrhunderts ist berühmt für ihre wilde Event- und Partyszene. Als drei Jahre nach Anna Sutters Abgang Igor Strawinskys Ballett »Le Sacre du Printemps« in Paris Premiere hatte, war das Orchester schon bald wegen der Tumulte im Théâtre des Champs-Élysée nicht mehr zu hören. Im musikalisch leicht verstörten Publikum zählte die Gendarmerie 27 Verletzte. Stuttgart ist trotz allem kein Paris, auch wenn der Dichter Ringelnatz der Stadt einst im Vergleich mit dem »Scheißmünchen« diese Qualität zugestanden hat.

Als ich mich vom Schicksalsbrunnen abwende, bleibt mein Blick am Hotel am Schlossgarten hängen. Verdammte Erinnerung. In dieser Herberge verbrachte eine

Kapelle namens The Rolling Stones die Nacht zum 26. September 1970. Zuvor hatten die Musikanten, wie ein Fachmann der *Stuttgarter Nachrichten* analysierte, in der »tropisch heißen Halle« auf dem Killesberg mit »einpeitschender und brutaler Rock'n'Roll-Musik« die Menge zum Wogen gebracht wie einen »See im Sturm«. Die Opferliste laut Polizei: »8 Verletzte, 1 Rauschgiftvergifteter, 1 Herzkollaps, 48 Ohnmächtige«. Das Ganze wäre vermutlich noch giftiger ausgefallen, hätten sich die schwäbischen Wachtmeister nicht mit der Strahlkraft ihrer Feuerwehrschläuche wie gewohnt um Deeskalation bemüht.

Da es aber immer um mehr Liebe geht, sei erwähnt, dass der oberste Einpeitscher Mick Jagger die Nacht im Hotel am Schlossgarten fürsorglich mit der Münchner Revolten-Ikone Uschi Obermaier verbrachte, um mit ihr anderntags Schloss Neuschwanstein zu besuchen.

Ziemlich genau 40 Jahre später verzichtete die Polizei auf Feuerwehrschläuche und fuhr stattdessen bei einer Demonstration gegen Stuttgart 21 im Schlossgarten zeitgenössische Wasserwerfer auf. Ein bulliger CDU-Landeschef aus Pforzheim hatte die Knüppel- und Pfefferspray-Armee unserer Freunde und Helfer zur blutigen Friedensstiftung in Stellung gebracht. Diese Räumung des Parks schaffte es als einzigartiger Akt deutscher Staats- und Polizeigewalt in die Geschichtsbücher: Am 30. September wird der zehnte Jahrestag des »Schwarzen Donnerstag« begangen. Den staatlichen Kontrollverlust mit vielen Verletzten als Folge von Polizeigewalt für mehr Profit hat man oft genug entschuldigt und gerechtfertigt.

Als ich das Baugruben-Chaos im Schlossgarten Richtung Osten verlasse, fällt mir ein, dass diese Gegend immer wieder habhafte Horrorszenen hervorgebracht hat: 2014 fand man dort zwei nackte Leichen in Koffern. Ein

48-jähriger hatte eine Frau und einen Mann aus dem, wie die Presse schrieb, »Obdachlosenmilieu« ermordet, ihre Körper übel zugerichtet und in Koffern beiseitegeschafft.

So läuft das im Leben des Spaziergängers: Leichen pflastern seinen Weg. Meine Stimmung hebt sich, als ich im Schlossgarten bei den Rossbändiger-Statuen aus dem 19. Jahrhundert ankomme. Auch ohne Hinweis erinnert mich dieser Ort an einen Überlebenden des Nazi-Terrors. Der 15 Jahre junge Schriftsetzerlehrling Hans Gasparitsch aus Stuttgarts »rotem Osten« pinselte 1933 mit jungen Genossen auf die Sockel der beiden Skulpturen die Parolen »Hitler = Krieg« und »Rot Front«. Als er wenig später an den Tatort zurückkehrte, hatte er rote Farbkleckse an seiner Kleidung. Die Polizei war schon da und verhaftete ihn. Nach einer Hausdurchsuchung wurden auch seine Freunde eingekerkert. Obwohl Hans zunächst nur zu zweieinhalb Jahren Gefängnis verurteilt wurde, sperrten ihn die Nazis bis zum Kriegsende ins KZ, zuerst in Welzheim, dann in Dachau. Er überlebte und engagierte sich nach dem Krieg als antifaschistischer Aufklärer. 2002 ist er in Stuttgart gestorben. Heute trägt ein selbstverwaltetes Stadtteilzentrum in Ostheim seinen Namen.

Das waren Anekdoten, die der Park erzählt. Bis heute erinnert er auch an die vielen Rechtfertigungen, warum das brave Bürgertum die Gewalt akzeptierte, als schon 1930 Nazi-Horden im Schlossgarten Theatervorstellungen stürmten und beendeten.

Verdammte des Verfalls

Ich kam vom Waldlauf und wusch mich unter der Dusche mit einem Stück Bienenwachsseife, in der Hoffnung, dieser Stoff werde mir die Kraft geben, bis zum bitteren Ende wider den Stachel zu löcken. Blödsinn. Diese Redewendung hat nichts mit dem Stachel der Biene zu tun, vielmehr mit Ochsen, die sich weigern, den Pflug zu ziehen. Der aber ist mit dem scharfen Eisen eines Knüppels verbunden, der die Tiere verletzt, sobald sie meutern. Diese Sauerei finden wir in der Bibel – als lutherische Metapher. »Löcken« bedeutet: mit den Füßen ausschlagen, wofür nicht nur Ochsen hinter Pflugscharen gute Gründe haben.

Meine Füße sind nicht mehr das, was sie eh nie waren. Meine Waldlaufkraft hat nachgelassen, und dagegen helfen weder Bienenwachsseife noch die Unmengen Pferdesalbe, die ich mir jedes Mal nach der sportlichen Erniedrigung in meine malträtierte Lendenwirbelzone schmiere. Im gesicherten Wissen, dass diese Therapie so viel nützt wie ein Fußbad bei Vollmond. Aber dick auftragen kann nicht falsch sein in den Zeiten der Rosstäuscher. Näheres bei der FDP. Noch ist das Alter für mich kein »Massaker«, wie Philip Roth in seinem Roman »Jedermann« geschrieben hat, von Mal zu Mal aber erscheint mir mein Waldweg länger als die Strecke meines Restlebens. Über diese Sache an sich wird nicht gern geredet. Meine Auseinandersetzung damit beschränkt sich in der Regel darauf, mit einem grinsenden Totenkopf aus Mexiko auf meinem Schreibtisch herumzuspielen und selber zu grinsen. Der Skelett-Kerl ist aus Ton, nicht größer als eine Kaffeetasse, und identitätsstiftend trägt er einen Hut.

Altern im Anti-Aging-Kapitalismus ist für jeden Jedermann und jede Jedefrau eine Schmach. Immer, wenn ich auf die Frage, was ich denn so mache, mit der Enthüllung »Ich bin Rentner« reagiere, ernte ich Spott. Rentner ist ein Synonym für Trottel. Für Gartenzwerg. Das Wort Rentner ist verpönt. Wir sind Verdammte des Verfalls. Mich stört das allerdings nicht, ich weiß zu schätzen, dass niemand länger das Recht hat, mich als seinen Ochsen einzuspannen. Ich habe die Chance, was zu tun. Selbstverständlich weiß ich, wie beschissen es vielen Rentnerinnen und Rentnern geht. Das Thema Altern = Armut riecht schlecht. Wirkt nicht cool in einer Kolumne, deren Titel »Auf der Straße« einen Vorwärtsdrang ahnen lässt – oder gar die Courage, wider den Stachel zu löcken. Vielleicht sollte ich die Kolumne umtaufen in *Auf der Bahre.*

Der Verdacht, mein Hinweis auf das Massaker des tabuisierten Alterns hätte einen akuten persönlichen Anlass, ist falsch. Auch ein Waldweg ist nun mal eine Straße, und mein Weg im Wald verändert mich. Ich hasse ihn. Dennoch fühle ich mich noch relativ gut zu Fuß, weil ich als Spaziergänger nicht dem Olympiawahn des Joggers verfallen bin. Nach wie vor ist es mir im allgemeinen Temporausch eine Freude, mich im Vorwärtsgang auf eigenen Beinen zu wissen. Fuck your E-Bike!

Ich spaziere an einer Tafel zur Erinnerung an Robert Walser vorbei. 1895/96 hat der Dichter in der Gerberstraße 2a eine Weile bei seinem Bruder, dem Maler Karl Walser, gewohnt und darüber den kleinen Text »Die Brüder« verfasst. Bei der Lektüre wird mir klar, warum das Spiel mit meinem toten Hutkopf unterbewusst größere Bedeutung hat, als ich ahnte: »Ach es ist vielleicht … hundert-, wenn nicht gar tausendmal schöner, seinen oder seines Bruders Hut aus dem Fenster fliegen und wirbeln zu lassen, damit

Vorübergehende unten staunen, als ein vollendetes Gedicht zu schreiben, damit das Publikum staune.«

Und wie wird das Publikum unten erst staunen, wenn unsereiner eine Ladung grinsender Totenköpfe mit Hut aus dem Fenster im dritten Stock fliegen lässt. Da müssen doch die Vorübergehenden, sofern ich sie nicht tödlich treffe, endlich begreifen, wie endlich wir sind auf dieser Welt. Und dass wir etwas mit uns anfangen müssen, damit wir nicht schon vor unserem Ende am Ende sind. Deshalb werde ich grinsende Totenköpfe mit Hut auf Vorübergehende in der Absicht hinunterwerfen, jeden Fünften von ihnen zu treffen, immer den, der laut Umfragen die AfD-Nazis wählt.

Ich lese in Walsers Buch »Der Spaziergang«, darin heißt es: »Leuten, die in einem sausenden, staubaufwirbelnden Automobil sitzen, zeige ich immer mein böses und hartes Gesicht, und sie verdienen auch kein besseres.« Diese verdammten Automobilisten sollen denken, er sei ein Polizist in Zivil und habe sie im Auge, »denn ich begreife nicht«, dass es »ein Vergnügen sein kann, so an allen Gebilden, Gegenständen, die unsere schöne Erde aufweist, vorüberzurasen. Als wenn man toll geworden sei und rennen müsse, um nicht elend zu verzweifeln.« So erklärt sich mir die elende Raserei der Tollen im Stuttgarter Kessel, wo unsere schöne Erde ihrer Schönheit eine Pause gegönnt und die Stadt mithilfe nicht geerdeter, reichlich Staub aufwirbelnder Politiker den Immobilienhaien überlassen hat.

Am Kleinen Schlossplatz komme ich mit bösem und hartem Gesicht an Transparenten vorbei, die an einem Bauzaun hängen. Diese mit Cartoons in Gelb und Rot gestalteten Dinger wurden zur Warnung aufgehängt, sie fordern gutes Benehmen von Menschen, die man anscheinend nicht per Sie ansprechen muss, vermutlich Rentner.

Auf einem der Lappen steht: »Nutze bitte eine Toilette! Ein Verstoß kann ganz schön teuer werden.« Auf einem andern heißt es: »Freitags, samstags und vor Feiertagen von 20 Uhr bis 6 Uhr Videobeobachtung am Schlossplatz, Kleinen Schlossplatz und im Oberen Schlossgarten«. Ich danke für diese Aufklärung, jetzt weiß ich, wann ich mich unbeobachtet an den Bauzaun stellen und ganz schön günstig pinkeln kann. Auf solche Dinge müssen wir achten, wenn 2024 der Fußballsport in der Stadt Raum für Massenwahn einnimmt – bei der EM, die mich nur am Rande interessiert, weil ich mich nach unserem Aufstieg in die vierte Liga auf die Kickers konzentrieren muss. Viele lachen über die Regionalliga, wie sie über Rentner lachen.

Die Wahrheit über den Fußball, den sich inzwischen Video-Scharfrichter in Darkrooms unter den Nagel gerissen haben, las ich in Don DeLillos 2020 erschienenem Roman »Die Stille«; er beschreibt das Szenario eines Welt-Blackouts. Da warten fünf Menschen vor dem Fernseher auf die Super-Bowl-Übertragung, das größte Ereignis im American Football. Vorab plaudern sie über den Fußball, wie er bei uns gespielt wird. »Hab's einmal geguckt, kurz. Dauernd die Scheißschwalben«, sagt einer. »Was soll das überhaupt für ein Sport sein, wo du deine Hände nicht benutzen darfst? Bloß wenn du Torhüter bist, darfst du den Ball anfassen. Das ist eine Selbstunterdrückung des normalen Impulses. Hier hast du den Ball. Schnapp ihn dir und lauf dann los. Das ist normal. Schnappen und werfen.«

Und das ist es, was das Massaker meines Restlebens erträglich machen wird: schnappen und werfen. Gegen die Selbstunterdrückung, ohne Schwalbe, ohne Rücksicht auf den Stachel. Das ist der Kick. Bis zum finalen Abgang.

Der Charme des Brutalen

Es war am 11. September 2024, dem 23. Jahrestag der islamistischen Terroranschläge in den USA. Es war der Morgen nach dem TV-Duell im Präsidentschaftswahlkampf zwischen Kamala Harris und Donald Trump. Dessen Auswürfe über Katzen und Hunde essende Einwanderer noch im Ohr, hörte ich die Nachricht vom Tod Caterina Valentes.

Und es war der Tag, bevor der Stuttgarter Bäckermeister Hans-Georg Schmälzle auf dem Waldfriedhof beerdigt wurde. Kaltes, nasses Herbstwetter überfiel uns, und vor meinen Augen kreuzten sich so viele Wege, dass ich wieder mal nicht mehr wusste, wo mir der Kopf stand. Immerhin habe ich noch einen.

Bevor ich das Haus verließ, legte ich eine Schallplatte auf, 2013 war sie vom SWR in einer limitierten Auflage veröffentlicht worden: »Early Chet. Chet Baker in Germany 1955–1959«. Im Innern des Albums ist ein Foto abgebildet: Chet Baker mit Trompete, Caterina Valente, singend, mit Gitarre. Aufgenommen 1956 in Baden-Baden. Die Künstlerin ist auf dieser LP in den Songs »I'll Remember April« von Gene de Paul und »Every Time We Say Goodbye« von Cole Porter zu hören. Solche Stücke sind eine gute Einstimmung auf einen Tag, der im Hirn geordnet werden muss.

Die Sängerin, Instrumentalistin, Schauspielerin, die große Entertainerin Caterina Valente konnte so ziemlich alles, was es im Musikgeschäft zu tun gibt: Jazz, Pop, Bossa Nova, Chanson, Musical. Tanzen. In Deutschland war sie, die Weltoffene, vor allem mit Schlagern erfolgreich, man wusste hier wenig über ihre Auftritte in den Shows von Dean Martin und Bing Crosby oder ihre eigene Show am New Yorker Broadway.

Der Spaziergänger-Blick auf die Welt öffnet sich mir ja öfter mal in einer Pfütze vor der Haustür. Deshalb sei erwähnt, dass das Zirkuskind Caterina Valente, geboren am 14. Januar 1931 als Tochter italienischer Eltern, ihren ersten Bühnenauftritt 1936 im Stuttgarter Varieté Friedrichsbau hatte. Dass sie und ihre Familie den Faschismus zu spüren bekamen: Gefangenschaft in Breslau, Vertreibung in die UdSSR.

Nach dem Krieg adelte sie die Rundfunksender in Stuttgart und Baden-Baden mit vielen Produktionen, darunter große Fernsehshows. Es wäre also angebracht, die Stadt Stuttgart würde ihr ein angemessenes Denkmal setzen. Weltstars mit deutschem Pass gibt es nicht oft, so wahr in dieser Stadt auch heute ein Varieté namens Friedrichsbau existiert, wenn auch einige Höhenmeter von der Vergangenheit entfernt.

Der Tag, von dem ich berichte, schubste mich in die Altstadt. Das hatte mit dem Tod des Bäckers Hans-Georg Schmälzle am 26. August zu tun, ich hatte davon erst spät erfahren. Gut vierzig Jahre lang führte er mit seiner Frau Helga in der Hauptstätter Straße 41 im Leonhardsviertel die Bäckerei und das Café Schmälzle, ein Frühlokal, Treffpunkt für allerlei Nachtvögel und Sonnenaufgangsfreaks. Ein wärmender Fluchtort, der vor allem in der Ära des frühen Zapfenstreichs in der Stuttgarter Kneipenszene, in den Siebzigern und Achtzigern, unersetzlich war. Zum Abschied des Ehepaars aus der Altstadt notierte ich Ende 2011:

»Im Café Schmälzle, einem Hinterzimmer mit Bienenkorb-Intimität, gingen morgens um sechs die Lichter an.

Zuvor hatte der Bäcker gute Brezeln zubereitet, nicht dieses Industriezeugs aus den Pappkartons. Schon bevor sich die Tür öffnete, reichte er auf Klopfzeichen köstliche heiße Schinkenhörnchen durchs Fenster seiner Backstube. Im Café Schmälzle versammelte man sich in der Absicht, die Welt zu retten, sie aus den Angeln zu heben oder wenigstens den welthaltigen Roman zu schreiben. Das Lokal blieb immer unbeschadet, selbst wenn die Altstadtguerilla im Kampf gegen die guten Sitten auf dem Tisch tanzte und schmutzige Lieder sang, bis Beziehungen in die Brüche gingen – und die dank Schmälzle wieder gekittet wurden. In solchen Stunden war die Freiheit groß. Der Gast genoss Immunität. Kein Polizist wäre auf die Idee gekommen, mit Handschellen herumzufuchteln und einen der üblichen Verdächtigen auf dem Hoheitsgebiet der humanen Bäckerfamilie festzunehmen.« Und es gab Eier im Glas.

Helga Schmälzle hatte Laden und Café im Griff – und vor allem ein großes Herz. Die Güte in Person. Nach dem Tod ihres Mannes, er wurde 72 Jahre alt, bleibt mir nur, ihr alles Gute zu wünschen.

In den früheren Räumen der Schmälzles ist heute das VfB-Fanprojekt. Zuvor hatte dort der DGB eine Beratungsstelle namens Basis eingerichtet; 2016 fand hier ein Fest mit Live-Musik, Fotoausstellung und kleinen Vorträgen statt. Noch einmal sollte der Zusammenhalt im Rotlichtviertel, die gute Nachbarschaft der Menschen im Milieu beschworen werden.

Wenn ich mich heute mit der Altstadtvergangenheit beschäftige, dann nicht aus nostalgischer Weltflucht. Im Gegenteil. Als ich Erinnerungen suchte, fand ich in meinem Taschentelefon überraschend eine Mail, die mir 2017 ein Kenner des Rotlichtmilieus aus dem Ausland geschickt hatte. Keine Ahnung, wie sich diese Botschaft sieben Jahre lang in einem Ordner halten konnte, den ich nie registriert hatte. Der Text ist nicht nur kenntnisreich, sondern auch sehr schön geschrieben. Hier ein Auszug:

»Nein, die 70er und 80er Jahre des Stuttgarter Milieus waren keine schwäbische Idylle. Die Protagonisten des Rotlichts waren durchwegs keine netten Zeitgenossen, zu einem guten Teil hochgradige Kriminelle, die mit jedem Mittel ihren Vorteil suchten und Widerstände brutal ausräumten (…) Das Unglück der Frauen, ihre fast regelmäßige Verelendung in Armut und Alkohol war unauffälliger und daher eher zu beschönigen. Die Beschwichtigung, die im Rückblick durchklingt, es sei damals ja ›nur‹ um Prostitution williger Damen mit dem Hang zur eigenen Boutique gegangen, und anständigerweise habe man keine Drogen verkauft oder übermäßige Gewalt ausgeübt, ist durchschaubar falsch und wird auch in der Verklärung der Vergangenheit nicht besser. Nein, das Stuttgarter Rotlicht jener Zeit war nicht so, wie wir es gerne anekdotisch weitererzählen.«

Schade, dass der Autor sich trotz meiner Bitten nie mehr gemeldet hat. Er erzählt viele Details, die ich diskret behandeln muss. Diese Zeilen gebe ich weiter: »Die ›Ästhetik der Gewalt‹, die damals die Oberwelt an der Unterwelt faszinierte, sollte auch in der Erinnerung nicht glorifiziert werden. So wie im Rückblick manche Filme des Italo-Western fast ungenießbar sind, so entzaubert erscheint heute der damals empfundene Charme des Brutalen als Gegenwelt des Bürgerlichen.«

Diese Sätze im Kopf, gehe ich durchs Leonhardsviertel und lande, aus gutem Grund, in der kleinen Kneipe Jakob-Stube, Jakobstraße 6. Ich treffe mich zum Plaudern mit dem Barmann Heinrich Huth, er ist auch SPD-Bezirksbeirat und Mitinitiator des Vereins Leonhardvorstadt, benannt nach dem historischen Quartier, das einst aus Leonhards- und benachbartem Bohnenviertel bestand. Seit Jahren engagiert er sich für stadtplanerische Lösungen im Nebeneinander von Rotlichtmilieu und Menschen, die hier ihre Heimat haben. Mit Lebensmodellen, die in der Beton-Bürokratie städtischer Profitpolitik kaum Gehör finden.

Neben dem Eingang zur Jakob-Stube hängt eine Gedenktafel, die 2013 engagierte Bürger angebracht haben: gewidmet Dr. Balthasar Friedrich Wilhelm Zimmermann. Am 2. Januar 1807 wurde er im Haus Jakobstraße 6 geboren. Er war Theologe, Dichter, Historiker, Abgeordneter der Frankfurter Nationalversammlung – und Autor des Buchs »Der große Deutsche Bauernkrieg«. Dieses umfassende Werk eines revolutionären schwäbischen Geistes, der in Stuttgart lange so gut wie vergessen war, hat die Geschichtsschreibung erheblich beeinflusst. Es wurde ins Russische und Französische übersetzt; August Bebel und Friedrich Engels beriefen sich auf Zimmermann, auf seinen »revolutionären Instinkt« (Engels).

Das Landesmuseum Württemberg zeigt ab 26. Oktober die große Ausstellung »500 Jahre Bauernkrieg«, verbunden mit der in die Gegenwart führenden Schau »Von der Wut zur Bewegung. Protest!«. Über dieses Thema wird noch zu berichten sein, auch aus der Altstadt, wo Bauernköpfe rollten und auf Stangen gespießt wurden.

Vorerst ordne ich weiterhin die Dinge im Hirn, nicht ohne am Ende zu sagen, was Caterina Valente mit dem großen Lügenmaul der Republikaner zu tun hat. Zuletzt lebte sie nur noch in der Schweiz. Ihr Haus in Kalifornien hatte sie aus Protest gegen die Regierung Donald Trumps verkauft.

Hang 'em high

Bald bin ich siebzig. Eine Sache, die angesichts der Olympischen Spiele in Paris in diesem Sommer an internationaler Beachtung einbüßen könnte. Die Einschätzung bevorstehender Großereignisse ist im Moment insgesamt schwierig, da noch unklar ist, wann Macron die Welt mit Bodentruppen befrieden wird. Gott lebt in Frankreich.

Als ich beim Blick in den Spiegel bemerkte, dass ich siebzig werde, war es an der Zeit, über den Sinn meines kurzen Lebens nachzudenken. Ab einem gewissen Alter – habe ich gehört – steht der Tod »zeitnah« bevor, weil das Leben an sich ein enges »Zeitfenster« hat. Die Begriffe »zeitnah« und »Zeitfenster« sind so ziemlich das Dümmste, seit die »Nachhaltigkeit« inflationiert wurde.

Dass Hinweise auf die eigene Endlichkeit nicht alle lustig finden, ist mir bekannt, liebe Leserinnen und Leser. Sie müssen sich nicht von mir einsargen lassen. Einem Roman über das Sterben habe ich entnommen, dass Altern im Grunde nichts anderes ist als eine tödliche Krankheit. In einem anderen Roman über das Leben einfacher Leute fand ich die Erkenntnis, Dummheit sei die Schwester der Hoffnung. Das hat mir beinahe Hoffnung gemacht, nicht hoffnungslos dumm zu sein.

Früher schon, als ich heruntergelassene Rollläden und gedimmtes Licht jedem Zeitfenster vorzog, hatte ich oft Lust, fern des geregelten Tages in einem kneipenartigen Raum auf einem Laptop herumzuhacken. Aufzuschreiben, was einem in den Sinn kommt, wenn man sinnlos herumsitzt, die Welt im Auge. So gut wie alle diese Versuche aber gingen daneben, weil es überall zu laut ist. Entweder lärmen Techno oder SWR oder ein Dutzend Handys oder alle zusammen.

Neulich saß ich in einem an sich ruhigen Türken-Imbiss und wollte ein paar Zeilen über die Verwandtschaft von Dummheit und Hoffnung notieren. Dann legte einer sein Mobiltelefon auf den Tisch, schaltete den Lautsprecher ein und führte, während er mampfte, einen sehr engagierten Dialog, den ich allein mangels Sprachkenntnis nicht verstehen konnte. Keine Sorge, ich finde genügend Ausreden, warum ich nicht das Zeug zum Kaffeehausdichter habe.

Inzwischen aber habe ich einen Ort gefunden, der mich von der Welt da draußen und da drinnen abschirmt. Es ist ein Ketten-Snack-Lokal namens Back-Factory gegenüber unserer Bahnhofsruine. Wer dieses Unternehmen überprüft, wird mich beschuldigen, politisch unkorrekt im Wartesaal eines üblen Kapitalismus herumzulungern. Was mir angesichts meines Zeitfensters wurscht sein kann. Das Etablissement verdient den Namen Factory. Es ist so geräumig, dass man hier eine Lokomotive bauen könnte, wenn man eine bräuchte. Es gibt Holztische und -stühle, und man bedient sich selbst mit Blick auf eine Backsteinwand, die mit Kunststoffmoos und Videoschirm dekoriert ist.

Die Musik im Saal ist leise, und als ich mich umblicke, bin ich mir sicher, die einzige Kartoffel in diesem gut besuchten Haus zu sein. Die Menschen machen den Eindruck, aus der ganzen Welt in die Snack-Fabrik gekommen zu sein. Als wüssten alle, dass alle da sind. Dennoch herrscht eine heimelige Stille, womöglich eine Besinnung auf das Wesentliche: sich selbst.

Ich gehe öfter in diesen Laden und komme mir dort vor wie in einem Emigranten-Café, weit weg von meiner Stadt. Je klarer dir wird, dass du zeitnah weg bist vom Fenster, desto öfter hältst du Einbildung für Realität. Und Wahrnehmung für Wahrheit. An einem guten Tag packe ich in diesem Bienenkorb meinen Laptop aus und tippe. Geht einwandfrei, nichts stört. Auf der Videotafel werden zwischen Werbung (»Snack dich glücklich«) »Emmas Tipps« mit dem Motto »Gut zu wissen« eingeblendet, beispielsweise so: »Angela Merkel isst als Dessert gern Käse«. Ja, wie der Macron. Und nach dem Brie laufen die Bodentruppen.

Als Kartoffel im babylonischen Eintopf plagen mich schwarze Gedanken. Sie flackern wie Schlagzeilen auf meinem Laptopschirm. Und der Videoschirm meldet: »Ein Reiskorn hat mehr Gene als der Mensch«. Ja, und mehr Intelligenz. Dieses heillose Gesinnungsspektakel in allen Medien, nicht erst seit der Preisverleihung bei der Berlinale. Ich liefere dazu keinen Meinungs-Snack aus meiner Back-Bude, empfehle stattdessen ein kleines Buch, das der Schweizer Schriftsteller Thomas Meyer 2021 veröffentlicht hat: »Was soll an meiner Nase bitte jüdisch sein? … über den Antisemitismus im Alltag« (Verlag Elster & Salis, Zürich). Man kann es in der Jackentasche mit sich herumtragen, ich blättere gern darin, weil ich den Autor mal kennengelernt und ihn in guter Erinnerung habe.

Das Klima zurzeit ist deprimierend aufgeheizt. So gut ich mir erklären kann, warum aus Wut über propalästinensische Auftritte bei der Berlinale das Publikum als »Klatschvieh« beschimpft wird, so wenig kann ich bei dieser Wortwahl meine Kopfbilder ausblenden: In Viehwaggons wurden bei uns, kaum ein Menschenleben her, Jüdinnen und Juden in die Vernichtungslager gekarrt. Die Orte des Abtransports und der Verbrechen können wir vor unserer Haustür besichtigen. Das ist unsere Gegenwart. Und Empathie, die fehlt immer den anderen.

Ich sitze in dieser Back-Factory, eine Quarktasche vor meiner Kartoffelnase, betrachte die Fressalien des Glücks in den Vitrinen, schaue hoch zur Decke, ob dort Gott wohnt – und ermittle mithilfe meines Laptops, woher die Redewendung »Den Brotkorb höher hängen« kommt. Es gibt mehrere Deutungen: von zu lebhaften Pferden, deren Haferrationen reduziert werden mussten, oder von Kindern im Mittelalter, die man mit dem höher gehängten Brotkorb maßregelte, bis hin zu einem Regierungserlass von 1875, der im preußischen Kulturkampf Geistlichen die staatlichen Zuschüsse sperrte: das sogenannte Brotkorbgesetz.

Verdammt, ein paar Tage erst ist es her, dass im Bezirksbeirat Stuttgart-Mühlhausen CDU, FDP und AfD einen Antrag mit sieben zu sechs Stimmen ablehnten, Geflüchteten einen Korb zu schenken: einen mobilen Basketballkorb. Kostet 400 Euro, gedacht zum Spielen mit Softbällen vor der Unterkunft. Ein abstoßenderes Symbolbild als diesen Provinz-Akt gibt es kaum für die derzeitigen Methoden der deutschen Politik, den Brotkorb für geflüchtete Menschen so hoch zu hängen, dass sie wie Strafmaßnahmen erscheinen. Hang 'em high oder Hängt ihn höher.

Das Bezirksbeirat-Signal mit seiner 400-Euro-Schäbigkeit ist so abgrundtief liederlich und lächerlich, dass jede Empörung darüber Energieverschwendung wäre. Diese glorreichen sieben Quarktaschen von der CDUFDPAfD-Front führen in ihrem rassistischen Kulturkampf vor, dass jeder Korb mit etwas Grips darin für sie zu hoch hängt. Ein Superwurf über die Brandmauer der Kuhdorfpolitik hinweg. Und am Ende ein Dunk: die Kugel zielsicher von oben herab versenkt.

Ach, wäre doch jemand aufgestanden, hätte den nächstbesten Papierkorb geschnappt und die Leute in der Sitzung aufgefordert, kurz vor Ostern so lange Geld hineinzuwerfen, bis 400 Eier bereitliegen. Das hätte hinhauen müssen in einem Land, dessen Nationalteam vor kurzem Basketball-Weltmeister wurde. Schön wäre, es gäbe bald ein großes Solidaritätsspiel in Mühlhausen. Korbballer aller Ränder, die noch menschlich sind, vereinigt euch.

Dem Vernehmen nach hat der Bürgerverein Interessengemeinschaft Neugereut (BIN), der das Geld beantragt hatte, das Problem aus eigener Kraft gelöst. Die Mehrheit in Mühlhausens Bezirksbeirat wiederum hat wenig später gegen Modulbauten für Geflüchtete gestimmt. Die Bodentruppen rechter Parteipolitik stehen fest geschlossen, bis die letzte Brandmauer bricht. Das ist der Korpsgeist unterm gut gefüllten Brotkorb. Zu hoffen, dass es mit siebzig besser wird, wäre dumm.

Go to hell

Es war am Morgen des Himmelfahrtstags, als ich begann, diese Zeilen zu tippen. Am Abend zuvor hatten die Bayern das Champions-League-Halbfinale bei Real Madrid mit 1:2 verloren, und ich sagte mir: »Alter Mann, mach dir nichts mehr draus, wenn auch du auf dieser Welt zu Unrecht ins Abseits gestellt wirst. Eines Tages wird der Schiedsrichter im Jenseits landen.« Diese philosophische Erleuchtung kam mir, als ich zum schnelleren Aufwachen den Metal-Sender des französischen Internetradios FIP einschaltete. Da lief gerade »Go to Hell« von Motörhead.

Als Spaziergänger lande ich immer wieder im Inferno. Es war noch Wahlkampf, sie sagten, ein schicksalhafter. Die Kämpferinnen und Kämpfer hatten die Stadt in einen Schilderwald des Grauens verwandelt.

Ich gehe durch die Straßen, und ich fühle mich, als würden die Plakate mich anschreien vor Schmerz, weil sie da hängen müssen. Dagegen klingt Lemmys Motorkopf-Stimme wie Engelsgesang auf einer Himmelfahrt. Eines der Kunststoffposter an einem Laternenpfahl brüllt wie am Spieß: »Sicherheit« – und nur wenige Meter weiter, wo das abgelichtete Gesicht eines Stadtrats namens Alexander Kotz zur Schau gestellt wird, blökt ein weiteres: »Für Sicherheit. Immer und überall.«

Dieser mit tödlicher Sicherheit saudumme Immer-und-überall-Sicherheit-Spruch ging mir durch den Kopf, als ich am Himmelfahrtstag auf die oberste Stufe meiner Bockleiter steigen musste, um noch vor dem Müsli einen in der Nacht verendeten Deckenstrahler auszuwechseln. Ich kämpfte mit meiner Höhenangst, während mir Lemmy den

Weg wies: Fahr zur Hölle! Mögen es die Harten unter uns für kokett halten, wenn ich immer wieder auf meinen altersbedingten Verfall hinweise. Mich wiederum beruhigt es, dass dieses Problem auch auf höherer Ebene behandelt wird. Nur ein paar Tage vor Paul Austers Tod Ende April in Brooklyn hatte ich »Baumgartner«, seinen letzten Roman, zu Ende gelesen. Es geht um einen Mann, der die Siebzig überschritten hat. Eines Tages bleibt Baumgartners Blick nicht nur an seiner »kleinen Wampe hängen, zu der sich sein einst flacher Bauch entwickelt hat«. Er bemerkt auch, »dass der Reißverschluss seines Hosenstalls nicht wie erwartet zugezogen ist, sondern offensteht, weit offen«. Und er erinnert sich, wie früher seine älteren Freunde »an ihren Tisch im Restaurant zurückkehrten, ohne sich des offenen Scheunentors unterhalb ihres Gürtels bewusst zu sein«.

Nur noch darum geht es eines Tages, und dann ist geschissen auf das offene Scheunentor einer Partei, aus dem uralte Parolen kommen. Auf einem ihrer Plakate steht einsam das Wort »Freiheit«. Den bewährten Zusatz »statt Sozialismus!« hat sie sich diesmal gespart, weil ihr Anhang diesen Begriff ohne das vorgeschaltete »National« womöglich nicht mehr deuten kann.

Eigentlich sind Wahlkampfparolen unwichtig, ihren wahren Sinn und Zweck legt ein sehr gutes Plakat der Satire-Partei in drei Silben offen: »Irgendwas«. Mehr geht nicht. Nur wer keinen Humor hat, muss sich ersatzweise an Propagandaobszönitäten wie den »gesunden Menschenverstand« der CDU klammern.

Bald so alt wie Baumgartner, wenn auch nicht so weise, bin ich immer mehr davon überzeugt, dass die Beschäftigung mit Politik nur noch dann ein halbwegs lebenswertes Leben zulässt, wenn sie sich im satirischen Bereich bewegt. So wahr ich angesichts meines Alterns ab sofort Sicherheit & Freiheit meines Hosenstalls mit aller rechtsstaatlichen Härte kontrollieren werde.

»Altern wird wahrscheinlich bald heilbar«, versprach uns im Wahlkampf die Partei für schulmedizinische Verjüngungsforschung. Das glaub ich gern, allerdings kann ich die plakative Frage »Wo willst Du in 800 Jahren leben?« nur schwer beantworten, da meine Himmelfahrt im Go-to-hell-Programm vermutlich auf einen etwas früheren Termin angesetzt wurde. In 800 Jahren wäre ich womöglich im Tausendjährigen Reich. Oder unter einem 868-jährigen Kanzler Merz in der Hölle.

Dem Stadtspaziergänger schadet es gesundheitlich, wenn er sich gedanklich im Horrordschungel der Parteischilder verirrt. Sein Hirn muss frei bleiben, es muss umherschweifen. Was soll ich beispielsweise mit diesem stabgereimten Wahlversprechen anfangen: »Für Kultur von Punk bis Poesie«. Was meinen die? Punk-Poesie oder Poesie-Punk? Ich bin für Kultur von Hausmusik bis Hula-Hoop. Meine Meinung.

Bei dem Wort »Kultur« bekomme ich seit je Magenschmerzen. Ständig lese ich Plakate wie dieses in der Nähe unserer Bahnhofsruine: »Kultur trifft Bau«, heißt es da in der Ankündigung eines Gruben-Events, präzisiert mit den Schlagwörtern: »Kultur, Musik, Tanz«. Musik und Tanz gehören demnach zu einer anderen Kultur als die Kultur. Vielleicht zur Fehlerkultur, zur deutschen Leitkultur oder zur internationalen Fruchtjoghurtkultur. Die neuen Nazis haben mit »Kultur« übrigens den Begriff »Rasse« ersetzt. Kultur ist vielfältig.

Zu unserer Kultur mit Musikkultur, Kulturmusik und Kulturkultur gehört neben dem Punk auch die sogenannte Klassik, ein Begriff, den der New Yorker Publizist Alex

Ross nach eigenen Worten hasst. Sobald die Leute das Wort »klassisch« hörten, schreibt er in seinem Buch »Listen to This«, dächten sie automatisch an »tot«. Das kann ich nicht beurteilen, da dieser Denk-Automatismus in meinem Alter recht oft auch ohne klassische Musik einsetzt.

Neulich hörte ich in einer Kirche in Basel ein Brahms-Konzert, in dem Schauspieler:innen zwischendurch aus dem Briefwechsel von Clara Schumann und Johannes Brahms vorlasen. Botschaften in betörend schöner Sprache (im Part des Mannes übrigens nicht immer ganz frei von lustiger Punk-Poesie).

Vor allem eine Stelle mit einer mir unbekannten Wortschöpfung beeindruckte mich. Sie wird mein Leben verändern. Eines Tages teilte Herr Brahms der verehrten Frau Schumann mit, in Italien liege er in wunderbar großen Betten: so groß, darin könne er »spazierenschlafen«.

Das ist die Lösung. Diese schwerkraftlose Bewegungstechnik ohne Schuhwerk und in Unterhosen macht mir mehr Hoffnung als die Partei für schulmedizinische Verjüngungsforschung. Ich brauche zügig ein italienisches Bett – und muss dann nur noch etwas gegen meine Albträume tun: in Zukunft an allen Wahlplakaten mit geschlossenen Augen vorbeigehen. Angesichts der Stuttgarter Stadtkultur könnte dieser Plan zwar in einem klassischen Tod in unserer hochkalibrigen Autokultur enden. Meine erfolgreich absolvierte Bockleiterbesteigung ohne Netz stimmt mich im Überlebenskampf allerdings etwas optimistisch.

Schlafspazieren ist die ultimative Lebenskultur auf dem Weg des Fortschritts. Sie wird mich weiterbringen als diese ganze verdammte Herumgeherei. Was soll dieser blöde Schrittzähler auf meines Taschentelefon. Nie mehr werde ich die dreckige Luft des Kessels atmen. Nie mehr wegen eines weit geöffneten Hosenstalls vor Scham im Boden versinken. Vor dem Schnarchengehen werde ich die Briefe von Clara und Johannes lesen, sodann in einem Himmel voller Arschgeigen herumstiefeln und die Bockleiter zum Vollmond hinauftänzeln. Als wäre jeden Tag Himmelfahrt.

Und ich sage euch: Es ist etwas passiert, fucking hell. Irgendwas. Ende.

Bis zum letzten Abgang

Selbst eine periphere Kolumne wie meine ist ein Wettbewerbsprodukt, auch wenn sie trotz aller Rentenungerechtigkeit nicht mehr für den Lebensunterhalt getippt werden muss. Zwar brüllt heute in der Redaktion kein Galeeren-Käptn mehr »In die Riemen, Hundsfott«. Aber ein paar Online-Klicks sollte das Zeug schon einfahren. Schließlich leben wir im Kapitalismus, und den kannst du so lange greenwashen, wie du willst: Am Ende gewinnen immer Galeeren-Kapitäne und Rheinmetall.

So gesehen wäre es sogar für mein Nebengeschäft des Kolumnierens vorteilhaft, nur Stoffe in die Heißmangel zu nehmen, die »ankommen«. Am besten flächendeckend. Nach dieser Marktregel könnte ich mich beispielsweise heute mit einem Stimmwunder namens Wendler und seiner geplatzten RTL-2-Doku beschäftigen, mit dem tödlichen Einfluss der Künstlichen Intelligenz auf meine Hirnreste – oder mit der serienmäßigen Pubertantenprosa eines Rathausdichters namens Nopper auf Facebook: »OB-Treffen am Ceresbrunnen in der Stuttgarter Markthalle: Die römische Göttin der Fruchtbarkeit passte sehr gut zu unserem fruchtbaren Gedankenaustausch mit 25 Oberbürgermeisterkolleginnen und -kollegen ...«.

Unfruchtbar wie ich bin, vergesse ich solche naheliegenden Siegerthemen und widme mich stattdessen einer Sache, die in einer Kolumne mit dem Titel »Auf der Straße« einschlagen müsste wie ein von den Amerikanern abgeschossener Luftballon aus China: Ich gehe spazieren. Und gehe weiter und weiter, im Zweifelsfall übers Stuttgarter Mineralwasser, bis mich der Galeeren-Käpt'n nicht mal mehr mit dem Nachtsichtglas orten kann. Eines muss freilich klar sein: Allmählich bin ich in einem Alter, in dem ich mich an die Taktik des erfahrenen Formel-1-Rennfahrers in seiner angeschlagenen Karre halte. Am Ende geht es nur noch um »Ankommen«: nicht etwa bei den Leuten, sondern im Ziel.

Neulich verbrachte ich ein paar Tage jenseits meiner üblichen Stadt, weil ich als Begleiter einer Freundin per Eisenbahn die Camargue ansteuern musste. Bemerkenswert vielleicht, dass wir nach der Ankunft in einem sehr kleinen Dorf weder Auto, Fahrrad noch Tretroller benutzten. Alle Strecken legten wir zu Fuß zurück, was nichts mit dem gerade herrschenden Generalstreik in Frankreich zu tun hatte. Nach und nach fiel mir auf, dass ich schon recht lange nicht mehr übers weite Land außerhalb einer Stadt ins Nichts gestiefelt war. Unterwegs war kilometerweit nichts anderes zu sehen als schwarze Stiere und weiße Pferde auf endlosen Weiden. Und die eine oder andere ewige Landstraße, von himmelhohen Bäumen eingezäunt, ließ mich schon mal fürchten, rein kräftemäßig nie mehr die Zivilisation zu erreichen. Dies könnte allerdings auch damit zu tun haben, dass ich in Geh-Pausen John Williams' Roman »Butcher's Crossing« las. Darin gehen vier Männer auf eine mörderische Büffeljagd in den Bergen, woran mich jeder Dorfmetzgerladen mit der Aufschrift »Boucherie« erinnerte.

Für einen Dörfler aus Stuttgart sind Stiere und Pferde, Wiesen und Bäume kein so ungewöhnlicher Anblick, dass er den Drang verspürte, darüber zu berichten. (Über meinen Besuch eines Stierkampfs in einer vollen Arena sage ich hier vorsichtshalber nix.) Was mich als Fußgänger unterwegs immer öfter beschäftigte, war die verlockende Aussicht, beim Gehen einfach rauszugehen: raus aus der

Welt. Davonzulaufen. Für immer. Da draußen nämlich scheint alles in Ordnung zu sein, und womöglich wäre es Zeit für einen individuellen Generalstreik zur Durchsetzung einer Gehpflicht im Dienste der Entschleunigung.

Militant müsste dieser Streik sein wie bei den Franzosen, die nicht nur die Arbeit niederlegen, sondern Barrikaden aufstellen. Was habe ich denn für Gründe, bis ans nahende Ende meines Lebens vor idiotischen Tausend-PS-Autos und unkontrollierten E-Scootern zu flüchten, ehe mir in der sogenannten Stadtmitte ein aufgehängter Werbelappen von Breuninger weismachen will, »Flanieren« habe etwas mit dem Herumstolzieren zwischen »Marken« zu tun.

Unterwegs erzählte mir meine Begleiterin, die vielen Platanen auf beiden Seiten unserer Landstraße hätten einst die Römer gepflanzt, um nachfolgenden Generationen von Soldaten das Marschieren im Schatten zu erleichtern. Ich werde den Teufel tun und diese Betrachtung verifizieren, merke allerdings, dass du auch am Arsch der Welt dem Krieg nicht entkommen kannst. Es gibt kein Weggehen und Davonlaufen. Keine Ruhe in der Stille. Schon gar nicht, wenn du unterwegs die falschen Bücher liest. »Ich hätte nie auf Urlaub fahren dürfen«, sagt der Soldat Paul Bäumer am Ende des siebten Kapitels von Erich Maria Remarques Roman »Im Westen nichts Neues«.

Seit 26 Jahren mache ich Kolumnen, die etwas mit dem Spazierengehen zu tun haben, einer Beinarbeit, die nach und nach populärer wurde. Nicht allerdings in Stuttgart, wo du dich beim Blick auf die Bahnhofsruine und das unfassbare Verkehrschaos am besten zum Marathon-Geher ausbilden lässt. Es wäre vermessen, zu behaupten, nach all den Jahren als schreibender Pfadsucher hätte ich richtig Ahnung vom Spazierengehen. »Im Laufe meines Lebens«, hat Henry David Thoreau im 19. Jahrhundert geschrieben,

»habe ich nur ein oder zwei Menschen kennengelernt, die die Kunst des Gehens, will sagen die Kunst des Spazierengehens beherrschten ...«

Die große Essayistin Ursula Krechel schildert in ihrem 2022 erschienenen Buch »Gehen. Träumen. Sehen. Unter Bäumen«, wie das Spazierengehen Mitte des 18. Jahrhunderts in den Städten Mode wurde: »Das Grimmsche Wörterbuch führt den Begriff des *Spatzenmausens* an, ein Ausspähen der unerlaubten Genüsse. Spazieren heißt: zum Vergnügen lustwandeln, vom lateinischen *spatiare* oder dem italienischen *spaziare*.«

Als ich neulich aus der Stadt raus war und spazieren ging von Dorf zu Dorf und einmal sogar bis zum Meer, wurde mir klar, dass ich all die Jahre eher selten zum reinen Vergnügen herumgeirrt bin. Meist war ich auf der Suche nach Dingen, die sich irgendwie verwerten lassen, interessant genug, gelesen zu werden. Wobei ich auch erfahren habe, dass einem beim ziellosen Herumstreifen ohne Beuteabsicht schon mal der Zufall hilft, auch beim Ausspähen unerlaubter Genüsse, die der Diskretion unterliegen. »Das Spazieren in den großen Städten«, schreibt Ursula Krechel, »setzt tendenziell unendliche Möglichkeiten der Begegnung frei; alle möglichen Menschenerfahrungen streifen die eigene Haut«.

Ob das Spazieren in Stuttgart jenem »in den großen Städten« gleicht, lasse ich hier mit Rücksicht auf unsere heimischen Weltstadtpatrioten offen. Sicher ist, dass es heute, wenn alle möglichen Menschenerfahrungen die eigene Haut streifen, nirgendwo mehr möglich ist, im lutherischen Sinne dem Volk aufs Maul zu schauen. Es braucht vorneweg eine präzise Studie, in den Straßen herauszufinden, ob jemand mit sich selber spricht – oder als Großmaulaffe in sein unsichtbares Mobiltelefon brüllt.

Typisch übrigens für die Geschichte des freien Bewegens, was ebenfalls in Krechels Buch zu lesen ist: Eine Wiener Galeeren-Chefin, die Kaiserin Maria Theresia, ließ einst alle Mädchen und Frauen, die allein in der Stadt herumgingen, so lange einsperren, bis geklärt war, ob sie der Prostitution nachgingen: ein schweres Vergehen. An dieser Stelle ließen sich jetzt alle möglichen Wortspielverbrechen bis zum Gehtnichtmehr begehen. Doch lasse ich mir diese Chance entgehen, weil mir bei dieser Untugend alles vergeht, so wahr keinen Tag die Sonne auf- und untergeht, ohne dass ein geistiger Rückwärtsgeher »Geht's noch?« lallt.

In diesem Sinne wie so oft mein Mantra: Lieber zu weit gehen als gar nicht.

Neue deutsche Welle

Während ich diese Zeilen tippe, höre ich Hupen, Tröten und Trompeten. Eine Protestarmee hat mit schwerem Gerät ihre Offensive auf das Stuttgarter Landwirtschaftsministerium in meiner Nachbarschaft am Kernerplatz gestartet. Hubschrauber dröhnen über meinem Viertel. Vor Jahresende rechne ich allerdings nicht mehr mit Luftangriffen im deutschen Bauernkrieg.

Vor dem CDU-geführten Ministerium steht seit langem ein Automat, der als Spezialität Fleischprodukte vom heimischen Wild anbietet. Etwa Wurst vom Reh, das im fairen Überlebenskampf zwischen Mensch und Tier erlegt wurde. Die Landespolitik setzt damit ein nachhaltiges Zeichen für jene Spezies der legal bewaffneten Bevölkerung, die verhindert, dass wir uns allein von Schweinen und Kühen notleidender Landwirte ernähren müssen. Von toten Hühnern zu schweigen. Dass ich mich mit den aufständischen Bauern solidarisieren muss, dürfte keine Frage sein: bei meinem Namen. Schon als Kind wollte ich Dreschflegel werden. Teilweise habe ich das geschafft.

Wer am Bauernministerium die Treppen Richtung Schlossgarten hinuntergeht, landet mit etwas Glück an der Straßenbahnhaltestelle Staatsgalerie. Das ist die Station, an der ich regelmäßig von Passanten gefragt werde, wo eigentlich die Stuttgarter Staatsgalerie sei. Dieses Museum ist weit weg von der Zivilisation, wird aber dank auskunftsfreudiger Menschen und Google Maps immer wieder neu entdeckt. Zurzeit ist die Suche übrigens noch beschwerlicher als üblich: Die Haltestelle – bei der Eröffnung vor drei Jahren wie alle Stuttgarter Neubauten als architektonisches Weltereignis gefeiert – muss mal wieder saniert werden.

Für mich nicht so tragisch. Der jahrzehntelangen Lohnarbeit entkommen, bin ich ein Privilegierter per pedes. Für andere läuft es so, wie es Matthew Beaumont in seinem Buch »The Walker« schildert: »Der ökonomische und gesellschaftliche Druck des Kapitalismus, vor allem in Zeiten der Prekarität wie unserer, verurteilt die Mehrheit der Menschen dazu, entweder von einem Ort zum anderen hetzen zu müssen, weil es ihnen die Zeitdisziplin des Marktes vorschreibt, oder herumzubummeln und herumzustreifen, weil sie keine oder keine erfüllende Arbeit finden.«

Unsereiner bummelt herum, um die untergehende Welt besser zu verstehen, was er sich zurzeit noch leisten kann. An der Haltestelle Staatsgalerie sehe ich zwei Plakate in Werbevitrinen, eins grün, eins rot. Ein Reklamefuzzi muss eine Luftschlange konstruiert haben, die – bläst man in sie hinein – in Schnörkelschrift das Wort »Demokratie« erzeugt. Glaubt man den Postern, kann man die Demokratie im Stuttgarter Theodor-Heuss-Haus in Feuerbach erleben. Heuss, dies am Rande, ist nicht nur der Mann, dessen Name eine Partymeile der Stadt als »Theo« populär gemacht hat. Als erster deutscher Bundespräsident gilt er in einschlägigen Kreisen bis heute auch als Vorzeigedemokrat. 1933 hat er Hitlers Ermächtigungsgesetz zugestimmt. Vor diesem Hintergrund wird die Luftschlangendemokratie im einstigen Wohnhaus des früheren FDPlers intensiv erlebbar, voll authentisch.

Ganz nebenbei erzählt uns das Plakat etwas über die herrschenden Verhältnisse hierzulande. Seine wild herumpurzelnden Buchstaben symbolisieren die Wellen von Zorn und Wut, Angst und Hass, die nicht nur uns Bauern klarmachen, dass wir das Ende der Demokratie schneller erleben werden, als viele denken. Das Böse im Auge, wehrte sich der Stuttgarter Oberbürgermeister Frank Nopper (CDU) in seiner Weihnachtsansprache mit Mut machender Courage und fundierter Kenntnis der Weltlage gegen die faschistische Bedrohung, die inzwischen auch bei Abstimmungen im Gemeinderat zu spüren ist: Er forderte ein »Fest des Friedens«. Dieser Mann ist ein demokratischer Wellenbrecher. Da schnappt auch die Luftschlange nach Luft.

Unterdessen soll niemand denken, mir ginge der Atem aus, weil ich mich angesichts der rechten Welle und der feigen Abtaucher in der Politik der ultimativen Hoffnungslosigkeit hingebe. Glück, sage ich mir, ist so schwer definierbar wie Demokratie – und womöglich taugt die Hoffnungslosigkeit am Ende als unterste Stufe auf dem Weg zur Zuversicht.

Drei Wochen vor Weihnachten, am 3. Dezember, als mein mentaler Exitus nahte, verlor ich ausgerechnet auf dem Weg vom Gewerkschaftshaus zum Bauernministerium meinen Geldbeutel. Eine kleine, umfunktionierte Schlüsseltasche mit allem drin, was der Mensch zum Überleben in einer Demokratie braucht. Personalausweis, Bankkarte, Stehplatz-Dauerkarte für den B-Block der Stuttgarter Kickers.

Verdammte Scheiße, sagte ich mir, jetzt bist du erledigt. Elender dran als der Hauptmann von Köpenick. Du wirst in der ganzen Stadt kein einziges Passamt finden, das du stürmen kannst. Die Schlangen davor sind zu lang. Mein erster Versuch, in ein abgelegenes Bürgerbüro in Sillenbuch vorzudringen, scheitert kläglich. Überfüllt. Wenige Tage später nehme ich morgens Möhringen in Angriff. Das Amt öffnet um halb neun, um acht bin ich zur Stelle. Die Schlange ist zwar nicht Luft für mich, trotz meiner Kurzsichtigkeit aber scheint sie überschaubar. Und die Wartenden werden überaus zuvorkommend von einem Security-Mann informiert, was sie erwartet. Respekt.

Irgendwann lande ich im Gebäude auf einem Stuhl mit Sicht auf die Nummer, die ich bin. Später stehe ich am Tresen einer jungen Frau, die so freundlich zu mir ist, dass ich Hemmungen habe, sie wegen meines blöden Passes zu belästigen. Als ich dennoch beginne, ein Formular auszufüllen, schaut sie von ihrem Bildschirm auf und sagt lächelnd: Ihr Pass wurde gefunden, sie können ihn im Bürgerbüro Mitte abholen, ich rufe dort an.

Mir wird schwindlig. Es scheint, als verlöre ich meinen gefestigten Satansglauben an die ganze gottverdammte Menschheit, die nichts taugt. Nach einer feierlichen Dankesrede eile ich zurück ins Tal, stürme ungehindert das Bürgerbüro Mitte – und erhalte meinen Pass. Allerdings fehlt der Beutel. Der restliche Kram, sagt man mir, befinde sich im Fundbüro. Ich bin schneller dort als der Wind, den du machst, um in eine Luftschlange zu blasen. Und es ist unfassbar: alles da. Sämtliche Karten. Bargeld. Das ganze Leben. Leider hat der Finder keine Daten für mich hinterlassen, auf einem Formular lediglich angekreuzt, dass er auf Finderlohn verzichte. Ein heimlicher Held. Tröster der Desperados.

Die Tage danach vergehen, meine ungewohnten Zweifel an der Hoffnungslosigkeit stürzen mich in tiefe Depressionen. Dann kommt der Montag, 18. Dezember, die Woche vor Weihnachten. In meinem Postkasten liegen zwei Briefe. Einer vom Fundamt, einer vom Bürgerbüro Mitte. Der erste datiert vom 4. Dezember, der zweite datiert vom 7. Dezember. Ein solches Timing bei der Zustellung unter dem Druck des Kapitalismus ist in meinem Fall seit langem die Regel. Eines Tages wird deshalb vor der Postbehörde ein Bauer-Aufstand ausbrechen – und der Hauptmann vom Kernerplatz den letzten Briefträger-Blues auf dem Posthorn blasen.

PS: Ich habe keinerlei Hoffnung, dass sich etwas zum Guten ändern wird. Die neue deutsche Welle wird uns überrollen. In diesem Sinne: Glückliches neues Jahr!

Aus der Reihe Critica Diabolis

21. Hannah Arendt, Nach Auschwitz, 13.- Euro
65. Guy Debord, Gesellschaft des Spektakels, 20.- Euro
171. Harry Rowohlt, Ralf Sotscheck, In Schlucken-zwei-Spechte, 15.- Euro
223. Mark Fisher, Gespenster meines Lebens, 20.- Euro
225. Eike Geisel, Die Wiedergutwerdung der Deutschen, 24.- Euro
246. Mark Fisher, Das Seltsame und das Gespenstische, 18.- Euro
253. Wolfgang Pohrt, Werke Bd. 10, Kapitalismus Forever & Texte, 22.- Euro
254. Wolfgang Pohrt, Werke Bd. 3, Honoré de Balzac, 2. Aufl., 18.- Euro
262. Wolfgang Pohrt, Werke Bd. 4, Kreisverkehr & Texte 82-84, 30.- Euro
268. Wolfgang Pohrt, Werke Bd. 1, Theorie des Gebrauchswerts u.a., 32.-
271. Eike Geisel, Die Gleichschaltung der Erinnerung, Essays, 26.- Euro
272. Mark Fisher, k-punk, Nachgelassene Schriften (2004-2016), 34.- Euro
277. Iris Dankemeyer, Erotik des Ohrs. Adorno, 30.- Euro
278. Wolfgang Pohrt, Werke Bd. 6, Massenbewusstsein BRD 1990, 30.-
282. Wolfgang Pohrt, Werke Bd. 8.1, Harte Zeiten & Texte, 26.- Euro
284. Caroline Fourest, Generation Beleidigt, 18.- Euro
286. Ingo Müller, Furchtbare Juristen, erweiterte Neuausgabe, 24.- Euro
287. Wolfgang Pohrt, Werke Bd. 8.2, Brothers in Crime, 26.- Euro
291. Wiglaf Droste, Chaos, Glück und Höllenfahrten, Autobiographie, 24.-
292. Hallische Jahrbücher#1, Die Untiefen des Postkolonialismus, 24.- Euro
294. Wolfgang Pohrt, Werke Bd. 9, FAQ & Ergänzungstexte, 26.- Euro
295. Léon Poliakov, Vom Hass zum Genozid. Das 3. Reich und die Juden, 34.-
298. Pascal Bruckner, Ein nahezu perfekter Täter, 26.- Euro
301. Klaus Bittermann, Unruhestifter Wolfgang Pohrt, Biographie, 32.- Euro
311. Ingo Elbe u.a. (Hg.), Probleme des Antirassismus, 34.- Euro
312. Laure Adler, Die Reisende der Nacht. Über das Altern, 30.- Euro
313. Wolfgang Pohrt, Werke Bd. 11, Briefe & Mails 1976–2016, 38.- Euro
316. Funny van Dannen, Angst vor Gott. Neue Geschichten, 22.- Euro
317. Wiglaf Droste, Vollbad im Gesinnungsschaum. Sprachkritik, 22.- Euro
318. Andreas Stahl u.a. (Hg.), Gesichter des politischen Islam, 30.- Euro
319. Matthew Beaumont, The Walker. Die Stadt und die Moderne, 34.-
321. John Sanford, Die Menschen vom Himmel. Roman, 30.- Euro
322. Julie Burchill, Willkommen bei den Woke-Tribunalen, 34.- Euro
323. Ahlrich Meyer, Der Bann der Unglaubwürdigkeit. Essays, 30.-Euro
324. Jake Wallis Simons, Israelphobie, 24.- Euro
325. Bruno Chauoat, Ist Theorie gut für die Juden?, 30.- Euro
326. Claudius Seidl, Anstiftung zum Bürgerkrieg., 24.- Euro
327. Hans Traxler, Wie die Malerei verschwand, 26.- Euro
328. Ingo Elbe, Antisemitismus und postkoloniale Theorie, 28.- Euro
329. Christof Meueler, Die Welt in Schach halten. Wiglaf Droste, 30.- Euro
330. Martha Gellhorn, Die Araber von Palästina, 18.- Euro
331. Hallische Jahrbücher#2, Das Zeitalter des Populismus, 24.- Euro
332. Martini & Bittermann (Hg.), Nach dem 7. Oktober, Essays, 24.- Euro
333. Joe Bauer, Einstein am Stuttgartstrand, 20.- Euro
334. Pascal Bruckner, Die Gesellschaft der Opfer, 26.- Euro
335. Jonathan Guggenberger, Opferkunst, 20.- Euro
336. Anton Landgraf, Bis hierher und immer weiter, 16.- Euro

http://www.edition-tiamat.de